女性力量

掌握人生的每一刻

Spectacular life

A Guide to Wise Women

智慧女性指南，情緒管理與經濟智慧

丁智茵——著

自我實現 × 情緒管理 × 職業成長 × 財務自主

從年輕時的生涯規劃，直到中年的生活轉變
鼓勵女性追尋真實自我，找到屬於自己的人生道路

為現代女性描繪經濟獨立藍圖

一本書教妳完美平衡職涯與生活

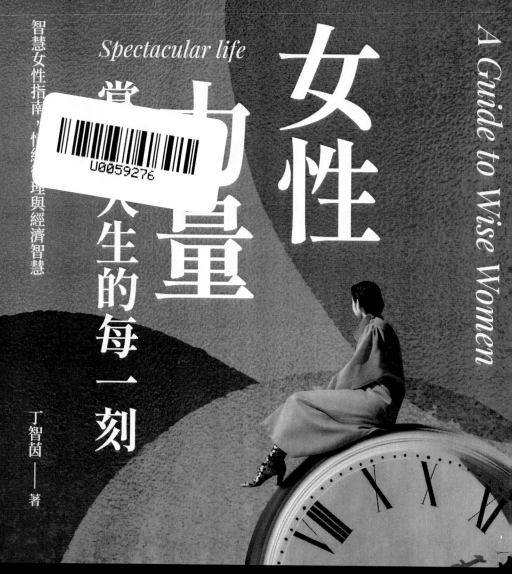

目錄

目錄

目錄

第七章　經營愛情，做一個幸福的多情女郎

第十章 打造自己，修練女人味

目錄

前言

難道每個人的命運都是上天安排好的嗎？我們只能期待著上天施捨一段好的命運嗎？我認為：非也！非也！我唯一承認的是我們出生在何時、何地、是何家庭背景，是上天根據每個人的機緣給予的，這是客觀存在的命運安排，由不得我們不承認。我們來到世間的這些先天因素，是我們無法選擇的，我們只能接受緣分的安排，不因投身於良好的環境而竊喜狂妄，不因投身於惡劣的環境而自甘墮落。

曾聽得一個童話故事，它讓我為之心動。說的是一個小蝸牛與牠媽媽的對話，小蝸牛問媽媽：為什麼自己一生下來就要背負著又笨又重的硬殼，而其他的小動物就不用背呢？牠媽媽是這樣回答牠的：「雖然天空不會保護我們，大地不會保護我們，但我們有殼，我們靠自己。」好一個「我們靠自己」啊！是的，雖然別人不會保護我們，但我們靠自己也照樣可以！這個小故事啟迪了我的心靈，也讓我從中獲得不少寶貴的人生意義。

不管先天賜予妳的環境是好是壞，只要我們透過後天的努力，就能將自己的命運掌握在自己手中。人生最大的敵人是自己！綜觀古往今來的人類歷史，那些做出卓越成就的英雄偉人，其先天條件大都並不優越。例如蘇格拉底、拿破崙、貝多芬等等，莫不如此。而那些先天條件優越的人，往往過於養尊處優，喪失了生活的鬥志，在歷史長河中淹沒了。所以人生並不在於摸到一手好牌，而是在於打好自己手中的牌。人生的命運之牌就掌握在妳自己的手中，被妳自己掌控。

面對時下的種種誘惑，即使我們在燈紅酒綠中迷失甚至找不到自己，也絕不會忘記自己的幸福和前途。在人的一生裡，這個問題始終是最虔誠的嚮往，尤其對女人而言更是如此。

每一個女人都在設計自己的人生，都想實現自己的夢想。然而，自然常有四季，幸福卻需要自己把握。我們都曾在春的大地上播下幸福的種子，也渴望在夏的季節裡辛勤的耕耘，那我們又怎能不期待在秋的季節裡收獲人生的幸福？

人生就是一種修行，是尋找幸福的過程。而當妳懂得了人生的哲理，妳會發現，幸福並不如妳想像的那麼困難。正如哲學家沙特所說：「人的命運就掌握在自己的手裡。」世界上從來沒有什麼救世主，一切只能靠自己，必須靠自己。而想讓自己走一條幸福的捷徑，女人必須要掌控好自己。

為此，本書從規劃自己、管理情緒、珍惜時間、快樂工作、知書達理、投資理財、經營愛情、掌控婚姻、保持健康、修練女人味十個不同的方面，運用具體而生動的典型事例點明了女人如何掌控自己，進而隨心所欲的彈唱出自己精彩的人生樂章！

第一章　掌控自己，就要學會規劃自己

凡是在事業上取得成功的女士，她們的成功經驗裡都有重要的一條，那就是在她們事業的開創時期，她們的人生有一個明確的發展目標。首先要能把明確的人生規劃和夢想結合起來，因為這是行動的起點。沒有規劃，就沒有動力，但這個規劃必須是合理的，而且還必須在發展的過程中合理的做出調整，放棄固執，這樣才能相對順利的走向成功。因此，改變世界的一個主要方法就是要有一個明確的規劃。

一、女人應當有計畫

每一個國家都有其發展的規劃。同樣的，一個人的成長也需要有自己的人生規劃。對於一個人來說，不斷制定、調整有利於個人發展的人生規劃是十分必要的，因為「你不去規劃人生，反過來就要被人生規劃」。等到客觀規律來規範你的時候，往往會違背你的初衷，使你難以接受現實。

有人說，女人的一生應該這樣度過：十歲而乖，十五而聰，二十而甜，二十五而美，三十而媚，三十五而莊，四十而強，四十五而賢，五十而潤，五十五而醇，六十而慈……

一個女人，若做了一輩子的乖乖女，在家聽父母的安排，出嫁後諸事都隨了老公的意思，中年以後又是孩子的榜樣，那麼就近乎「三從」了，想必她晚年回憶起來一定是寡淡無味的。一個詳細的人生規劃，可以是一個五年計畫，一個十年計畫，或是一個二十年的計畫，甚至可以是更長的一個計畫。

不管是何種時間範圍的計畫，至少要能夠回答下列幾個問題：

(一) 我要在未來五年、十年或二十年內完成什麼樣的一些職業或個人的具體目標？

(二) 我要在未來五年、十年或二十年內賺到多少錢或達到何種賺錢的能力？

(三) 我要在未來五年、十年或二十年內擁有什麼樣的生活方式？

對於這些問題的回答將為妳提供一份有關自己的短期目標的清單。在形成這樣目標的過程中，不要純粹的依靠邏輯思維，問問自己最適合做什麼和最想做什麼，現在走的是否是自己未來想走的路？

一個人一生的黃金時間大致可以看成三十年，也就是說，可以制定六個五年計畫。

第一個五年計畫，一般要解決定位問題。你到底是什麼樣的性格？有什麼特長？你想成為什麼樣的人？哪個行業適合你？你應該在什麼位置上發展？這個階段主要是走向社會，透過社交活動認識自己和社會，盡快的給自己一個準確合理的定位。

第二個五年計畫，要在行業中站住腳，獲得一個初始位置，解決基本的生活問題，有一個安穩的心態，累積各種資源，包括知識、技能、經驗和人脈關係等。

第三個五年計畫，要成為公司的核心、行業的專家，獲得較高的地位，有一定實力，可以調動很多資源。存到一筆存款，房子、車子問題應該全部解決，有成功人士的感覺，並獲得社會認可。

到了四十歲，進入第四個五年計畫。這時候，要上的臺階是從小康到富裕，必須進入社會的菁英階層，在公司中要進入決策層，在行業中要有影響力，此時正是呼風喚雨之時。

第五個五年計畫中，發展與守成並重，因人而異，有的人高歌猛進，有的人求穩持重。這個階段基本是把持著大方向，放手讓年輕人打拚之時。

五十而知天命。此時是第六個五年計畫到來之際，一般說來，個人的創造力和精力此時都在走下坡路，以現代社會的節奏，多半到了退位讓賢的時候。當然，也有老當益壯之士不在此列。

二、搞定你的職業規劃

古人云：「凡事預則立，不預則廢。」如果沒有一個目標，做起事情來會一團糟。經常聽到有人說：「今天真無聊！」無聊恰恰就是因為沒有目標，不知道該做什麼。

西方有句諺語：「如果你不知道要到哪兒去，那通常你哪裡也去不了。」當我們對未來感到迷茫時，應該駐足下來，澄清思想，把自己當做一個公司來經營。看看自己有什麼優勢、資源？未來的發展方向在哪裡？然後分析市場的發展趨勢，考慮應該怎樣和它配合？最後制定策略採取行動。

也許你會說自己的夢想是當大企業的總裁。這樣的夢想太模糊了，你還要訂立一些明確的目標，夢想是由一個個目標來完成的。如果沒有一個個的目標來支撐，這個大夢想是不可能實現的。明確的目標就是要將夢想、理想具體化，構成所有成功的出發點。

看看以下幾個步驟，一定能幫助你高效的完成自己的職業規劃：

第一步，確定志向。

立志是人生的起跑點，反映著一個人的理想、胸懷、情趣和價值觀，影響著一個人的奮鬥目標及成就的大小。確定志向，是制定職業生涯規劃的關鍵。

第二步，自我評估。

自我評估的目的，是認識自己、了解自己，包括自己的興趣、特長、性格、學識、技能、智商、情商、思維方式、思維方法、道德水準以及社會中的自我等。

古希臘大哲學家蘇格拉底對學生們說：「今天我們只學一件最簡單也是最容易做的事。每個人把胳膊盡量往前甩，然後再盡量往後甩。」說著，蘇格拉底示範了一遍，「從今天開始，每天做三百下，大家能做到嗎？」學生們都笑了，這麼簡單的事，有什麼做不到的！

過了一個月，蘇格拉底問學生們：「每天甩胳膊三百下，哪些同學堅持做到了？」有百分之九十的同學驕傲的舉起了手。又過了一個月，蘇格拉底又問了一遍，這回堅持下來的學生只剩下八成。一年後，蘇格拉底再一次問大家：「請告訴我，最簡單的甩手運動，還有哪幾位同學堅持了？」這時，整個教室裡只有一人舉起了手。這個學生就是後來成為古希臘另一位大哲學家的柏拉圖。

成功貴在堅持。珍貴的雪蓮總開在萬丈冰崖之上，只有那些不畏嚴寒、堅持不懈的人才能得到；絕美的風景總藏在陡峭的險峰之巔，只有那些敢於攀登、不斷超越的人才能欣賞到。

成功是經受住冰刀霜劍的洗禮，從堅硬的土壤中鑽出的第一棵新芽；成功是穿越了狂風巨浪的阻擋，安全抵達海港的風帆。成功的獲得，需要一種百折不撓的自信。其實，人生的過程就是一個不斷堅持、不斷累積的過程。「合抱之木，生於毫末；九層之臺，起於累土；千里之行，始於足下。」只要有堅持走下去的決心和毅力，每個人都能抵達心中的目標！

第三步，職業機會的評估。

在制定個人的職業生涯規劃時，要分析環境條件的特點、環境的發展變化情況、自己與環境的關係、自己在這個環境中的地位、環境對自己提出的要求以及環境中對自己有利的條件與不利的條件等等。

第四步，職業的選擇。

人們常說，「女怕嫁錯郎，男怕入錯行」。其實，女人也怕選錯行。職業選擇正確與否，直接關係到人生事業的成功與失敗。

第五步，制訂行動計畫與措施。

在確定了職業生涯後，行動便成了關鍵的環節。沒有為了達到目標的行動，目標就難以實現，更談不上事業的成功。

第六步，及時修訂。

俗話說：「計畫趕不上變化。」影響職業生涯規劃的因素諸多，有的變化因素是可以預測的，而有的變化因素難以預測。因此，要使職業生涯規劃行之有效，就須不斷的對職業生涯規劃進行評估與修訂。

三、尋找適合自己的夢想

沒有夢想，就沒有追求；沒有夢想，就沒有激情；沒有夢想，就沒有進步。沒有夢想的生活該是多麼索然無味……

人生剛剛開始的時候就是一張白紙。當我們看到了人生道路旁邊壯美的畫面時，我們不免會為周圍的風景所陶醉。如果一個人對這些美景擁有強烈的渴望卻暫時無法得到時，他就有了夢想。一個人有了夢想，就有了明確的奮鬥目標和方向，就會希望自己能盡快夢想成真。為了把夢想變成現實，我們必然會圍繞夢想制訂計畫並付諸行動。因此，只有當你心中有夢想，你才會為夢想奮鬥，你為自己設計的夢想越美麗，你為之奮鬥的人生畫面就越精彩。

有這樣一個故事：一位電臺主持人在自己的職業生涯中遭遇了十八次辭退，她的主持風格曾被人貶得一文不值。最早的時候，她想到美國無線電臺工作；但是，電臺負責人認為她是一個女性，不能吸引聽眾，因此拒絕了她。她來到了波多黎各，希望自己有個好運氣。但是她不懂西班牙語，為了熟練這門語言，她花了三年的時間。在波多黎各的日子裡，她最重要的一次採訪，只是一家通訊社委託她到多明尼加共和國去採訪暴亂，連出差旅費也是自己出的。在以後的幾年裡，她不停的工作，不停的被人辭退，有些電臺甚至指責她根本不懂什麼叫主持。一九八一年，她來到了紐約一家電臺，但是很快被告知，她跟不上這個時代。為此她失業了一年多。有一次，她向一位國家廣播公司的職員推銷她的清談節目企劃，得到他的首肯。但是那個人後來離開了廣播公司。她再向另外一位職員推銷她的企劃，但這位職員對此不感興趣。她找到第三位職員，此人雖然同意了，但卻不同意製作清談節目，而是讓她做一個政治主題節目。她對政治一竅不通，但是她不想失去這份工作，於是她開始「惡補」政治知識。一九八二年夏天，她主持的以政治為內容的節目開播了，憑著她嫻熟的主持技巧和平易近人的風格，讓聽眾打電話到節目上討論國家的政治活動，包括總統人選。這在美國的電臺史上是破先例的。她幾乎在一夜之間成名，她的節目成為全美最受歡迎的政治節目。

她就是莎莉・拉斐爾，曾經兩度獲得全美主持人大獎，每天有八百萬名觀眾收看她主持的節目。在美國的傳媒界，她就是一座金礦山，無論到哪家電視臺、電臺都會帶來巨額的收益。莎莉・拉斐爾說：「在那段時間裡，平均每一年半，我就被人辭退一次，有些時候，我認為我這輩子完了。但我相信，上帝只掌握了我的一半，我越努力，我手中掌握的這一半就越大，我相信終有一天，我會贏了上帝。」

莎莉・拉斐爾用自己的實際行動向我們證明，夢想就是她的「能源」，是推動她每天不斷向前的力量。沒有人生來就是成功的，也沒有人生來就是輝煌的，只有將成功和輝煌作為目標我們才能真正成功。

為自己的夢想而努力吧！為自己的夢想而奮鬥吧！只有不斷的使自己夢想成真，妳才能在自己的人生道路上大有作為，妳才能擁有一個多姿多彩的人生。

四、女人究竟為誰而活

女人，好像總是不屬於自己。小時候是父母的，長大了是丈夫的，然後是子女的。女人總是忙啊忙的，也不知道在忙什麼，卻突然發現臉黃了、皮皺了、光澤也沒了。

不知道為什麼，到了二十一世紀的今天，希望婚姻白頭到老、從一而終竟成了一廂情願的追求。現實中的婚姻像一件極易碎的藝術品，隨時都有打碎的可能，當它被打碎的時候，女人往往比男人更痛苦，因為在觀念上，在生存方面，女人受到的束縛更多。

女人究竟為誰而活？為男人，為家庭，還是為自己？今時今日，大部分女人已經擺脫了傳統觀念的束縛，走向社會，證明女人不再是弱者，不再是大門不出二門不邁的大家閨秀，不再是弱不禁風的小家碧玉。在這個公平競爭的社會中，女人和男人一樣能撐起半邊天。

還有一部分女人依然受傳統觀念的影響，認為女人應該是需要人同情和憐憫的對象，為老公而活，為孩子而活，為家庭而活，履行著相夫教子的職責，生活中基本上失去了自我，這種人是道地的賢妻良母，但是在競爭複雜、充滿美色和誘惑的社會裡，這種失去自我的女人往往會被自己苦心經營的婚姻所欺騙。

女人，如果你早點知道父母總有一天會離開妳，老公的輝煌也不屬於妳，子女長大了就像鳥兒一樣要飛離妳，妳會怎麼樣呢？女人還是該多為自己想想，多買一件新衣服，讓自己心情好一些。多出去玩玩，別等男人帶妳出去，妳自己有腳啊，妳自己有錢啊，帶上錢，什麼地方都可以去。所以，女人要為自己而活。

女人的這一生應該是為自己而活，為自己喜歡的生活而活，生命對於每個人來說只有一次，那是上蒼的饋贈。女人應該懂得珍惜，學會愛自己，懂得豐富自己的生命，學會自立、自重、自尊、自愛，才能適應現代社會的主流。學會創造更多的支撐點，不要僅僅有男人這一個依靠，要有自己的事情、自己的朋友、自己的愛好，一旦其中一個支撐點倒塌，我們還有其他部分支撐自己，使自己不會因為失去支撐而倒下。女人應該學會獨自面對未來的風風雨雨，因為生命是單獨的個體。只要女人自己不沮喪、不悲傷、不哭得死去活來，誰能說女人只能靠別人活著，只能為別人活著呢？

我們每個人都是世上獨一無二的，妳就是妳自己，妳不需要按照他人的眼光和標準評判甚至約束自己，你無須總是效仿他人。保持自我本色，這是拯救自己最重要的一點。妳心靈的完整性是不可侵犯的，當妳放棄自己的立場用別人的觀點來看一件事的時候，錯誤便造成了。

女人，既然已來到世上，就應該把自己的天賦發揮出來。妳是什麼就唱什麼，是什麼就畫什麼。經驗、環境和遺傳造就了妳的面貌，無論是好是壞，妳都得耕耘自己的園地；無論是好是壞，妳都得彈起生命中的琴弦。

電視連續劇《牽手》我想很多人都看過，女主角就是一個典型的例子，在最後的獨白中這樣說道：「一直以來，我都是為別人而活，換來的卻是丈夫的背叛，我自己到底想要什麼？我從來不知道，也從來沒有真正的為自己活過，最後我又得到了什麼？」

每天圍著孩子和老公轉、不化妝也不打扮的賢妻良母們是時候為自己多著想了，在婚姻中女人不應該是弱者！

女人就應該為自己而活，要是失去了自己生存的價值而過多的依賴男人，就是把自己往火坑裡推。女人只有人格獨立、經濟獨立、勇敢的面對人生，男人才不會小看妳，才會敬重妳，才會疼愛妳。

五、女人要忘記自己的年齡

年輕有年輕的嬌媚和活力，而生活的沉澱也會給人們帶來財富。八十多歲的秦怡嵐依然是個美麗的女人，面對生活賦予的磨難，她卻能顯現出前所未有的坦然和從容，舉手投足間都透著優雅，這是沒有經歷過歲月打磨的女孩所無法比擬的。五十五歲的翁倩玉與韓國第一美女金喜善一起出任日本某品牌化妝品的形象代言人，商家能做出這樣的選擇是明智的。因為他們知道，高齡的翁倩玉不會輸給年輕的金喜善，經過歲月侵蝕之後依然能保持的美麗容顏才更有說服力。

如此看來，女人的年齡大小又有何妨？與其惶恐憂傷，不如造就一個安然的心態。不必為年輕驕傲，也不必為年老而哀嘆，更無須強留青春的尾巴，因為無論二十歲、三十歲、四十歲還是五十、六十歲，終將只是暫時的，重要的是要珍惜每一個時期，提升自己的魅力修練。雖然沒有了漂亮的容顏、性感的身材，卻依然會是個儀態萬千、有風度的魅力女人。

因此，女人為什麼就不能忘記自己的年齡，快樂的生活呢？

歲月如梭，轉眼又是新的一年。歲月匆匆，帶走了女人如花的容顏，留下一臉滄桑。很多女人面對男人的盤問，總是遮遮掩掩，避諱談論自己的年齡。女人，花一樣的名字，但過了花季的年齡，心裡難免會有負擔。

每個人的生理年齡是無法改變的，但是我們可以改變自己的心理年齡。只要我們時刻保持一顆純真的童心，用一顆愉悅的、輕鬆的心面對一切，豁達些，開朗點，每天多給自己一點微笑，女人就是年輕的。

忘記自己年齡的女人，有著歷經滄桑後依然能夠豁達而快樂的心靈。她的美麗來自於不斷的失去與磨礪，來自於曾經的傷痛與無奈。在時光的流逝中，她漸漸的不再炫耀自己的青春，卻慢慢的掌握了生命中的快樂。不管是緣聚緣散，不管是春夏秋冬，不管是得到與失去，她都能夠坦然面對。

忘記自己年齡的女人，感受不到歲月的痕跡，儘管歷經滄桑，依然能保持一顆年輕的心。

女人，妳為何要每天對著鏡子細數著臉上慢慢浮現的細小皺紋？請忘記自己的年齡，千萬別以年齡來約束自己。忘記自己的真實年齡，就能有滋有味的活著，快活優雅的活著。那麼，你會從她的身上看到二十歲的活力，三十歲的優雅，四十歲的從容，五十歲的悠閒。她靈巧的穿梭於人群中，於是你看不出她的真實年齡，你能感受到的是她的年輕與可愛。

女人，無論是四十歲還是八十歲，永遠都有魅力。如果有人問妳的年齡，妳要告訴他，燦爛的笑容就是你年齡的寫照。忘記自己的年齡，保持愉悅的心情，你的生活也會因此增添光彩。

六、二十幾歲，決定女人的一生

不管是男人還是女人，二十到三十歲是人生至關重要的階段。如何更好的把握這個階段，決定了你中年以及晚年的生活。二十幾歲，其實是一個十分微妙的年齡段。這時候的我們，要離開父母，走向社會；要與青春期揮揮手說再見，開始獨立的面對生活中的一切。如果妳過去是在家長的關懷照顧下生活的，是在朋友的幫助和祝福下生活的，那麼以後的時間裡妳該學會承擔起自己應有的責任和義務，妳需要從別人那裡得到一些東西，包括信任、依賴、讚賞甚至批評與輕視。或許這些對妳來說很難，不過妳也該學著做了。

到了二十幾歲，不管妳情願與否，都得背起天真與幻想的行囊，踏上陽光與風雨交織的人生之路。正所謂好的開始是成功的一半，對於二十幾歲的女人而言，這一特殊的成長期關係著她們的一生，自然尤為關鍵。

二十幾歲的女孩應該懂得如下幾點：

(一)擁有自己的品位

在某些程度上，一個人的品位與其氣質是相輔相成的，每一個女孩都是特別的，都應該有自己獨特的品位。平常多看看時尚雜誌，以此提升自己對服飾等的審美。

(二)養成看書的習慣

女孩到了二十幾歲，就已經開始慢慢的接觸社會了，談吐與修養是最能征服別人的武器。喜歡看書的女孩，一定沉靜且有著很好的心態，因為在書籍的海洋裡可以大口的吸收營養。

(三)跟有思想的優秀人士交朋友

女孩到了二十幾歲，就要開始有目的性的去選擇朋友，社會中的人脈非常的重要，而妳選擇加入的朋友圈對妳的人生有著很大的影響。選擇朋友很重要，有時候如果想了解一個人，也可以從他的朋友是什麼樣的人來了解她的為人。不要輕易交朋友，要注意選擇跟什麼人交朋友。

（四）遠離泡沫偶像劇

女孩到了二十幾歲，就要開始遠離那些虛假的偶像劇了，電視裡的白馬王子與灰姑娘都是生活裡的男孩或女孩嚮往的，但並不是真實存在的，女孩子不應該再沉溺於這種虛幻的童話氛圍裡，應該多看一些能夠幫助自己的節目。

（五）學會忍耐與寬容

女孩到了二十幾歲，就要慢慢的學會忍耐與寬容，社會並不是一個可以任性的地方，那些大小姐的脾氣要慢慢的收斂了，有些時候可能會因為妳的計較讓妳失去自尊，被人指責為沒有教養的女孩。

（六）注重身心健康

女孩到了二十幾歲，就要學會調節自己的心態，並好好的保護自己的身體。任何一個女孩，千萬不要為了這樣或那樣的理由不關心自己的身體健康。不管明天有多麼的美好，妳若總是以一副生病的姿態去迎接它，是不會感受到它的美好的。

（七）讓美貌成為妳的資本

女孩到了二十幾歲，就要開始讓妳的美貌發揮作用了，在適當的時候讓妳的美貌掌握足夠的發言權。漂亮的外貌並不是每個女孩都擁有的，讓漂亮的外貌成為妳的資本，在需要的時候使用一下，可以幫妳擺脫人生中的很多困境，但是不要因為美貌而讓自己墮落。

（八）學會個人理財

女孩到了二十幾歲，就要開始學會理財了，不要以為自己將會成為富翁就花錢大手大腳的。不管現在妳的收入有多少，都要為明天打算。所以，二十幾歲的女孩應該學會理財。

（九）不要為結婚而結婚

女孩到了二十幾歲，就可能面臨婚姻的壓力，有人會說愛情跟婚姻是兩碼事，好像很多人在家庭與社會的壓力下為了結婚而結婚。其實愛情跟婚姻是可以共同擁有的。如果有個優秀的男人作為妳的堅實後盾，自己的夢想就一定能很好的實現，特別是能提供資金支援的男人。

（十）離開了任何一個男人，妳都會活得很好

女孩到了二十幾歲，就要堅信不管是在生活中還是在職場中，並非只有男人才能有建樹，成功的女人在各行各業中都有，只要女人努力了，同樣可以在男人的世界裡穿梭。

女孩到了二十幾歲，很多女孩就是因為某個男人而痛苦且消極的活著，為什麼不能理智的對待自己的情感，而要為一個男人讓自己陷入不愉快的心情中呢？

（十一）二十幾歲的女孩不怕輸

女孩到了二十幾歲，正值青春年華。女孩子可以在適當的時候倔強一些，可以在適當的時候驕傲一些，可以讓美麗的嘴角微微的牽動著。二十幾歲的女孩不怕輸，青春才剛剛開始，我們有著輸的資本，我們可以重新開始自己的追求。但一定要好好的規劃自己。

七、三十歲是女人一生的分水嶺

女人到了三十歲，她們變得成熟、獨立、寬容、風情萬種，而她們最擅長也最有資本的就是在輕描淡寫間應對一切，能將最流行的東西不動聲色的拿來為己所用。女人在過三十歲生日時應該總結一下自己到底做了些什麼，當妳總結了這些後，會更加明白自己應該做點什麼，趁著有基礎時一鼓作氣。生活中很多女性選擇了結婚、生子，過著簡單、幸福的生活，但如果妳沒有她們那樣的運氣，而是選擇了事業，那妳就該做點什麼。

三十歲的女人，已經蛻掉了少女的天真與活潑，卸下了瘋狂與固執，不再張揚。內斂與含蓄似深谷的一株幽蘭，不爭芳吐豔，不花枝招展。以自己獨特的姿態，醞釀著生命的花季，在不經意的一瞬間，開出了潔白、典雅、幽靜的花朵。這份幽靜與淡雅，似君子的風度，是生活的歷練，生活最好的饋贈，就是歲月沉澱後的品性。

現在大部分三十歲的女人都能做到經濟上獨立，相對的男人卻反而越來越退化了，因為現代的女人要做的角色太多了：女朋友、妻子、母親、好朋友、同事……這就需要女人要有頭腦，當然成長得快了。現在很多情人分手、夫妻離婚都是因為其中一方走得太快了，而另一方原地踏步，雙方不能在精神上平等的交流，結局可想而知。

三十歲的女人，要做到哪些呢？

（一）找到理想的職業。三十歲以後不可以也不要隨便跳槽、改行，很少有老闆會有耐心讓一個超過三十歲的女人從頭做起。

（二）認識家庭的重要性。無論在外面經歷多少風雨，也要有一個心靈和身體的容身之所。

（三）好好包裝自己。掌握一套最適合自己的裝扮術，三十歲後仍可保持亮麗形象。

（四）向無能上司開戰。不要認為人到中年，為了保住飯碗就已經沒有勇氣拿自己的前途「尋開心」，如果妳現在的工作對妳來說沒有前途，就要勇敢的向無能上司開戰。

（五）認真護理皮膚。歲月不饒人，要延遲肌膚衰老，保持青春活力，就要及早進行專業護理。

（六）完成父母的心願。此時的事業已趨成熟，有一定的經濟能力去滿足父母的願望。

（七）置產。如向銀行貸款，越早買房便越早安心，不用到了年老時仍為了還貸款擔心。

（八）知道自己的風格。用不著去模仿別人，有信心依照自己的風格處世。

（九）保持纖瘦。脂肪和贅肉都準備在三十歲後定居體內，拒絕「移民」的同時也要防止「偷渡」。

（十）嘗試獨居滋味。趁年輕享受屬於自己的獨處時間，多一些思考空間，也可以做一些自己喜歡的事。

對於女人來說，三十歲在容顏、生理、身體方面是一道分水嶺，三十歲以後這些方面都會發生越來越大的變化。所以說，有一些事情是需要在三十歲之前完成的。身為女人，三十歲是人生中應做的很多事情的時間底線，因此，趁現在還來得及，完成妳三十歲以前的願望吧！

八、四十歲女人該做什麼

四十歲了，妳是不是穿著圍裙，蓬亂著頭髮，素面朝天的炒菜、燒飯、擦地板，像個鐘點工？或者像廣告裡的太太們那樣，在臉上塗了些脂粉，妝容溫柔、大方賢淑，滿臉幸福的述說自己喜歡什麼牌子的洗衣粉或抽油煙機？

總之，談到四十歲的女人，一定是與家務、溫柔、賢淑聯想在一起的。四十歲的女人，無論從事什麼職業，無論地位高還是低，無論有錢沒錢，無論有權沒權，都是人生經歷最豐富的階段，也是責任最重大的階段。

經過幾十年的生活磨礪，四十歲的女人已經出落得秀外慧中，對生活、生命的意義和價值有了很好的認識。孩子大了，事業有成，女人就可以輕裝出發，有時間去梳理自己的情感，熱愛生活，呵護生命。

四十歲的女人，懂得讀書的重要，常去書店看看自己喜歡的書，不斷的獲取新的知識；懂得書是人的精神食糧，讀書會給予女人靈氣，是女人外在美和內在美統一的途徑。

四十歲的女人，喜歡靜靜的待著，整理自己的心緒，享受寂寞帶來的那份美麗。摔倒了，勇敢的爬起來；生病了，堅強的與病魔抗爭；傷心了，學會撫慰自己。

四十歲的女人，衣著打扮有自己的品位，大方得體，清新脫俗，知道什麼樣的服裝款式、布料、顏色適合自己，能穿出自己的風格、個性、氣質。

四十歲的女人，能與時俱進，上上網，聊聊天，聽聽音樂，結識更多的朋友，截長補短，多向朋友學習，顯得更樂觀豁達成熟。

四十歲的女人，懂得運動的重要，擠出時間運動，並持之以恆。運動使人健康美麗，可以保持體態，使人充滿青春活力。

四十歲的女人大多過著上有老、下有小的夾心生活，每天面對著家庭中的繁雜瑣事。但是，當妳全身心的投入到家庭當中時，千萬不要讓家庭成為迷失自我的漩渦。我們看過太多的文學作品，妻子整天埋頭家務，忘了自我，直到被丈夫拋棄才恍然醒悟，帶著憤恨的心理開始重新找回已失去的自我。女人為什麼不在意外發生之前，帶著美好的心情從內在到外在，不斷的完善自我、修飾自我、展現四十歲女性的成熟美呢?這樣，既樹立了自信，又防患於未然。

四十歲左右的女人雌激素水準下降，大腦神經中樞受到影響，會對一些事情很在乎，容易產生情緒波動，因此在與丈夫、子女以及父母的交往中產生很多矛盾。女人四十歲，要照顧老人，又要防止丈夫對自己產生厭倦，要想方設法和青春期的孩子和平相處，所以必須要做到自信、完善自我，不苛求他人，學會溝通與關愛。

四十歲的女人應該明白，有幾處魚尾紋不算什麼，如果因此而失去信心，那才真的「傻」。女人愛比較，四十歲的女人應該跟比自己年齡大的人相比，別從容貌上和年輕人比，即使要比，妳經過生活歷練而充滿女人味的成熟美，也是青澀的小女生所無法企及的。

四十歲的女人要注意日常飲食：

(一)蛋白質和脂肪要適當攝入，千萬不能因為怕發胖而一點不沾。
(二)主食要吃夠，用水果代替主食的做法很不明智——容易導致脾胃損壞，皮膚衰老。
(三)多吃蔬菜、水果，對皮膚有滋潤作用。
(四)控制甜食，甜食會使體內熱量過剩，導致胃熱脾虛，不利於皮膚保養。
(五)多喝水，一方面滋潤皮膚，另一方面促進新陳代謝，對皮膚頭髮都有好處。

四十歲的女人，要坦然面對這個年齡，不要為過去惆悵，也不用為將來迷茫。春去秋來，花開花落，冥冥之中早有安排。四十歲絕不是青春的終點，而是新生活的起點。四十歲有四十歲的美麗，四十歲有四十歲的精彩，只要妳懂得改變，只要妳懂得發現。

九、五十歲，女人何去何從

俗話說「少年夫妻老來伴」，當年老以後，夫妻共同的生活經歷、多年培養起來的親人般的感情，還有對青春歲月的無限懷念，都讓老年夫妻格外的珍惜對方。老年時代與青年時代比起來，子女獨立成家，親朋好友日見減少，體力智力逐年下降，而心靈卻因為這一生的磨練而更加敏感，容易感傷，動輒落淚。因此老伴比任何時候都顯得不可缺少、無比重要。

李女士已經退休三年了，像其他絕大多數熱愛生活的老年女性一樣，她報名了長青大學，經常參加合唱、老年舞蹈等集體活動。她把日程排得滿滿的，感覺自己又有了第二個春天。然而，她漸漸發現以前對她百般關照的丈夫卻越來越不讓她省心了。每當她興致勃勃的要去參加一些演出時，丈夫總要在旁邊說上幾句風涼話，對於她的建議，丈夫也大多以拖延的方式來對待，有時還會惡語相向。起初，李女士以寬容的心態未加理睬，但後來發現自己的業餘活動越來越受到丈夫消極的抵制。她有心鼓勵丈夫也參加一些老年活動，但丈夫早已經對她的那些歌友、舞友們反感至極，肯定是不會去參加的。現在每當她回到家裡，家中總是彌漫著一種對立的情緒，讓她很苦惱。

許多老年的女性朋友可能都會感受到來自丈夫情感上的依戀和生活上的依賴，這讓她們感受到自己的價值。價值感激發人的高層次心理需要，讓人對尊重與愛有更多的追求，這是退休女性真正的需要之一。所以，李女士經常外出參加活動的行為，既是在追求自己生命的第二個春天，滿足自己的興趣愛好，也是在潛意識中追求和驗證著自己在丈夫心目中的價值。如果丈夫對她的愛好置若罔聞，李女士反而要打探丈夫到底在做些什麼了。

生活是豐富多彩的，只要妳用心去尋找，做自己喜愛的事，把退休後的生活安排得充實，快樂就會伴隨著妳。比如聊天說笑，可以使自己的情緒得以宣洩，氣血得以暢通，這樣精神上的失落和生活上的空虛就會煙消雲散；也可以參加下棋、打牌、打麻將等娛樂活動，最好是適當的看書讀報。著名的科學家楊振寧認為：「讀書不僅增知識、長學問，還能修身養性，防治疾病。」他說：「許多疾病大多來源於不良情緒和行為，而讀書則是最佳的心理療法。」另外上長青大學也是退休後「充電」的理想選擇，不但能廣交朋友，還能學到新的知識，不斷的充實自己，使自己的心理永遠年輕。

五十五歲以後是女人心臟病的高發期，有人稱五十五歲是女人的「心危期」。五十五歲，女人身體的各項功能衰弱，血管比較脆弱，而且容易受損、惡化，修復功能也都比較差，不易康復。雪上加霜的是，女人心臟病突發性和再發性的機率比男人高。本來，五十五歲正是辛苦了一輩子後該享天倫之樂的年齡，但是可怕的心臟病卻在威脅著妳的生命。到那時再後悔年輕時沒有珍惜自己的身體，恐怕就太晚了。

退休後千萬不能消沉、心灰意懶，更不要有窮途末路的想法，只要妳用心去撥開「天空」中的那團烏雲，妳頭頂的「藍天」就會被夕陽照亮照紅，妳的生活就會快樂有趣、富有色彩，心就會永遠年輕。

第二章　管理情緒，做自己的情緒管家

美國著名心理學家威廉·詹姆斯說：」如果你能使意志控制下的行動規律化，就能間接的使感覺規律化。如果你感到不快樂，唯一能發現快樂的方法就是，掌控情緒，振奮精神。「人雖然不可能只憑」下定決心「就改變自己的情緒，但可以透過改變自己的行為，來控制自己的情緒。當你的行動顯出快樂時，你就不可能再憂慮和頹喪下去了。這就告訴我們，一個人只有征服了自己的情緒，才能征服自己，也才能征服周圍的世界。

一、女人要學會控制自己的怒氣

生活中，很多人都會被衝動的想法控制，造成嚴重的後果，當自己平靜下來後，又會為自己的所作所為而後悔。要知道世界上是沒有賣後悔藥的，與其被衝動的想法控制，還不如甘願成為時間的俘虜，給自己足夠的時間去思考令你氣憤的事或人，然後再做出決定，這樣才不會後悔。

一天，在咖啡館裡，一對情侶因為一些小事發生了口角，雙方互不相讓，然後，男孩憤然離去，留下女友一人在咖啡店裡獨自垂淚。

心煩意亂的女孩不停的攪動著面前那杯檸檬茶，杯中未去皮的新鮮檸檬片已被她搗爛，檸檬茶也泛起了一股苦澀的味道。

為了洩憤，女孩叫來服務人員，要求更換一杯去皮檸檬泡成的茶。服務生將女孩子的所作所為全部看在了眼裡，可是他並沒有說什麼，只是按照她的要求，為她換了一杯新的檸檬茶，不過，茶裡的檸檬仍然是帶皮的。女孩見狀，更加惱火，她又叫來服務生，似乎欲將滿腔的憤怒全部傾倒在服務生的身上，她憤怒的說：「我跟你說過了，我要去過皮的檸檬茶，難道你沒聽到嗎？」服務生靜靜的看著女孩，依然沒有說話，似乎有意充當女孩的「出氣筒」，當女孩發完牢騷後，服務生有禮貌的對女孩說：「小姐，請不要著急，您可能有所不知，帶皮的檸檬經過充分浸泡之後，它的苦味才能溶解於茶水之中，形成一種清爽的味道，這種味道剛好是您現在所需要的。所以請您耐心等候，急於求成什麼事都辦不成，包括品茶。如果您想在三分鐘之內把檸檬的香味全部擠壓出來，那樣只會把茶攪得很混濁，把事情弄得更加糟糕。」

聽了服務生的話，女孩似乎明白了什麼，心裡有一種被觸動的感覺，她抬頭看著眼前站著的年輕人，心平氣和的問：「那麼，要等多長時間才能把檸檬的香味發揮到極致呢？」年輕人笑著告訴女孩說：「一到兩個小時以後，檸檬中的精華就會全部釋放出來，融入到茶中，那時您就可以品嚐到一杯美味的檸檬茶，只要您耐心等待。」

服務生繼續說道：「其實處理生活中的瑣事和泡茶的道理如出一轍，只要妳肯付出一到兩個小時的忍耐和等待，妳會發現，那些令妳煩躁的事情並不像妳想像的那樣糟糕。」女孩似乎對他所說的話不太了解。服務生大概看出了女孩的心思，微笑著解釋道：「我的意思是想教妳泡製一杯味道鮮美的檸檬茶，順便和妳討論一下做人。」

回到家後，女孩開始按照服務生的方法動手泡製檸檬茶。她把帶皮的檸檬切成小圓薄片，放進茶裡，然後靜靜的觀望著檸檬片在杯中的變化。隨著時間的推移，她發現它們開始慢慢的張開，檸檬皮的表層好像凝結著許多晶瑩細密的水珠。剎那間，她體會到了檸檬茶的真正含義，那一次她品嚐到了有生以來最為絕妙、最鮮美的檸檬茶。

女孩明白了，由於檸檬長時間浸泡在茶中，檸檬的精隨就會隨時間而逐漸深入其中，才會產生令人難以忘懷的味道。做人如同泡茶，只要有耐心，一切矛盾都可以化解。

正當女孩深思時，門鈴響了。門開後，只見男孩手捧一大束嬌豔欲滴的玫瑰花，站在女孩面前。男孩溫柔的說：「還能再給我一次機會嗎？」

女孩不發一語，只是用清澈的眼睛望著男孩，十分鐘後把他拉了進門，在他面前放了一杯她親手泡製的檸檬茶。

男孩端起杯子想喝，卻被女孩阻止了。男孩不解的望著女孩，女孩神祕的告訴他一到兩個小時以後才可以喝。

男孩更加困惑了，不解的問：「為什麼非要等那麼久呢？」

女孩說：「我們都太過於急躁了，遇到問題時總是不能冷靜的思考，所以一直被衝動的想法控制著行為。如果我們可以靈活一點，好好的利用一下時間，讓自己冷靜下來，會發現其實沒有什麼大不了的事。我們做個約定吧，以後，不管遇到多少煩惱，任何人都不許發脾氣，切勿讓急躁的情緒鑽了漏洞。」男孩贊同的點了點頭。

女人如果缺乏耐心，就容易被內心的情感所控制。女人若想不做出令自己後悔的事，就要學會控制自己的怒氣，要理智，不要衝動，給自己更多的思考空間，等心情平靜，頭腦清醒後再做決定。

二、好情緒，好命運

有人這樣說：「在成功的道路上，最大的敵人不是缺少機會，也不是資歷淺薄，而是缺乏對自己情緒的控制。」

情緒就是生命的指揮棒，美好的情緒會帶給我們好運。身邊有許多成功人士，個性上都不免有所缺憾，但他們卻能揚名立身，就是因為他們能夠正確的調整自己的心態，不讓壞的情緒隨心所欲的傷害自己。

古時候，有一位秀才已經是第三次進京趕考了。到京城後，他投宿在了一個以往經常住的客棧裡。可是，就在考試的前一天晚上，他做了三個夢：

第一個夢是夢見自己在牆上種白菜；

第二個夢是下雨天，他戴了斗笠還撐傘；

第三個夢是夢到跟自己心愛的表妹脫光了衣服躺在一起，但是卻背靠著背。

這三個夢似乎有些深意，秀才第二天就趕緊去找算命先生解夢。

算命先生一聽，連拍大腿說：「你還是趕緊回家吧。你想想，高牆上種菜不是白費勁嗎？戴斗笠打雨傘不是多此一舉嗎？跟表妹都脫光了衣服躺在一張床上了，卻背靠著背，這不是沒戲嗎？」

秀才一聽，心灰意冷了，便立即回客棧收拾了包袱，準備回家。

這時，客棧老闆看見了，感覺非常奇怪，問他：「不是明天才考試嗎？你今天怎麼就回鄉了啊？」

秀才便把自己做夢和解夢的事說了一遍，客棧老闆一聽便笑了：「唉呀，我也會解夢的。我倒覺得，你這次一定會高中的。你想想，牆上種菜不是高中嗎？戴斗笠撐傘不是說明有備無患嗎？跟你表妹脫光了背靠背躺在床上，不是說明你翻身的時候就要到了嗎？」

秀才一聽，覺得這樣理解倒是更有道理。於是，他便精神振奮的參加了考試，最終中了個探花。

生活中不如意的事情有很多。俗話說：「人生不如意十之八九。」我們一生中很少能有幾次真正的感到自己的生活一帆風順、海闊天空，人生際遇也不是能依靠個人力量所能左右的。而在詭譎多變、不如意之事十之八九的環境中，唯一能使我們迎接挫折而不被其擊倒的辦法，首先便是正視它、接受它，改變自己對事情所持的態度。

有一個女人擔著兩筐雞蛋去市集上賣，誰知就在她經過一個山坡時，雞蛋從筐裡掉了出來，一下子就摔了個粉碎。這時，她卻頭也不回的向前走去。有人看見了，便提醒她說：「喂，她的雞蛋摔碎了，還不快看看！」這女人回答說：「既然已經摔碎了，看又有什麼用呢。」

這個女人堪稱是一位生活的智者，因為生活中能像她一樣「實在」的人的確不多。我們所見到更多的是人在遭遇挫折和損失後，痛心疾首、悔恨不已，或者痛哭流涕、悲苦不堪。結果，白白浪費了時間不說，甚至因為分神，說不定還會打碎更多的「雞蛋」。

俗話說：「謀事在人，成事在天。」客觀規律是不會因人的主觀意志轉移的。現實生活中的「不如意」之事，就是一種無法改變的客觀事實，我們與其固執己見的「鑽牛角尖」，倒不如放鬆一下繃得過緊的神經，轉換一下自己的想法。

比如說，戀人與你分了手，破鏡已無法重圓，與其在那裡苦苦相思，自己折磨自己，倒不如調整一下心態：強扭的瓜不甜，天涯何處無芳草，何苦要在一棵樹上吊死呢？

再比如說，公司要精減人員，這也不必煩惱，妳恰好可以以此為契機，重新規劃自己，說不定還能找到一個更能發揮妳的特長的最佳位置，重新划起生活之舟，如魚得水的駛向理想的彼岸。

美好的情緒能給妳帶來好運，擁有美好情緒的人也會像太陽，妳走到哪裡哪裡就會明亮，而擁有壞情緒的人則會像月亮，初一到十五都不會一樣，總會有陰晴圓缺。

總之，情緒決定了我們的生活，有什麼樣的情緒，我們就會有什麼樣的未來。

三、遠離浮躁，做心淡恬靜的「素心人」

所謂浮躁，就是心浮氣躁。可以說，浮躁是成功、幸福和快樂最大的敵人。但是，浮躁卻越來越成為社會的主流情緒。尤其是現在的一些年輕人，看到別人「發達」、「瀟灑」就坐不住了，渴望「一夜暴富」、「一舉成名」，不能腳踏實地、耐著性子的想問題。其結果是：在物質和精神都毫無準備的情況下披掛上陣，輕狂浮誇，好大喜功，情緒煩躁，手忙腳亂，倉促做事，草草收場。

其實，美好的生活源於平和的心態。人生在世，誰都會遇到許多不盡如人意的煩惱事，關鍵是你要以一份平和的心態去面對這一切。世界總是凡人的世界，生活更是大眾的生活。我們在平和的心態中尋找一份希望，驅散心中的陰霾，戰勝困難的勇氣和信心就會油然而生，我們的心情就會越過眼前的不快而重新變得輕鬆。平和的心態是一種人生至高的境界，一種對榮譽、金錢、利益的豁達與樂觀。

一位母親在花園裡教她五歲的兒子使用除草機，母子倆正剪得高興時，電話響了，母親進屋去接電話。五歲的兒子把除草機推上了媽媽最心愛的鬱金香花圃。母親出來一看，臉都氣綠了。這時丈夫走了出來，看見一片狼藉的花園，頓時明白了是怎麼回事。他柔聲對老婆說：「喂，我們人生最大的幸福是養孩子，不是養鬱金香。」一句話，使做母親的不再生氣，一切歸於平靜。

平日裡生氣、煩惱的時候，我們都該問問自己：我是為了生氣才種花的嗎？我是為了煩惱才上班的嗎？我是為了不快才交朋友的嗎？我是為了苦惱才結婚的嗎？如此這般，我們在生活裡就不會生那些無謂的氣了。其實生活的智慧就在於，無論發生了什麼，你都能明白自己最想要的、最該珍惜的是什麼，是一盆花、一個花園，還是一種快樂、一份情感。如此，你就能抓住生命裡最重要的東西，而不會為了生活的細枝末節痛苦；如此，你的人生才會清明開朗、快樂富足。

「今天，你偷菜了嗎？」隨著「開心農場」等社群網路遊戲的風靡，「偷菜」一詞瞬間躥紅，席捲網民的生活。於是「你『偷』了嗎？」便成為大家見面的招呼語。

自從深陷「開心農場」後，趙盈雪每天的空閒時間都被「偷菜」占據。她隨身攜帶一個小本子，密密麻麻記錄著所有好友「菜園」裡「蔬菜」的成熟時間，「只要時間一到，不管她當時在幹什麼，都要想方設法的上網收菜、偷菜」。和朋友們聚會，她還惦記著「哪些蔬菜、果實該摘了，誰家的雪蓮正在怒放」等；爬山時，也會突然情不自禁的拿出手機上網；打麻將時也常因惦記著「偷菜」而分心出錯牌……朋友們都說她已走火入魔，聚會時也不願再叫上她。

「不能再這樣下去了！」趙盈雪也意識到了自己的異常，感覺「偷菜」已像一把無形的枷鎖架在自己脖子上，「現在不是我在玩遊戲，而是我被遊戲『玩』了。」痛定思痛，趙盈雪決定戒「偷」，回歸現實生活。

虛擬的偷菜遊戲，為何有如此大的魔力？如此令白領們瘋狂，痴迷的「偷」的行為背後，是失落還是寂寞？導火線是什麼呢？在這個火熱的現象背後，揭示的是人們怎樣的社會現狀和生存狀態？

針對白領們的「偷菜」熱，心理諮詢師表示，現代都市中，白領們的生活、工作壓力越來越大，借助網路遊戲，他們可以將現實中的壓力、焦慮、憤怒等負面情緒透過「偷」安全的發洩。心理諮詢師的分析不無道理，沉迷「偷菜」就是白領們減輕壓力、緩解焦慮的一種方式。

心理專家指出，現代人的焦慮情緒已經彌漫於社會各個階層，「偷菜」狂熱中反映的正是一種社會性焦慮。所謂「社會性焦慮」，是一種廣泛的心神不寧，而且不易透過心理調適而化解，很難輕易消退。「社會性焦慮」中，個體焦慮的具體內容未必相同，但總體來看，又有某些共性，細加分析，常常能夠從中看到社會的病灶。

平和的心態並非指毫無準備、毫無目的的幹事。古語云：「山因勢而變，水因時而變，人因思而變，思而悟，悟而行，行必高遠。」思考的過程是因人而異的，心態浮躁的人的思考過程是胡思亂想的過程，心態平和的人的思考過程是深思熟慮的過程。

「寵辱不驚，閒看庭前花開花落；去留無意，漫隨天外雲捲雲舒。」只有當心態有了平和而又不失進取的弦音，許多棘手的問題才可以迎刃而解，許多人間的美景才能盡收眼底。做事情三心二意、淺嘗即止，或是既要魚，又想得到熊掌，或是坐這山望著那山高，耐不住寂寞，靜不下心來，稍不如意就輕易放棄，攤圖安逸、躲避勞神，敷衍塞責，這樣的心態，決定了人生的不幸。

人不管到了什麼樣的年齡，都應該始終保持一顆充滿活力的心，一份平和的心態。鮮花和掌聲營造的是一種氣氛，而在平和的心態中得到的幸福和快樂則是一種持久的感覺。

四、別讓壞情緒變成流行感冒

情緒是人的能量的一種自我宣洩的外在表現，同時也會像病毒一樣，肆無忌憚的向四周擴散，接觸者就會被傳染，表現出同樣的症狀，或快樂、或悲傷、或積極、或沮喪……

曾聽說過這樣一個故事：

一位經理早上出門之前和她的丈夫吵了一架，心情非常糟糕。到了辦公室，她就把主管叫過來，朝她發了一頓脾氣。

主管莫名其妙的被經理罵了一通，心裡很不痛快，於是就把櫃檯小姐大罵了一通。櫃檯小姐當然也想找個人發洩一下，回到家之後，看到她的兒子正在家裡玩，於是她就罵兒子是個淘氣包，把屋子弄得亂七八糟。

這時，剛好家裡的小貓走了過來，她的兒子便狠狠的踢了牠一腳。當然貓被踢了之後，就再也找不到發洩的對象了。

從這個故事中，我們可以看到這隻貓和經理之間並沒有什麼關係，然而這隻貓卻成了壞情緒最終的承受者。

妳可以做一個有趣的試驗：如果在人群中妳打一個呵欠，妳會發現馬上就會有人延續妳的動作。在家庭中，如果某個成員的心情不好，其他成員也會受到影響。其實，這就是他人受到了妳的「情緒傳染」。

在現實生活中，不如意的事情總會發生，不良的情緒也會如影隨形。但在受傷時，如果我們將這些不滿和委屈直接發洩到其他人身上，最終的結果就會像上面這個故事一樣發生無數次的轉移，而最後落在一個與自己根本不相干的人身上。

幸福從來不會跑來告訴妳它的行蹤，所以，妳想要過得幸福快樂，就要學會做個「不去踢貓」的終結者。也就是應該勇敢的成為壞情緒的「終結者」，而不要成為傳播者，讓壞情緒一直轉移下去。當然，我們可以找到一個合理的方式，將那些不良情緒宣洩掉。

那麼，怎樣來排解生活中遇到的不良情緒呢？

(一) 學會傾訴

當遇到不愉快的事時，不要自己生悶氣，把不良心境壓抑在內心，而應當學會傾訴。每個人的周圍總會有幾個知心朋友，當產生不良情緒時，找朋友們聚一聚，就事論事的傾訴一番，把自己積鬱的消極情緒傾訴出來，以便得到別人的同情、開導和安慰。

(二) 高歌釋放

音樂對治療心理疾病具有特殊的作用，而音樂療法主要是透過聽不同的樂曲把人們從不同的病理情緒中解脫出來。同樣的，除了聽以外，自己唱也能起到同樣的作用。尤其高聲歌唱，是排除緊張、激動情緒的有效手段。當人們的不滿情緒積壓在心中時，不妨自己唱唱歌，因為歌曲的旋律、歌詞的激勵及唱歌時有節律的呼吸與運動，都可以緩解緊張情緒。

(三) 以靜制動

當人的心情不好、產生不良情緒時，內心往往十分激動、煩躁、坐立不安，此時，可默默的賞花弄草，觀賞鳥語花香，或揮毫書畫，垂釣河邊，這種看似與排除不良情緒無關的行為恰是一種「以靜制動」的獨特的宣洩方式，它是以「清靜雅致」的態度平息心頭怒氣，從而排除沉重的壓抑。

(四) 不妨痛哭

哭是人類的一種本能，是人的不愉快情緒的直接外在流露。現實生活中除了過度激動之外，哭總是由不愉快所引起的。因此從醫學角度講，短時間內的痛哭是釋放不良情緒的最好方法，是心理保健的有效措施。因為人在情感激動時流出的淚會產生高濃度的蛋白質，它可以減輕乃至消除人的壓抑情緒。有關專家對此進行研究，其結果表明健康男女要比有病者哭得多。不過應該是在內心受到委屈和不幸達到極大程度時才哭，如果遇事就哭，時時哭哭啼啼，事事悲悲泣泣，反而會加重不良情緒。

現實生活中宣洩的方法很多，人與人因為個體差異和所處環境、條件各異，採用的宣洩方式也不同，每個人選擇的宣洩方式只要適合自己就行，不用考慮別人怎麼看。如果周圍有人說壓力大時游泳不錯，而妳恰好不會游泳只希望能好好睡一覺，那就睡覺好了，不用覺得自己的方式不健康。

但自我宣洩的同時，女性朋友也一定要相信自己的自癒能力，這樣就能達到最好的效果。

五、女人要控制好自己的情緒

在社會生活中，人可能遇到各種各樣的情況，面對不同的情況，情緒會有很大的波動，不善於控制情緒，就無法在社會上立足。

芷嫣是個推銷員，每天的工作都很忙。最令她不高興的是，無論自己怎麼努力，她的工作業績還是沒有明顯的提高，反而總是因為各種小事受到上司的批評。

這天，芷嫣和一個客戶做推銷。這期間，客戶表現出了敷衍的態度，這讓她有些不高興。這位客戶甚至在最後還說：「算了，我們別談了。說實話，我並不信任妳們公司，我覺得妳們的產品不符合我的要求。」

一下子，芷嫣的憤怒被點燃了，她拍案而起，大聲吼道：「不談就不談，你以為你是誰？你想買，我還不賣了呢！」說完，頭也不回的走了出去。

來到大街上，芷嫣依舊想著剛才的事情，心情還沒有平靜。這時，一個騎腳踏車的少年從她身邊經過，車子不小心勾住了芷嫣的裙子。

芷嫣沒站穩，險些摔倒在地。等她站穩後，看到那個少年並沒有下車向自己道歉的意思，反而想要溜走，不由勃然大怒向前追了過去。

芷嫣的行為自然引起了路人的關注。幾個上了年紀的人拉住她說道：「小姐算了吧，妳也沒有受傷，就別追了。路上這麼多車，萬一再撞到怎麼辦啊？」

然而，大家的勸說都沒能讓芷嫣平靜下來，她反而更加憤怒的喊：「關你們什麼事？都給我閃開！」

聽到芷嫣這麼說，大家也都不再阻攔她。有人說：「為妳好，你還不領情，這人真是的！」

芷嫣「哼」了一聲，不理會眾人的批評，準備繼續追趕那個騎車少年。然而，當她剛衝上馬路時，迎面開來了一輛疾馳的卡車。頓時，芷嫣倒在了血泊中。後來經過搶救，芷嫣才保住了命，卻成了重度殘疾。

芷嫣慘遭車禍，原因就在於她不懂得控制情緒，這才釀成了苦果。這是多麼血淋淋的例子啊！

所以，在社會上行走，控制情緒是很重要的一件事，你不必「喜怒不形於色」，讓人覺得你陰沉不可捉摸，但情緒的表現絕不可過度，尤其是哭和生氣。如果你是個不易控制這兩種情緒的人，不如在事情發生，影響了你的情緒時，趕快離開現場，讓情緒穩定了再回來，如果沒有地方可暫時「躲避」，那就深呼吸，不要說話，這一招對克制生氣特別有效。一般來說，年紀越大，越能控制情緒，那麼你將在別人心目中呈現「沉穩、可信賴」的形象，雖然不一定能因此獲得重用，或在事業上有幫助，但總比不能控制情緒的人好。

也有一種人能在必要的時候哭、笑和生氣，而且表現得剛剛好，這種人控制情緒已到了相當高的境界，你如果有心，也是可以學到的。

下面是一些克服、處理並控制情緒的方法：

（一）學會完全主宰自己，控制自己的情緒，要經過一個嶄新的思考過程。這個思考過程是很難的。因為，在我們生活中有許多力量試圖破壞個人的特性，使你從孩童時候一直到成人都相信自己無法克服的情緒。無法克服這些情緒就只好接受它們。在這裡要強調的是：你必須相信自己能夠在一生中的任何時刻，按照自己選定的方式去認識事物，只有這樣，你才能做到主宰自己。

（二）成功者一般都善於為自己的情緒尋得適當發洩的機會。比如有的人在激動的時候，會去做些需要體能的活動或運動，這可使因緊張而動員起來的「能量」獲得一條出路；有的人在情緒不安的時候會去找要好的朋友談談，傾吐胸中的抑鬱，把話說出來以後，心情也會平靜許多；還有的人借觀光遊覽來使自己離開容易引起激動的環境，避免心理上的紛擾，等到旅遊歸來，心情不復緊張，同時事過境遷，原有的問題或許也已顯得微不足道，不再需要為之煩心了。

（三）你可以進行獨立思考，或者是說你可以控制自己的思想。你的情緒又來自你的思考，那就可以說，你是能夠控制你的情緒的。這樣看來，你認為是某些人或事給你帶來悲傷、沮喪、憤怒、煩惱和憂慮，這種想法可能是不正確的。你完全可以改變自己的思想，選擇自己的感情，新的思考和情緒就可以隨之產生。一個健全和自由的人總是不斷的學著用不同的方式處理問題，這樣才能使你學會主宰自己。

（四）假如你是個樂觀的人，那麼你就能夠找到控制自己情緒的方法，而且每時每刻都能為值得去做的事而生活著，那麼你便是個聰明的人。你便能夠順利的解決問題，當然也能為你的幸福增添光彩。如果在無法解決某個特別的問題時，樂觀的你仍充滿信心，其實你已將自己的情感穩操在手。能夠為自己的選擇感到幸福時，你的情緒一定是穩定的、真實的。

能掌握自己情感的人是不會垮掉的，因為他們能夠主宰自己，控制自己的情緒。他們懂得如何在失意中尋找快樂，懂得如何面對生活中出現的任何問題。在這裡沒有說「解決」問題，因為聰明人不以解決問題的能力來衡量自己是否聰明，而是懂得不受情緒的影響，理智的面對問題。

六、心態決定女人的命運

我們必須面對這樣一個事實：在這個世界上，成功卓越的女人少，失敗平庸的女人多。成功卓越的女人活得充實、自在、瀟灑；失敗平庸的女人則過得空虛、艱難、憂鬱。

積極的心態創造人生，消極的心態消耗人生。積極的心態是成功的起點，是生命的陽光和雨露，滋潤著女人的生活；消極的心態是失敗的泉源，是生命的慢性殺手，使人在不知不覺中喪失動力。所以，女人選擇了積極的心態，就等於選擇了成功的希望；選擇消極的心態，就註定要走入失敗的沼澤。女人要想成功，想把美夢變成現實，就必須懂得「心態決定命運」這一條人生哲理。

成功學大師戴爾•卡內基說過：「人與人之間只有很小的差異，但是這種很小的差異卻造成了巨大的差異。這個很小的差異就是心態，巨大的差異就是不同心態產生的結果。」馬斯洛曾這樣說：「心若改變，你的態度就會跟著改變；態度改變，你的習慣就會跟著改變；習慣改變，你的性格就會跟著改變；性格改變，你的人生就會跟著改變。」有人說過：「當一個人的態度明確時，他的各種才能就會發揮最大的效用，因而產生良好的效果。」態度不同會使結果不同。一個學習態度良好的學生，學習成績往往會名列前茅；一個態度明確的推銷員，經常可以打破推銷紀錄；一個態度良好的人，他的人氣指數會很高，生活會很幸福……一個擁有積極心態者常能心存光明遠景。積極心態能讓你健康長壽、獲得財富、擁有幸福；而消極心態則會剝奪一切使你的生活變得有意義的東西。因此，對一個生活和事業都想取得成功的人來說，心態非常重要。如果你保持積極的心態，掌握了自己的思考，並引導它為你明確的生活目標運作，你就能享受到生活的優待。

羽凡是一家公司的業務員，是一個能帶給人好感的忠厚之人，但她總給人一種平淡無味的感覺，同事們諷刺她是公司裡業績最少的業務員。公司雖然覺得羽凡的人品沒得挑剔，但也只能考慮讓她走人。

就在公司考慮要開除她時，羽凡突然爆發了巨大的熱情，開始積極的工作，營業額也逐漸上升，一年後成為了公司的王牌業務員，又過了一年，她竟然成為全國銷售冠軍。

在業務員的表彰大會上，羽凡受到董事長的表揚。董事長給羽凡授完獎以後，對羽凡說：「我從來沒有這麼高興的表揚過人。妳是一個傑出的業務員。不過，妳的營業額變得高速增長，這巨大的轉變是怎麼實現的呢？能不能跟大家分享一下妳的成功祕訣呢？」

羽凡並不擅長言辭，即使現在已經是戰果豐富，她還是有點害羞的說：「董事長先生及各位女士、先生們，過去我曾經因為自己是個失敗者而垂頭喪氣，這一點我記得很清楚。有一天晚上，我看到一本書，上面寫著『因為熱愛，才能做得更好』，我忽然好像領悟到了什麼一樣，我不能再這樣下去了，我找到了以前失敗的原因——因為我不熱愛自己的工作，所以缺少對工作的熱情，但是我相信，我會改變的。第二天一大早，我就上街從頭到腳買了一套全新的衣服，包括套裝、內衣、襪子、皮鞋等，我需要全面的改變自己。回家以後我又痛痛快快的洗了個澡，將頭髮洗乾淨了，同時也把腦子裡消極的東西全都洗掉了。然後我穿上剛買的新衣服，帶著以前從未有過的熱情開始出去推銷了。然後，我的營業額開始上升，越來越順利。這就是我轉變的過程，非常簡單。」

羽凡的轉變，是因為她轉變心態，學會愛上自己的工作，然後喚起了對工作的熱情，同時也造就了後來的成功。熱愛才會有熱情，熱情可以把一個人變成完全不同的人，這是一個多麼神奇的轉變呀！其實，許多員工在工作上之所以不太順利，甚至失敗，就是因為缺乏對工作的熱愛。如果缺乏熱愛，妳永遠不可能成為頂尖的人才。熱愛妳的工作，否則不如甩手不幹。

我們每個人身上都或多或少具備成就大事的潛質，不僅是敏捷、聰明伶俐的人這樣，那些相對木訥，甚至看起來有些愚笨的人，也有這樣的潛質。他們一旦產生了熱情，憑藉這種熱情的力量，就可以創造出很大的業績。

七、給自己一個笑臉

笑容是快樂的使者，笑容能照亮別人，也能愉悅自己。當我們面對困惑、無奈時，不妨仍是裝出一副好心情，給自己一個笑臉，以此一笑解千愁。

英國作家薩克萊曾說：「生活就是一面鏡子，你笑，它也笑；你哭，它也哭。」妳用什麼樣的態度對待妳的生活，生活就會以什麼樣的態度來對待妳。妳消極，生活便會暗淡；妳積極向上，生活就會給妳許多快樂。

快樂是妳自己的事情。只要願意，妳可以隨時調整手中的遙控器，將心靈的視窗調整到快樂頻道。

給自己一個笑臉，善待自己！人生只有一次，無可取代，為什麼要因身外之物而煩惱呢？微笑，永遠是我們生活中的陽光雨露，它能讓妳魅力四射，閃現出美麗的光芒。要學會對自己微笑，它可以改變我們的命運和世界。記住一點：微笑不僅僅是為了別人，更是為了自己。面對生活，我們應該微笑。

沒有什麼東西能比一個陽光燦爛的微笑更能打動人的了。笑是禮貌之花，笑是友誼之橋。

微笑具有神奇的魔力，它能夠化解人與人之間的堅冰；微笑也是妳身心健康和家庭幸福的標誌。

無論妳在什麼地方，無論妳在做什麼，在人與人之間，簡單的一個微笑是一種最為普及的語言，它能夠消除人與人之間的隔閡。人與人之間的最短距離是一個可以分享的微笑，即使是妳獨自一個人微笑，也可以使妳和自己的心靈進行交流和撫慰。

一旦妳學會了陽光燦爛的微笑，妳就會發現，妳的生活從此變得更加輕鬆，而人們也喜歡享受妳那陽光燦爛的微笑。

善待自己，給自己一個笑臉，讓陽光、快樂走進妳敞開的心靈。

有一個女孩，她生性樂觀積極，也很懂得生活，更知道要如何排解自己的不快。

清晨醒來，她會對鏡中的自己大聲說：「今天是個好日子。」即使昨天的壞情緒尚未消除，她還是會大聲的這樣說。

然後刷著牙，想著刷牙是一件多麼令人愉快的事，牙齒將變得潔白，乾淨，不會蛀牙，口氣清新。

洗臉也是一件非常愉快的事，因為清水的滋潤，會使臉上的皮膚感到無比的舒暢。這都使她的腦細胞感到無比快樂。

她把細胞快樂論告訴人們，如果我們身上的每一個細胞都很快樂，我們自身當然也會非常快樂。因為人的身體是由無數個細胞組合而成的，所以讓所有細胞和睦相處，是生活中最重要的一件大事。

女孩兒的細胞快樂論正是告訴人們必須從內心深處去愛身體中的每一個細胞，不停的與它們對話，讓這些原本就健康、活躍的細胞更新甦醒，並發揮其超常的功能。

每天清晨起床，對鏡中的自己說：「今天將是美好的一天。」總是保持著笑容，變得比以前開朗，不再把事情看得太嚴重。無論何時、何地，總是積極的挑戰明天。開始懂得與大家和睦相處，而不是明爭暗鬥；從心底去愛人，而不是做做表面文章……

是啊，當我們面對困惑面對無奈時，是否該悄悄的給自己一個笑臉呢？

給自己一個笑臉，讓自己擁有一份坦然；給自己一個笑臉，讓自己勇敢的面對艱險。這是怎樣的一種平和，怎樣的一種豁達，怎樣的一種鼓勵啊！

獨步人生，我們會遇到種種困難，甚至於舉步維艱，甚至於悲觀失望。征途茫茫有時看不到一絲星光，長路漫漫有時走得並不瀟灑浪漫。這時，給自己一個笑臉好嗎？讓來自於心底的那份執著，鼓舞著自己插上翅膀在藍天翱翔；讓來自於遠方的呼喚，激勵著自己闖過難關。

想想人生中總有那麼多失敗、挫折、痛苦和折磨。這個時候請不要閉鎖妳的心靈，請不要讓自己的心靈布滿烏雲，請不要拋開生活中的一切美好的東西；敞開妳的心靈，讓世界走進來，讓陽光走進來，讓歡樂走進來，讓美好走進來。這時候妳會明白，失敗、挫折、痛苦和折磨不是生活的全部，也不是生活的最終；失敗、挫折、痛苦和折磨會使妳成熟、堅強、豁達，它是人生中的寶貴財富。

那麼，朋友，當不幸降臨到妳身邊的時候，給自己一個笑臉，自己就會變得不再那麼孤單；給自己一個笑臉，我們的目標也會變得不再那麼遙遠。因為，只要心中的風景不凋零，即使在嚴寒的冬季，生命的葉子也不會枯黃腐爛。所以，我們不必在失敗之中垂頭喪氣，勇敢的站起來重新開始。當保持了一份好心境，成功也往往會在下一刻前來拜訪。

給自己一個笑臉，不僅僅是為了別人，更是為了自己。當我們步入逆境時，不要墜入消沉之中，學會讓自己的心情重新歸到一種積極的層面，正視自己，另闢蹊徑，給自己一個笑臉，我們的心也會真的開朗起來。

八、知足是一種美好的心境

追求幸福、滿足慾望，是人與生俱來的本能。但是，不切實際的追求，對人卻是一種傷害。有的人已擁有了許多，卻仍然盯著自己所沒有的那些身外之物，一旦什麼都有了，仍覺得缺點什麼。這樣的一生，談何快樂呢？

莎士比亞說：「嫉妒，你使天使也變成了魔鬼。」的確，攀比嫉妒之心如同女人瘋狂起來，不但毀了別人，也毀了自己。

一個形容枯槁的中年女人來到班耐爾醫生的診所。一進門她就喋喋不休的抱怨自己如何不幸。丈夫離她而去了，工作也一塌糊塗，剛剛上高中的孩子也不願意回家陪陪她，又因為炒股票而欠了一大筆債。下面是班耐爾醫生與她的對話：

「那麼，妳丈夫為什麼離開了妳？」

「我也沒說什麼，只說鄰居傑克很能幹，又開了一家速食店，而且生意好得不得了。而相比之下，我丈夫簡直是個笨蛋，連一個蛋糕店都經營不好還賠本。」

「孩子們呢？」

「他們簡直不像話，每次成績總是丙或丁，害得我每次參加家長會都很沒面子。」

「那妳為什麼要炒股票？」班耐爾繼續問道。

「噢，鄰居蘿絲太太炒股賺了一大筆，她的那部賓士就是炒股票賺的，她可以為什麼我不可以？」

班耐爾醫生問完這些問題後，沒有說什麼，而是給她講了一個有關鄉下老鼠和城市老鼠的故事：

城市老鼠和鄉下老鼠是好朋友。有一天，鄉下老鼠寫了一封信給城市老鼠，信上這麼寫著：「城市老鼠兄弟，有空請到我家來玩，在這裡，可以享受鄉間的美景和新鮮的空氣，過著悠閒的生活，不知你意下如何？」

城市老鼠接到信後，高興得不得了，立刻動身前往鄉下。到那裡後，鄉下老鼠拿出很多大麥和小麥，放在城市老鼠的面前。城市老鼠不以為然的說：「你怎麼能總是過這種清貧的生活呢？住在這裡，除了不缺食物，什麼也沒有，多麼乏味呀！還是到我家玩吧，我會好好招待你的。」

於是鄉下老鼠就跟著城市老鼠進城了。

看到那麼豪華、乾淨的房子，鄉下老鼠非常羨慕。想到自己在鄉下從早到晚，都在農田上奔跑，以大麥和小麥為食物，冬天還要不停的在那寒冷的雪地上搜尋糧食，夏天更是累得滿身大汗，和城市老鼠比起來，自己實在太不幸了。

聊了一會，他們就爬到餐桌上開始享受美味的食物。突然，「砰」的一聲，門開了，有人走了進來。他們被嚇了一跳，飛也似的躲進牆角的洞裡。

鄉下老鼠嚇得忘了飢餓，想了一會兒，牠戴起帽子，對城市老鼠說：「鄉下平靜的生活，還是比較適合我。這裡雖然有豪華的房子和美味的食物，但每天都緊張兮兮的，倒不如回鄉下吃麥子來得快活。」說罷，鄉下老鼠就離開都市回鄉下去了。

「那妳的意思是說，我就什麼都不去想，什麼都不去做，就這樣讓一切糟糕透頂下去？」這位太太盯著班耐爾的眼睛問。

「不，我是說，妳應該在發火前，多想想這樣的故事，然後再想辦法去解決妳們面臨的問題。記住，我是說真正的問題，而不是在與別人比較出來的那些所謂的問題。」

聽了班耐爾醫生的解釋，那位太太終於明白了醫生暗指的意思，高高興興的走出了診所的大門，臉上露出了愉快的笑容。

俗話說：「人比人，氣死人。」女人容易看到的往往是別人比自己好的地方，並因此心境難平。我們應該像那隻鄉下老鼠一樣，先看重自己已擁有的生活，再心平氣和去解決問題與不足。對於別人的優越，妳再著急也於事無補，反倒是傷害了自己的身心，有什麼好處呢？

對現實和自已擁有的不滿足，無疑會給妳本來已經很沉重的生活再添重負。如果沒有知足常樂的心態，當周圍的女人最近添置了什麼飾物時，妳就會嚮往，並決心要超過她；當某位女同事有了新房子時，妳也會在老公面前發牢騷；當鄰居的孩子讀了什麼明星學校時，你也要攀比攀比，讓自己的孩子也去上……而當所有的這些不能得到滿足時，你就會陷入嚴重的心理不平衡，或者為了得到它們而忘記做人的基本準則和規範，最後生活變得越加沉重，越加沒有情趣，越加感到壓抑。

記得有一首歌寫得很好：「在世上有多少歡笑，能使你快樂永久？試問誰能支配將來永遠不必擔憂？名和利哪天才足夠，能使你滿足永久？試問就算擁有了一切，誰又能守住眼前的所有？享受生活，知足是真，因為心靈滿足才是真正有福的人啊！」

知足的人才能常樂，平淡的生活才是幸福！人生在世，名利金錢，都是身外之物，就算是時時刻刻永不停息、永無止境的去追求和索取它，我們也不會有滿足的時候。相反的，它還會給妳帶來無盡的坎坷和煩惱。所以，有許多時候，我們之所以感覺不幸福、不快樂，多半是由於我們的不知足。

羅馬哲學家塞尼遜曾說：「人最大的財富，是在於無欲。如果你不能對現有的一切感到滿足，那麼縱使讓你擁有全世界，你也不會幸福的。」事實上人就是如此，永不知足，看別人總覺得比自己好，卻忽略了過多的欲望是痛苦的根源。知足才是人生中最大的快樂之源，因為人類生命的張力畢竟是有限的，假若欲望無止境，超出人的能力界限，那麼失望也將成為必然。

智者不為自己所沒有的悲傷而活，卻為自己擁有的歡喜而活。學會知足，就是要學會用一種超然物外的心態看待人生。只有知足的人，才會永遠的微笑著面對生活，在她的眼裡世界上沒有解決不了的問題，沒有跨不過去的坎，他們會為自己尋找合適的臺階，而絕不會庸人自擾。知足的人更是快樂的人，她不以物喜，不以己悲，不做世間功利的奴隸，也不為凡塵中各種打擾、牽連、煩惱所左右，從而使自己的人生不斷得以昇華。

學會知足，我們才能在當今社會越演越烈的物欲橫流中，在令人眼花繚亂、目炫神迷的世間百態面前心平氣和，做到堅守自己的精神家園，執著追求自己的人生目標；學會知足，才可以使我們的生活多一些光亮，既不會為過去的得失而後悔，更不會為現在的失意而煩惱。

如果你是一個知足常樂的女人，擁有一份自由職業，沒想過要發財，也不追求大富大貴的生活，只希望一家人和和睦睦、平平安安、健健康康，妳就會滿足於生活的每一天。妳會和大多數女人一樣，逛逛商店，買幾套合身的衣服，把自己打扮得整潔又光鮮；或者沒事時喜歡上上網，和網友聊聊天，說說心中的快樂和煩惱，聽聽網友們的傾訴；也讀讀文章，徜徉在文章真實而感人的情節裡……

女人要懂得知足，只有這樣，才不會在歲月裡走向庸俗。念由心生，所見皆所想。心中有快樂，所見皆快樂。心中有幸福，所見皆幸福。一個知足感恩的小女人，見山山笑，見水水笑，這才是一個人女人應該達到的境界。

不知足的女人，總是貪戀太多、要求太多，追求更多的物質享受，想要更舒適的生活。有些時候，她會因得不到貪戀的滿足而心情沮喪，快樂也就與她絕緣了。

九、走出自卑的陰影，讓自己快樂起來

曾有人說：「天下無人不自卑。無論聖人賢士、富豪王者，抑或平民寒士、販夫走卒，在孩提時代的潛意識裡，都是充滿自卑感的。」可見，我們每個人或多或少都曾經歷過自卑的纏繞。

攀登在人生的崎嶇小路上，自卑這條毒蛇隨時都會悄然出現，特別是當人勞累、迷失、困惑的時候，更要加倍的警惕。德國哲學家黑格爾說：「自卑往往伴隨著懈怠。」王有光《吳下諺聯》中說：「人不可以自棄，荒田尚有一熟稻也。」意思是說：人生在世不能自暴自棄，貧瘠的田地透過耕種也還能收獲一季稻子呢。人在絕望的時候，要想想自己的優點，想著還有可能反敗為勝。

只有控制住自卑心態，人們才會敢於積極進取，成為一個有主動創造精神的人；才能開拓事業的新局面，才會產生事業的突破；才會有積極的人生態度，才會活得開朗、開心；才會勇於承擔責任，成為一個有責任心的人，而任何一個在事業上有所作為的人，都是有責任心的人。

自卑是人生前進道路上的絆腳石，可以使一個人的活動積極性與能力大大降低。雖然偶爾短時間的落入自卑狀態是正常現象，但長期處於自卑之中就是一場災難了。自卑的根源是過分否定和低估自己，過分重視別人的意見，並將別人看得過於高大而把自己看得過於卑微。這樣一來，自然就產生出沉重的壓力，並順理成章的導致了自我壓抑。一個自我壓抑的人，在自我形象的評價上會毫不憐憫的貶損自己，不敢伸張自己的欲望，不敢在別人面前申訴自己的觀點，不敢向別人表白自己的愛情，行為上不敢揮灑自己，總是顯得拘謹畏縮。另一方面，一個自我壓抑的人對外界、對他人，尤其是對陌生環境與生人，心存一種畏懼。出於一種本能的自我保護，他便會隔離和疏遠自己畏懼的東西，這樣一來便將自己囚禁在一個孤獨的城堡之中了。如果說消極情緒可以使一個人在前進路上暫時偏離目標或減緩成功的速度，那麼一個長期處於自卑狀態的人根本就不可能有成功的希望，甚至已有的成績也不能喚起他們的喜悅、興奮和信心。他只是一味的沉浸在自己失敗的經驗裡不能自拔，對什麼也不感興趣，對什麼也沒有信心，自己不願走向人群，也拒絕別人接近。整個人與豐富多彩的生活隔絕，與人群疏遠，自囚於孤獨的城堡。

有自卑情結的人可能會很膽小，由於要避免可能使他感到難堪的一切，他就什麼也做不成；由於害怕別人認為自己無知，他就忍不住去徵求別人的意見和建議；由於擔心受到拒絕，他就不敢去找個好工作。由於這樣壓抑的結果，他在各方面都毫無進展，並且變得更加敏感，再加上日益怯懦，他的精神狀態就日益低落。一個有自卑情結的人不能長時間把精力集中在任何事物上，只能集中在他本人身上，因而常常不能實現自己的願望。

自殘、自殺是自卑心態最極端的自責形式。自殺的人不是在逃避世界，他們是在逃避自己——他們所拋棄和蔑視的自我。他們不敢直面問題的根源，只是因感覺自己受到了傷害，十分惱怒，於是就尋求「結束一切」。他們不善於用快樂之水沖淡生活的苦味。其實在他們嘆息甚至流淚時，快樂就在身邊朝他們微笑。自卑易導致人們將自己的不足或者不利的情況與他所接觸到的人相比較，從而總覺得別人比自己更精明、更有趣、更迷人、更會穿著，別人無論在任何方面——年齡、地位、榮譽、尊嚴、事業和成就等等，都占有優勢。因此使自己更感不足、失落，甚至於自毀。

長期被自卑情緒籠罩的人，不僅會使自己的心理活動失去平衡，而且也會引發人的生理變化，對心血管系統和消化系統產生不良影響。人的生理和心理是密切相關的，生理上的變化反過來又會影響心理的變化，加重人的自卑心理。有自卑心理的人常表現為情緒低落、心胸狹隘，常把一些細小意見看得過大，因而為之煩惱，耿耿於懷，不能自拔。他們少言寡語，好懷疑，常陷入孤獨抑鬱之中；對一切事物不感興趣，不願多與他人交往；精神委靡，遇事總往壞處想；常常認為自己是世界上最不幸的人，個別嚴重者甚至會出現輕生的念頭。

有一個大學生由於來自貧困偏遠的山區，父母都是整日面向黃土、背朝天的農民，所以她的經濟來源比起同宿舍的五個人要差很多。別人過生日時的請客吃飯、買衣服時的高級名牌，都讓她產生一種不合群、低人一等的感覺，於是她拚命的想在學習上超越別人來彌補經濟上的窘迫。但是無論她怎樣努力，總是無法擺脫日常生活中無處不在的經濟壓力，於是她有了極度的自卑心理，這種自卑心理壓得她喘不過氣來，最後得了精神分裂症。

自卑是人生潛在的殺手，不論屬於哪一種表現形式，一旦發現自己存在這種心態，都應當加以調節和根除。自信是克服自卑最有力的武器，你覺得自己是什麼樣的人，自己就會成為什麼樣的人。你自卑，那麼你將一事無成；你自信，那麼你就會在人生的道路上實現自己的價值。儘管蘇格蘭哲學家卡萊爾曾說過：「自卑和自我懷疑是人類最難征服的弱點。」但自卑並非不可消除，也並不可怕。實際上人人都有自卑情結，只是程度不同而已。具有良好心態的人對自卑具有極強的自控能力，他們的成功都是建立在自信基礎上的。成功者的成功之處正是在於能夠克服自卑，超越自卑。一個人只要相信自己行，就一定行，因為自信能使你充分發揮自己的潛能，想方設法達到自己的目的。

人生快樂不快樂，取決於自己的心理狀態。播下一種心態，便收獲一種命運。自卑的心態就像一條啃噬心靈的毒蛇，不僅吸取心靈的新鮮血液，讓人失去生存的勇氣，還在其中注入厭世和絕望的毒液，最後讓健康的身體死於非命。

所以，從現在起，走出自卑的陰影，讓自己快樂起來。

十、不要預支明天的煩惱

人生只有一次，不可重複，為什麼要因身外之物而煩惱，無辜的損傷自己的細胞呢？將事情想得太遠，就會造成無休止的壓力。給心情放個假，你便會時時感到快樂，無憂無慮。

不久前，看過這樣一則小故事：

一個小和尚，每天早上都會清掃寺院裡的落葉。秋冬之際，樹葉每天都會隨風落下，每天都要花很多時間才能清掃完樹葉，讓小和尚頭疼不已。他一直想找個好辦法讓自己輕鬆一些。後來老和尚跟他說：「你在明天打掃之前先用力搖樹，把落葉搖下來，後天就可以不用清掃落葉了。」

小和尚覺得這真是好辦法，於是，隔天一大早起來，就使勁的搖樹，他覺得這樣他就能把今天和明天的落葉都掃乾淨了，一整天小和尚都很開心。

可是，到了第二天小和尚到院子裡一看傻眼了，院子裡還是如往常一樣落葉滿地。

這時，老和尚走過來，意味深長的對他說：「傻孩子，無論你今天怎麼用力，明天的落葉還是會飄下來啊！」

的確，生活中我們也常常和小和尚一樣，企圖把人生的煩惱都提前解決掉，以便將來過得更好、更自在，澈底的無憂無慮。但實際上，很多事情是不能提前完成的。過早的為將來擔憂，不僅於事無補，而且還會讓自己活得很累、很無奈，也會覺得自己非常失敗，這樣只會剝奪本該屬於自己的快樂。

不要預支明天的煩惱，不要總想著若能提前解決未來的煩惱的話，定能使自己過得輕鬆、有詩意。懷著憂愁度過每一天，設想自己可能遇到的麻煩，只會徒增煩惱。實際上，等煩惱來了，再去解決也不遲。正所謂：「車到山前必有路，船到橋頭自然直。」況且，明天的煩惱，你又怎能在今天解決掉？更重要的是：「想像出來的煩惱，比真正出現的，也不知要大出多少倍。」努力過好現在，保持一份樂觀的心態，即使有任何困難出現，也能帶著一種坦然的心情去面對、去解決。這比什麼都重要！

無獨有偶，還有這樣一個故事：

有一個婦人，家裡非常貧困。於是婦人經常擔心：「如果我病倒了不能工作怎麼辦？」「如果我賺的錢不夠花了怎麼辦？」結果這一連串的擔心像沉重的包袱壓得她喘不過氣來，讓她飯也吃不香，覺也睡不好，身體一天天的虛弱。

有一天婦人上街去買東西，突然昏倒在路旁，恰好有個醫學博士路過。博士在詢問了她的情況後，十分同情她，於是送了她一根金條，並對她說：「不到萬不得已的情況下，千萬別賣掉它。」婦人拿了這根金條高高興興的回家了。從此之後，她經常的想著這根金條，並自我安慰道：「如果實在沒錢了，我就賣掉這根金條。」

就這樣，她白天踏實的工作，晚上安心的睡覺，逐漸的又恢復了健康。

後來，她的小女兒也長大成人了，婦人家的經濟也寬裕了。有一次她把那根金條拿到首飾店裡估價。老闆看過金條之後，告訴他這根金條是銅的，最多只值十元。

這時，婦人恍然大悟：原來，博士給我的不是一根金條，而是治病的方法！

從這則故事裡，我們可以悟出這樣一則道理：不用預支明天的煩惱，只需做好今天的功課。做好今天的功課，就是應對明天煩惱的最好法寶。特別是當我們把心頭的那個沉重包袱放下時，你原本所焦慮的那些令人不安的後果往往也難以發生了。

人生只有一次，不可重複，為什麼要因身外之物而煩惱呢？在現實中，人除了自己的身體、生命之外，金錢、地位、權力……全都是身外之物。只有當一個人擁有了健康，他才有可能擁有人世間的一切財富。

那麼，我們要怎樣才能預防煩惱，把煩惱鎖在門外呢？美國心理治療專家曾概括出幾種方法：

——遇事不要像滾雪球似的把事態擴大。

人生在世，有煩惱的事在所難免。當問題出現時，要盡力將其解決在萌芽狀態。譬如在婚姻關係中出現問題時，千萬不要把妳的憤怒和苦惱在心底埋上幾個月，甚至幾年。這種日積月累會使妳「起於青萍之末」的煩惱被忽略，最終導致「兩個人的戰爭」不斷升級，陷於煩惱而不能自拔。

——遇到煩惱時，切忌把問題攬到自己身上自怨自艾，埋怨自己處處不如他人；也不要盯著消極的東西，總覺得別人對不起妳，給妳帶來這些麻煩。

假如上司對你有成見，妳不要反覆的檢討自己。只要自己心裡無愧，就不必引咎自責。對別人更不要疑神疑鬼，不要像契訶夫筆下的那個小公務員那樣的膽戰心驚，自我製造煩惱。妳需要加強自我調控能力，克制自己的感情衝動，冷靜對待自己和他人。

——不要落入「害人害己」的惡性循環。

這種「害人害己」是把所有人都看得一文不值，既嫌棄自己，又貶低別人；既覺得自己一無所長，也看著別人不順眼，總是對別人喋喋不休的挑剔、埋怨，小題大作。長此以往，就會造成人格結構的不穩定與失調，自己不想與人交往，別人也不會與你交往，導致人際關係的疏離。

——找一位異性朋友倒一倒心裡的「苦水」，在親切、輕鬆、和諧的氣氛中將自己的煩惱宣洩出來。

從生理學角度看，男性和女性的生理激素不同，使之形成了天然的異性相吸的規律。男性對女性訴說，會使他們坦蕩的敞開心扉，真誠而直爽的毫無保留的把心中的煩惱、苦悶吐露給對方；而女性對男性訴說，同樣有著一種被吸引的外向衝擊力，願意把自己的煩惱傾訴給對方，以解除心理重負。而且他們之間的訴說真誠而無虛假、坦誠而無隱瞞，彼此的感情交流，既慰藉了對方的煩惱情緒，也求得了心理的平衡。

——多參加娛樂活動。

當妳處於自我封閉，與外界少有聯絡時，遇事就容易產生煩惱。假如遇到煩惱時走出家門，到娛樂場所去消遣一下，就可以轉移大腦煩惱的興奮點。儘管這種轉移只是短時間的，但對調節妳的情緒仍是極為有益的。

第三章　掌控時間，實現自己生命的價值

我們出生時，世界送給我們最好的禮物就是時間。不論是窮人還是富人，這份禮物是如此公平：一天二十四小時，我們每一個人都用它來投資經營自己的生命，如果你想創造幸福人生，在事業上有所作為，你就必須訓練自己利用時間，追求時間的效用，把二十四小時變成四十八小時，時間的延長，也意味著生命的延長，別人活一百歲，你就能活二百歲，你比別人多活了一輩子，別人用兩輩子才能做到你一輩子所做的事情。

一、把一天變成四十八小時

著名的物理學家愛因斯坦認為，人與人之間的最大區別就在於怎樣利用時間。有的人很會經營，可以把一分鐘變成兩分鐘，一小時變成兩小時，二十四小時變成四十八小時……他用上天賜予的時間做了很多的事，最終換來了成功。其實，這世界上的偉人、元首、科學家、發明家、文學家等，最成功之處就是時間的運用，他們都是掌控時間的高手。

在相同的時間裡，有些人能夠做很多事情，效率很高，而另一些人卻只能做極少的事情，效率很低。就好像時間對於有些人來說長，對另一些人來說短似的。其實時間的長短是由人怎樣利用而決定的。在同樣的時間裡，有的人做的事多，有的人做的事少，這樣一來時間就有了長短的區別。

但是，無論是總統、企業家，或是工人、乞丐，每個人的一天都只有二十四小時，這是上天對人類最公平的地方。雖然如此，但就是有人有本事把一天的二十四小時變成四十八小時來用。這不是神話，而是事實。

有這樣一位成功人士，她每天早上五點起床，先做早操，然後吃早餐、看報紙，接著開車去上班，車上聽的不是路況報導，而是語言教學，有時也聽演講錄音檔。由於早出門，因此不會塞車，到達辦公室差不多七點半，她又用七點半到九點這段時間把其他報紙看完，並且做了剪報，然後準備一天上班所需要的資料。中午她在飯後小睡三十分鐘，下午繼續工作，等到下班，她會利用一個多小時看書，在七點左右回家，因為不塞車，半小時就可回到家吃晚飯。在車上，她仍然聽語言教學或演講錄音帶。吃過飯後，看一下晚報，和丈夫孩子聊一聊，便溜進書房看書、做筆記，一直到十一點上床睡覺。

她和別人不一樣，因為她的一天有四十八小時，也就是說她一天做的事情是別人兩天才能做完的事情。很顯然，她的成就超過了她的同齡人。其實她也沒什麼法寶，只是不讓時間白白的流逝罷了。而要讓時間流逝是很容易的，發個呆，看個電視，打個遊戲，一個晚上很容易就打發了。

如果天天如此，一年、兩年很容易就過去了，妳的成就和別人一比，就明顯有了差距。因此，妳也有必要把一天變成四十八小時，讓妳的每一分鐘每一秒鐘都發揮最大的效益。其實這並不難，把妳的時間做個規劃並且認真的去實踐就行了。

學校上課都有功課表，其實這就是最基本的時間規劃，妳也可參考這種方式，把自己一天當中什麼時間要做什麼事列成一張表，並且每天按表作息。一開始妳會很不習慣，又因為沒有人監督，所以妳很有可能會「偷懶」，如果妳偷懶，那麼妳就失敗了，所以妳必須堅持，再透不過氣也不可鬆懈。過一段時間後它就會成為習慣，然後妳的時間就會「繁殖」，一天變成三十六小時、四十八小時，甚至更多，也就是說，妳的時間效益提高了。

如果妳想創造成功人生，在事業上有所作為，妳就必須在年輕時訓練自己利用時間、追求時間的效用，把二十四小時變成四十八小時。時間的延長，也意味著生命的延長。別人活一百歲，妳就能活兩百歲，別人兩輩子才能做妳一輩子的事情。妳比別人多活了一輩子。

這世界上有許多人不懂得珍惜時間，不懂得珍惜現在所擁有的每一分一秒。事實上，時間是一分一秒累積的。一位名人曾說過：「我是把別人喝咖啡的時間都用在工作上。」可見他對零星時間的珍惜。一個人若要在學識上有所造詣，在事業上有所成就，沒有這種惜時如金的精神，沒有時不我待的緊迫感，是必然不成的。要記住，真正成功的人，時間從來都是用秒來計算的。

放棄了一秒的時間，妳就會不知不覺的也放棄一分鐘的時間；放棄了一分鐘的時間，妳就會覺得放棄了一小時的時間並不是多麼不可原諒的事情。於是，在一點一滴的放棄中，妳便放棄了許多生命中的精彩片段。

二、抓住時間這個賊

時間是個賊，它偷光妳所有的純真夢想和希望，它把妳的青春猖狂的從妳手中搶走，妳不能反抗不能申訴，只能眼睜睜的看著它帶著你所熟悉的本來屬於妳的東西一秒一秒的遠離妳，而妳無論怎樣奔跑都只能和妳當初擁有的一切越來越遠。

當妳每天回到家的時候，妳總覺得若有所失，是丟了什麼嗎？妳到處檢查，什麼東西都在。其實，妳確實丟了東西，妳丟了生命的一部分：時間。

是誰偷走了妳的生命？妳在不知不覺間就失去了青春，失去了活力，失去了成功的機會。當妳突然發現之時，妳已經耄耋老矣。

時間是個賊，它偷走了妳的年華，偷走了妳的夢想，偷走了妳可能擁有的一切。這時候，妳才恍然大悟，妳沒有抓住時間這個賊的話，妳就什麼也沒有得到。

兩個獵人一起去打獵。

天空中一群大雁飛來，二人急忙張弓搭箭，準備把牠們射落下來。忽然，一個獵人說：「哎呀，你看這群大雁好肥呀，打下來煮著吃，滋味一定不錯。」

另一個獵人聽了，把舉著弓箭的手放下來，說：「不，還是烤來吃好，烤雁又香又酥。」

兩個人各持各的理，爭吵起來。後來請人來評判，才找到一個解決的辦法：把大雁一半煮來吃，一半烤來吃。爭吵停止了，兩人這才想要重新張弓搭箭，再去射雁。可是，那群大雁早已凌空遠翔，飛得不知去向了。

這兩個獵人，眼看就要到手的大雁也沒吃成。他們犯了什麼錯誤呢？很顯然，他們沒有提防時間這個賊。是時間偷走了他們眼皮底下的大雁。

誰抓住了時間這個賊，誰就抓住了生命中的一切。

優秀的殘疾人作家張海迪，在很短的時間裡就掌握了日語、英語等幾門外語，完成了《海邊診所》的翻譯。一個身體的三分之二都失去知覺的高位截癱患者，一個殘疾者的生命為何能釋放出如此巨大的能量？煥發出如此奪目的異彩？原因之一不就是由於她抓緊了分分秒秒的寶貴時光，增加了生命的活力嗎？

因此，女人要想獲得生命的成功，就必須保持百倍的警惕，不要讓時間偷走了妳的生命。妳的生命一定要努力，抓住了時間，妳的生命就延長了，妳就可能獲得成功。

怎樣才能抓住時間這個賊呢？以下是幾種有效的方法：

第一，規劃妳的生活，制訂一個生活、工作、學習、休閒的時間表。

第二，按照時間表開始生活。

第三，培養決斷力，下決心採取用「從現在開始做」的態度，對待每一件事情。

第四，寫下已經拖延很久的事情，定下補做的時間。

第五，不要給時間留下空白。

如果妳能照著這樣做，妳就能逮住時間，妳就會非常驚訝的發現，妳實際上可以做很多事情，而過去竟然常常說：我沒有時間。原來時間被偷走了，妳沒有發現。把每天的時間都進行登記，按照生活的習慣做出合理的安排，那麼，妳就不會丟失自己的生命，就會在有限的時間裡做自己想做的事情，妳就能獲得成功。

時間看不到摸不著，妳可以隨意擺布時間，但同時妳也會得到更多的懲罰。年年歲歲花相似，歲歲年年人不同，希望我們每個人都能記住：莫等閒，白了少年頭！

三、女人要善做時間的主人

我們非常羨慕成功人士們「能者多勞、日理萬機」的本領，甚至有人雖已年至古稀，卻仍活躍在人生舞臺上，讓寶貴的人生散發出真善美的光輝，映照出生命的真正價值。她們之所以成功，完全在於能完完整整的做自己時間的主人，不放過每一個能節約時間的細節，並不斷的激勵自己「必須與分秒競爭，絕不讓時日虛度」。但也有一些人總是貪圖享受，因此養成懶惰的習性。

懶惰會使自己的生命白白浪費掉，一生無所作為。

懶惰的人總是會拖延她應該做的所有事情。

鬧鐘響了，她會說：「讓我再睡一會兒。」

事情來了，她會說：「等一會兒，明天再說。」

所以，女人要使自己的人生能夠成功，使妳的生命有意義，妳就必須戰勝懶惰。要戰勝懶惰，可以按照以下方法去執行：

（一）**承認自己有愛拖延的習性，並願意克服它**。這是處理一切問題的前提。只有正視它，才能解決問題。不承認自己懶惰，就不可能改正自身的弱點。

（二）**是不是因為恐懼而不敢動手，這是愛拖延的一大原因**。如果是這一原因，克服的方法就是強迫自己做，假設這件事非做不可，並沒什麼可恐懼的，事情一旦開始了往往並不像妳想像得那麼難，最終妳會驚訝事情居然做好了。

（三）**是不是因為健康不佳而懶惰**。其實，懶惰並不是健康的問題，而是一種生活態度的問題。有些人儘管疾病纏身，還是照樣勤奮努力不已。如果身體真的有病，這時候常會比較愛拖延，要留意妳的身體狀況，及時去治療，治療更不應該拖延。

（四）**嚴格要求自己，磨練妳的意志力**。意志薄弱的人常常喜歡拖延。磨練意志力不妨從簡單的事情做起，每天堅持做一種簡單的事情。如寫日記，只要天天堅持，慢慢的就會養成勤勞的習慣。

（五）**在整潔的環境裡工作不易分心，也不易拖延**。把自己生活的環境整理好，使人身居其中感覺舒適的話，就會熱愛自己的生活，產生勤奮的動力。另外，備齊必要的工具也可加快工作進度，也可以避免拖延的藉口。

（六）**做好計畫**。對自己每天的生活工作，做出合理的安排，制定切實可行的計畫，要求自己嚴格按計畫行事，直到完成為止。

（七）**公開妳的計畫**。在適當的場合，比如在家庭裡，或者在朋友面前，把妳的計畫向大家宣布，這樣妳就會自己約束自己，不敢拖延。為了妳的面子，妳不得不按時完成。

（八）**嚴防掉進藉口的陷阱**。我們常常拖延著去做某些事情，總是為自己的懶惰找理由、找藉口。例如「時間還很充足」、「現在動手為時尚早」、「現在做已經太遲了」、「準備工作還沒做好」、「這件事太早做完了，那又會給我別的事」等等。

（九）**只做十分鐘**。剛開始要克服懶惰，不可能堅持很長時間，妳可以告訴自己說：「只做一會兒，就十分鐘。」十分鐘以後，很可能妳就興奮起來而不想罷手了。

（十）**不給自己分心的機會**。我們的注意力常常受到外界的干擾，不能夠投入工作，成為我們拖延偷懶的藉口。把雜誌收起來，關掉電視，關上門，拉上窗簾等等。這樣一來，就可以使自己的注意力集中起來，克服拖延的毛病，投入工作。

（十一）**留在現場**。有些事情在剛開始做時，總會不太順利，這就成為拖延偷懶的藉口，我們會說放一放再說，轉身就走，這樣就無法克服懶惰的習慣。強迫自己留在事情的現場不許走。過一會兒，妳可能就找到了解決問題的辦法，這樣妳可能就不再拖延，就會繼續做下去。

（十二）**避免做了一半就停下來**。這樣很容易使人對事情產生棘手感、厭煩感。應該做到告一段落再停下來，這會給妳帶來一定的成就感，促使妳對事情感興趣。

（十三）**先動手再說**。三思而後行，往往成了拖延的藉口。有些事情應該當機立斷，說做就做，只要動起來了，妳就不會偷懶，即使遇到問題，妳也可以邊做邊想，最終就會有結果。

（十四）**想想事情做完後將得到的回報，那是多麼愉快啊**。克服懶惰的辦法就是讓結果對其有一定的誘惑力。我們從小教孩子：去洗洗碗，做完了有獎勵。去洗衣服，洗完了可以看電視。其實，我們自己要克服懶惰，也可以給自己設定一個勤勞的報酬，來激勵自己。

偷懶之後，我們就會覺得時間不夠用了，我們就會痛悔虛度一生。只有戰勝懶惰，我們才能做時間的主人，從容不迫、豐富而多彩的度過一生。

四、萬事皆從今日始

生活中許多女人有拖延的壞習慣，無論做什麼事情都要從今天推遲到明天，明天推遲到後天，這樣下去的話，事情不但辦不成，反而耽誤了自己也妨礙了他人。想要有好的明天，請從今天開始。我們要摒除拖延時間的壞習慣，養成今日事今日畢的好習慣，以此來豐富人生，創造機遇。

在世界歷史中，再也沒有別的日子比「今日」更偉大。「今日」是各時代文化的總和。「今日」是一個寶庫。在這個寶庫中，蘊藏著過去各時代的精華。各個發明家、思想家，都曾將他們努力的成果，奉獻給「今日」。

今日的物理、化學、電器、光學等等科學的發明與應用，已把人類從過去簡陋的物質環境中解脫出來。今日的文明，已把人類從過去的不安與束縛的環境中解放出來。今日一個平常人可以享受的娛樂，簡直可以超過一世紀以前的帝王。

有些人往往有「生不逢時」的感嘆。以為過去的時代都是黃金時代，只有現在的時代是不好的。這真是個大錯誤。凡是構成「現在」世界的一分子的，必須真正的生活於「現在」的世界中。我們必須去接觸、參與現在生活的洪流，必須縱身投入現在的文化巨浪。我們不應該生活在「昨日」或「明日」的世界中，把許多精力耗費在追懷過去與幻想未來之中。

一個人能夠生活於「現實」之中，而又能充分去利用「現實」，她就要比那些只會瞻前顧後的人有用得多；他的生活也會更能成功、完美得多。

時當正月，妳千萬不要幻想於二月中的事，因而喪失了正月中可能得到的一切。不要因為你對於下一月、下一年有所規劃、憧憬，就虛度、糟蹋了這個月、這一年。不要因為目光注視著天上的星光而看不見你周圍的美景，因而踩壞妳腳下的玫瑰。

妳應當下定決心，去努力改善妳現在所住的茅屋，使它成為世界上快樂、甜蜜的處所。至於妳夢想中的亭臺樓閣，高樓大廈，在沒有實現之前，還是請妳遷就些，把妳的心神仍舊貫注在你現有的茅屋中。這並不是叫你不為明天打算，不對未來憧憬。而是說，我們不應當過度的集中我們的目光於「明天」，不應當過度的沉迷於我們「將來」的夢中，反而將當前的「今日」喪失，喪失「今日」的一切歡愉與機會。

人們常有一種心理，想脫離她現有的不快樂的地位與職務，在渺茫的未來中尋得快樂與幸福。其實這是錯誤的見解，試問有誰可以擔保，一脫離了現有的地位，就可以得到幸福呢？有誰可以擔保，今日不笑的人，明日一定會笑呢？假如我們有創造與享樂的本能，卻不去使用的話，怎知這種本能，不會在日後失去作用呢？

我們應該緊緊抓住「今日」！絕不拖延。換言之就是要搶占先機。

有一位成功的企業家。她有著女人所具備的素雅溫柔，但這沒有影響她成為強者。她在商場上的能力業界盡人皆知，因為她始終以速度快、動作靈活而稱霸行業，以致很多小企業都猜著她的動向，借著她的行業嗅覺為自己的企業謀占先機。

早在開店熱潮剛開始的時候，她就以敏銳的嗅覺辭掉了公職，投入到商海之中。她先是用有限的資金開了一家服裝店，經營規模不斷擴大。然後，在電器需求上升的時候，她又開了電器經銷店，不久，就賺到了她人生的第一桶金。

一九九〇年代初期，她成立了自己的公司。她敏銳的覺察到商品利潤已經在逐步的縮小，於是迅速的轉入生產行列，她的公司開始生產服裝。

最初的幾年，她專門做制服、校服等。後來，她看好服裝的多樣化，於是便招募人員開始生產時裝。她的審美不錯，選擇的時機也不錯，始終走在行業的前端。在她的服裝公司中，最重視的莫過於品質和款式。她的時裝款式引領著潮流，至今，許多小型服裝廠仍然關注她的服裝款式，競相模仿著。

公司有了一定的發展後，她並沒有止步不前，而是以敏銳的思維，繼續發展自己的品牌。在眾多的工廠仍在跟著模仿的時候，她的服裝品牌已經深入人心。她的成功，與她永遠先邁出腳步、永遠不拖延、永遠走在行業前端不無關係！

從這個故事中，我們應該看到，在辦事中搶占先機，萬事皆從今日開始，就擁有了獲勝的先決條件。走在別人前面，這是給自己一個成功的機會，也是給了自己一個契機，讓自己更容易把事辦成。

五、時間是「擠」出來的

沈從文曾精闢的說：「擠，工作要擠才緊張，時間要擠才充裕。」他還說：「擠是正常的，不擠才是不正常的，應該歡迎擠，要知道，擠是使人進步的一個重要因素。一個人一生多少是要對人民有點貢獻的，凡事都是靠擠出來的。一個人如果常年不覺得擠，反而覺得有的是時間，那麼他將一事無成，虛度年華，浪費了生命。可見，擠對人沒有壞處。」

哈里特・斯托夫人是一位家庭主婦，然而任何一點閒暇時間她都用來構思和創作。由於她超常的毅力和對待時間分秒必爭的態度，最終化平凡為輝煌，成為小說家，寫出了家喻戶曉的名著——《湯姆叔叔的小屋》。

日常生活中妳可以利用的時間還有很多，比如妳在醫院排隊等待體檢的時間，妳等著開會的時間，妳坐在車裡等著孩子放學的時間，將這樣的時間隨便的消磨過去也是不易察覺的，但是讓妳利用這些時間完成妳清單上的一件小事，或者開始制訂一項計畫也是足夠的。妳可以利用這些時間打個電話，寫工作報告摘要，或者流覽一本雜誌看它是否值得妳花大量的時間去讀。其實，妳只要掃一眼妳的清單就可以知道每一個工作的空檔可以怎樣利用，而且妳會驚奇的發現，妳越是利用這些時間空檔，它們就顯得越來越多，妳的工作效率會因為利用這些時間空檔而有所提高。

古今中外的許多名人都非常注重閒暇時間的價值。

南宋詞人李清照夫婦晚飯後習慣喝茶，但他們覺得喝茶聊天是對時間的浪費，就發明了一種別具一格的「茶令」。茶沏好後，他們其中的一個人便開始講史書上記載的某一件史實。講完以後，另一人要說出這史實出自哪一本書，這還不夠，還要說出這一史實在書中的哪一卷、哪一頁、哪一行。這就是說，對方要知道這一史實，如果沒讀過此書就答不出來；讀了但不熟悉，也答不上來。答不上來或答不準確的人，茶是不能喝的，只能聞聞茶香。透過這樣的「茶令」，兩個人的史學知識不斷的積累，豐富了創作內容，也充分享受到了生活的樂趣。

現代人的生活節奏越來越快，許多人都常常感到時間的緊迫，根本沒有時間做許多重要的事。而魯迅先生曾說過：「時間就像海綿裡的水，只要願意擠，總還是有的。」

有人算過這樣一筆帳：如果每天臨睡前擠出十五分鐘看書，假如一個中等水準的讀者讀一本一般性的書，每分鐘能讀三百字的話，十五分鐘就能讀四千五百字，一個月是十三萬五千字，一年的閱讀量可以達到一百六十二萬多字。如果平均每本書二十萬字左右，一年就可以讀八到十本書，這個數目也是很可觀的，而且不難實現。

那麼妳如何在快速的生活節奏和繁忙的工作中擠出時間呢？

（一）學會化零為整

善於把時間的「邊角餘料」拼湊起來，加以利用。青年人做事的時候切莫小看幾分鐘。即使是每天剩餘的那一點點時間也不要虛度浪費，即使只有五分鐘，如果運用得法，也一樣可以有很大的成就。遊手好閒慣了，就是有再高的聰明才智，也不能有所作為。

莫札特經常利用理髮的時間思考創作，當理髮師解開圍裙時，他同時也想出了理髮時所譜寫的樂譜。

（二）設法簡化生活，騰出空餘時間

簡單的生活是快樂的，充實不是繁瑣，熱衷於生活瑣事的人，絕對不會是一個成功的人。

著名的作家端木蕻良，為了杜絕來客的無謂干擾，曾有過貼詩謝客的佳話。居禮夫人為了從事科學研究，也盡量把做家務的時間縮短。像端木蕻良、居禮夫人這種擠時間的方法都是可以學習的，因為從我們日常生活當中擠時間，是每個人都能辦到的。

(三) 善於利用假日，巧妙安排時間

按照國家的相關規定，每個人每年節假日的休息時間為十到十一天，再加上週末的時間，一年就會一百三十天左右的假期。如果妳把這段時間巧妙的加以利用，也會有一定的收穫。

時間是無限的，而對於每個人來說，它又都是有限的而且是不可再生的。在有限的時間裡做出最多事，這也就成為了我們充實生命的一個重要方面。養成合理的安排時間的習慣，才能使自己的事業更上一層樓。

六、女人要善於拾起時間的碎片

生活中有很多零散的時間是可以利用的，如果妳能化零為整，那妳的工作和生活將會更加輕鬆。

所謂零碎時間，是指不構成連續的時間或一個事物與另一事物銜接時的空餘時間。這樣的時間往往被人們毫不在乎的忽略。零碎時間雖短，但倘若一日、一月、一年的不斷積累起來，其總和將是相當可觀的。凡是在事業上有所成就的人，幾乎都是能有效的利用零碎時間的人。

「我把整段時間稱為『整匹布』，把點滴時間稱為『零星布』，做衣服有整匹布可用固然好，但布料不夠就盡量把零星的用起來，天天三十分鐘，加起來，就能由短變長，派上大用場。」這是成功者的祕訣，也是我們學習借鑑的好方法。

《有效的管理者》一書的作者杜拉克說：「認識妳的時間，是每個人只要肯做就能做到的，這是每一個人能夠走向成功的有效的必經之路。」據有關專家的研究和許多管理者的實踐經驗，女人可以從以下幾個方面駕馭時間，提高工作效率。

（一）善於集中時間

千萬不要平均分配時間，應該把妳有限的時間集中到處理最重要的事情上，不可以每一樣工作都去做，要機智而勇敢的拒絕不必要的事和次要的事。

一件事情發生了，開始就要問問：「這件事情值不值得去做？」千萬不能碰到什麼事都做，更不可以因為反正自己沒閒著、沒有偷懶就心安理得。

（二）要善於把握時間

每一個機會都是引起事情轉折的關鍵時刻，有效的抓住時機可以牽一髮而動全身，用最小的代價取得最大的成功，促使事物的轉變，推動事情向前發展。

如果沒有抓住時機，就會使已經快到手的成果付諸東流，導致「一著不慎，滿盤皆輸」的嚴重後果。因此，想要取得成功的人必須要擅長審時度勢，捕捉時機，把握「關鍵」，做到恰到「火候」的贏得機會。

（三）要善於協調兩類時間

對於一個取得成功的人來說，存在著兩種時間：一種是可以由自己控制的時間，我們叫做「自由時間」；另一種是屬於對他人他事的反應的時間，不由自己支配，叫做「應對時間」。

這兩種時間都是客觀存在的，都是必要的。若沒有「自由時間」，完完全全處於被動、應付的狀態，不會自己支配時間，就不是一名成功的時間管理者。

但是，想要絕對控制自己的時間在客觀上也是不可能的。若沒有「應對時間」，想把所有時間都想變為「自由時間」的話，實際上也就侵犯了別人的時間，這是因為每一個人的完全自由必然會造成他人的不自由。

(四) 要善於利用零散時間

時間不可能集中，常常出現許多零散的時間。要珍惜並且充分利用大大小小的零散時間，把零散時間用來做零碎的工作，從而最大限度的提高工作效率。

(五) 善於運用會議時間

我們召開會議是為了溝通資訊、討論問題、安排工作、協調意見、做出決定。良好的運用會議的時間，就會提高工作效率，節約大家的時間。

時間對每一個人都是均等的，關鍵看妳怎麼用。會用的，時間就會為你服務；不會用的，妳就為時間服務。

從閒置時間中每天爭取一個小時可以將一個普通人變成一個科學家；從閒置時間中每天爭取一個小時，這樣堅持十年，可以將一個無知的人變成一個博學之士；從閒置時間中每天爭取一個小時，可以賺到足夠的錢；從閒置時間中每天爭取一個小時，一個孩子可以仔細閱讀二十頁書，一年就可以讀七千頁，或者是十八本厚書；從閒置時間中每天爭取一個小時，就可以將一個小混混變成一個對社會有貢獻的人；從閒置時間中每天爭取一個小時，也許會將一個毫無名氣的人變成一個家喻戶曉的大人物，將一個毫無用處的人變成一個造福子孫後代的人。再想想看，如果一天省下二個、四個、六個小時（這些都是年輕人經常浪費掉的），那麼，我們會創造出多麼驚人的奇蹟啊！

每個年輕人都應養成習慣，把閒置時間集中起來，做些有意義而且自己又覺得很有意思的事。如果你在閒置時間內學習、研究，那麼這個習慣將改變你自己、改變你的家庭。

一個人的成就就是一點一滴積累起來的，是善於利用時間的結果。時間的碎片散落在我們生命的周圍，有心人會拾起這些碎片，用這些碎片織成偉大的藍圖。所以，生存的智慧就在於從時間的碎片裡創造生命的輝煌。

七、女人要把每一分鐘用在刀刃上

妳是不是從早忙到晚，感覺自己一直被工作追著跑？事實上，妳的忙亂也許不是因為工作太多，而是因為沒有終點。目標不清楚，所以才讓工作變得越來越複雜，時間越來越不夠用。一天只有二十四小時，在資訊繁雜、速度不斷加快的職場環境裡，我們必須在越來越少的時間內，完成越來越多的事情。

桌子上太亂，家裡太亂，人們常用的藉口是「我太忙，沒有時間去打理它們」。

真是這樣嗎？

如果妳連收拾一下桌子的時間都沒有，如果妳連床上的被單都沒有時間去折疊，那麼妳的忙碌就是一種無效率，是一種沒有意義的忙碌。

因為妳的時間沒有用在刀刃上。一個沒有秩序的人永遠不會取得最好的成績。

黛絲每次買個小東西也要「貨比三家」，東問西問，考慮再三；好不容易買回家，又覺得似乎沒買到的那個比較好，結果又跑了一趟。這就難怪她總是非常忙碌了。

著名的成功學大師海特斯·萊西曾經接到一個年輕人的求教電話，他與那個嚮往成功、渴望指點的年輕人約好了見面的時間和地點。

年輕人如約而至時，海特斯·萊西的房門大開著，眼前的景象令年輕人頗感意外——海特斯·萊西的房間裡亂七八糟、一片狼藉。沒等年輕人開口，海特斯·萊西就招呼道：「看看我這房間，真是太不整潔了。請你在門外等候一分鐘，我收拾一下你再進來吧！」一邊說著，海特斯·萊西輕輕的關上了房門。

不到一分鐘的時間，海特斯·萊西又打開了房門，並熱情的把年輕人請進客廳。這時，年輕人眼前展現出另一番景象——房間內的一切已變得井然有序，而且有兩杯剛剛倒好的香檳酒，淡淡的酒香在房間裡蕩漾著。

可是，還沒等年輕人把有關人生和事業的疑難問題向海特斯·萊西提出來，海特斯·萊西就非常客氣的說：「乾杯，你可以走了。」

年輕人手持酒杯，一下子愣住了，既尷尬又非常遺憾的說：「可是，我……我還沒向您請教呢！」

「這些難道還不夠嗎？」海特斯‧萊西一邊微笑著，一邊掃視了一下自己的房間，輕言細語的說：「你進來又有一分鐘了。」

「一分鐘……一分鐘……」年輕人若有所思的說，「您讓我明白了一分鐘可以做很多事、改變許多事情的深刻道理。」

海特斯‧萊西舒心的笑了。年輕人把杯裡的香檳酒一飲而盡，向海特斯‧萊西連連道謝後，開心的走了。

的確如此，只要把握好生命的每一分鐘，也就把握了自己的未來。

列寧先生的好友為他介紹了一位祕書協助他工作。可是過了一週，列寧先生把祕書辭退了，朋友很生氣，便去詢問他。列寧十分嚴肅的回答道：「我讓他去我辦公室拿資料，從家到辦公室只需三十分鐘的時間，而他卻用了一個半小時。這一小時，能做多少事呀！」

女人們大多只擔心財物的損失，卻不擔心歲月一去不復返的損失。其實失去時間就如同失去生命。德國大詩人歌德就曾中肯的說：「假如我們能用對時間，我們有的是時間。」

綜上所述，每個女人都應該珍惜每一分鐘。時間就是生命，時間比金錢更珍貴。金錢只是一種符號，沒有了可以透過努力賺回來，但時間流逝後卻不會再回來。只有懂得珍惜每一分鐘、善於利用每一分鐘的女人，才會在自己的領域有所建樹。

第四章　快樂工作，女人一定要修好這堂課

現代社會，職場可以說是一個看不見硝煙的戰場，女人若想在競爭激烈、暗流洶湧的職場中脫穎而出，就必須要學會左右逢源，領悟職場的祕密。女人身在職場，要打好與同事、上司等的關係，還要勤於動腦，處處留神。更為重要的是不斷提高自身業務素養。只有修好職場這堂課，女人才能游刃有餘。

一、在工作中尋找樂趣

做人不要活得太累，不要把工作當作單純的謀生手段，要知道工作也可以成為日常生活中最愉快的事之一。從現在開始，摒棄舊觀念，熱愛自己的工作，從工作中尋找樂趣吧。

日本有位叫清水龜之助的郵差，工作了二十五年，已成為當地屈指可數的老郵差。凡是接觸過清水龜之助的居民都十分喜歡他，因為感覺他每天都很快樂，居民從他手中得到信件和報刊的時候，也得到一份他所帶來的快樂。

曾有記者採訪清水龜之助，問他如何如此快樂的做如此枯燥的工作，清水龜之助說了一個故事：有一個孩子，隨母親到寺院進香，看到方丈在洗桃子，孩子站定了不想離去。方丈便把洗好的桃子遞給孩子，但孩子的母親覺得這樣不好，不讓孩子伸手，並對方丈說：「師父還是自己留著吃吧，桃子若是給孩子，你就少了一個！」方丈聽後便笑了：「我少吃一個桃，卻多了一個因吃桃而獲得快樂的人。」於是方丈便把桃子塞到孩子手中，悠然而去。

清水龜之助說那個孩子就是他，從此以後，他就知道快樂是可以相互傳遞的。他因生活所需成為郵差，最初感覺很苦悶，但他不想把自己的苦惱傳染給別人，他在工作時始終保持微笑。當他看到那麼多人接到他送的信時也露出微笑時，那份快樂又傳遞給了自己，他覺得自己的工作是最有意義的。

可見枯燥的工作也有可能構築快樂的情緒，而且快樂不僅是自己的感受，只要能隨時保持快樂的心情，同樣也能影響到身邊的人。如果一個工作團隊，每個人都是整天愁眉苦臉的，那整個團隊也將是一個沒有「生命力」的團隊。而假如某個人或某幾個人情緒樂觀，往往就能帶動大家的樂觀情緒，團隊也必將充滿活力。

有些時候，女人該鬆手時就鬆手，人沒有必要活得太累，快樂是最重要的。身心愉快了，做什麼事情才有精力和熱情，也就不用擔心產生「工作疲乏」了。有時同事之間、朋友之間，多多謙讓一點，大家的關係融洽了，也就能創造了一個和諧的工作氛圍。保持一種平和的心境，負責敬業，也就不用擔心熱情消失了。

有一位劉女士每天都是快樂熱情的工作著。她說她的很大的一個動力就是要給孩子樹立一個好榜樣。她認為父母對孩子的影響是在平時的潛移默化中。如果在工作上遇到了不如意，她也絕不會把煩惱帶回家中，因為那樣會使得家人不開心，那自己就更不開心了，這樣就產生了惡性循環。還不如自己好好調節一下，儘早恢復過來，保持工作的熱情和快樂。

劉女士認為，保持工作的熱情除了自身的努力外，工作環境也是至關重要的。她當初選擇工作時就很看重公司的工作環境。她曾經建議公司的工會組織在員工中宣導「快樂的打工」，受到公司上下一致好評。公司裡職員之間的關係都很融洽，會互相關心鼓勵，就像一個大家庭，沒有勾心鬥角，沒有利益爭鬥，工作對大家來說像是一種享受了，所以要保持工作熱情就很容易，這也需要每個人的努力。

作為女人，擁有一份好的工作不容易，保持良好的工作狀態和較高的工作熱情是一個職業人士必備的職業精神，隨時調節好自己的心情，處理好偶爾的熱情不足，是熱情女人應經常修練的情感課。

林肯說：「只要心裡想要快樂，絕大部分的人都能如願以償。」只要我們願意，生活中很多時候，往往都能尋找到樂趣。工作也是如此。工作意味著一種責任，不管你是否願意，現代社會，工作已經悄然成為我們生活的一部分。既然如此，我們更應該重視它、熱愛它。做人應該擁有積極的心態，一方面可以尋找自己感興趣的工作，另一方面還要積極轉變工作觀念，枯燥也可以變為愉悅，讓工作變得更充實有意義。

二、放低姿態，駕馭職場

每個人都以一種生命的姿態行走於世，各有各的姿態，各有各的行走方式，各有各的生存法則，就像浪花、瀑布、山泉都是水，只是存在的方式不同，無所謂高低優劣，只是選擇不一樣，生活的方式也不盡相同。那麼對人、對事又應該是何種姿態呢？

踏入職場，人生百態，酸甜冷暖，現代女性該如何應對？要像路邊的小石頭一般遠離日復一日的日常生活以及錯綜複雜的人際關係？還是要反覆的向別人展示並證明所謂的「自我」？其實在日益複雜而又險惡的職場和社會，選擇淡然處之、放低姿態、從容豁達的做好自己才是重要的。沒有誰是離不開誰的，沒有誰是沒有用的，面對挑戰，全力做到最好，需要交代的只是自己；面對阻力，堅持走到最後，成功就在絕望的背後；面對挫折，勇敢見招拆招，自信才是永遠的記號。

放低姿態，不是讓妳消極的掩藏自己，對任何事都保持靜默，而是要妳學會不把自己的意見強加給對方。若不顧對方對妳的看法而一味堅持自己的看法，人際關係將因此而受損，甚至將令妳失去一個忠實可靠的合作夥伴。為此，許多時候為了消除他人對自己的誤會而盡力解釋，結果卻換來更深一層的誤會。只知道發表自己意見而不懂得傾聽，過分熱衷於解釋的人，很難在職場生活中同人建立起良好的人際關係。而放低姿態，不僅能替妳減少許多不必要的爭執，給妳的成就增添光彩，也能給別人留下一個神祕深沉的印象，讓人產生更多想要接近、了解妳的慾望。

娜瑛畢業於某大學的外語系，她一心想進入大型的外資企業，但最後卻不得不到一家成立不到半年的小公司「棲身」。心高氣傲的娜瑛根本沒把這家小公司放在眼裡，她想著要利用試用期「騎驢找馬」。在娜瑛看來，這裡的一切她都看不順眼──不修邊幅的老闆、不完善的管理制度、士氣的同事……自己夢想中的工作可完全不是這樣。「怎麼回事？」、「什麼破公司？」、「整理文件？這樣的小事怎麼能讓我這個外語系的高材生做呢？」、「這麼簡單的文件必須靠我翻譯嗎？」、「噢，我受不了了！」就這樣，娜瑛天天抱怨老闆和同事，愁眉不展，牢騷不停，但實際上工作卻常常是能拖則拖、能躲就躲，因為這些「芝麻綠豆的小事」根本就不在她的思考範圍之內，她夢想中的工作應該是一言定千金的那種，她總是感嘆：「夢想為什麼那麼遠呢？」試用期很快就過去了，老闆認真的對她說：「妳確實是個人才，但妳似乎並不喜歡在我們這種小公司裡工作，因此，對手邊的工作敷衍了事，既然如此，我們也沒有理由挽留妳。對不起，請另謀高就吧！」被辭退的娜瑛這才清醒過來，當初自己應徵到這家公司也是費了不少力氣的，而且就眼前的就業形勢來說，再找一份像這樣的工作也很困難，初次就業就以「翻船」告終，這讓娜瑛萬分後悔，但一切都已經晚了！

娜瑛犯的錯是年輕女人普遍會犯的一個錯誤：好高騖遠。在實際生活中，我們要腳踏實地，時時衡量自己的實力，不斷調整自己的方向，才能一步一步達到自己的目標，凡是在事業上取得一定成就的人，大多是從簡單的工作和低微的職位上一步一步走上來的，他們總能在一些細小的事情中找到個人成長的支點，不斷調整自己的心態，走向成功，而「眼高手低」只會讓妳永遠站在起點，無法到達終點。

有些人認為，同事是自己在公司裡的競爭對手，是職場上互有戒心的同行者，是對外保持一致而對內各懷心事的搭檔，唯獨不是值得信賴和學習的夥伴及不是可以推心置腹互相借鑑的知己。如果同事也這樣認為，那麼在職場中妳就不會有和諧、舒心的感受，有的只是懷疑、不安、緊張和憤懣的情緒。其實，「三人行，必有我師」，同事就是妳身邊最好的老師，也是讓工作變得美好的關鍵人物。妳為何不能放低姿態將同事視為「良師益友」呢？

三、禮儀讓女人更具氣度

中華民族自古以來就是「禮儀之邦」，在各類社會關係中，重禮儀、講道德，崇尚一種和諧的人際關係，追求一種個人人格上的精神之美，這是我們優秀的文化傳統中的一面。

對一個女人來說，禮儀是一個人的思想道德水準、文化修養、交際能力的外在表現，在現代的社會生活工作交往中起著越來越重要的作用。

素有「第一美女主播」之稱的侯佩岑擁有成千上萬的支持者，這不僅僅因為她的美麗與出色，更因為她的禮儀與修養。侯佩岑對禮儀的充分領悟令她看上去文雅動人，也很富有親和力，所以會有這麼好的人緣就不足為奇了。

在一個訪談節目中，侯佩岑身著白色洋裝、銀色高跟鞋、右手腕上一朵紅花，突出了她高雅的書卷氣和溫柔的女人味，嫵媚又不失雅致。她眼波流轉，巧笑嫣然，坐到鏡頭前筆挺端正，紋絲不動。

臺下多家電視臺架起攝像機，現場做起「焦點訪談」。她總是兵來將擋，水來土掩，基本上是問題拋過來，答案立刻脫口而出。現場有人送她飾物、鴨脖子、自製相框等禮物，她總是非常真誠的表示謝意：「謝謝，謝謝！」她不會使人覺得生分，反而給人一種特別親切的感覺，親切的就像自己的左右手。

她的一舉一動、一顰一笑充分彰顯她的禮節，直到節目結束，她臉上的笑容也不曾褪去。對一些敏感話題她也沒有不禮貌的用「無可奉告」來擺脫尷尬，而是非常誠懇的做到有問必答，讓觀眾了解她的內心世界，引起極大的共鳴。

當有人問她對愛情的看法時，她說：「每一個女孩子都憧憬有一份愛情，我希望，愛會讓自己多一些勇氣。」曾經她與男友因被偷拍以致戀情曝光，重提此事的時候，她依然保持著風度，只是柔聲的回答說：「心裡有些怕，多多少少有一點。」

她的禮貌，她的大度，她的彬彬有禮又在悄然間為她贏得了更多的人心，成為許多人的偶像。

侯佩岑的案例證明了禮儀對於女人的重要，她告訴我們：完美的禮儀能夠造就出一個擁有無窮親和力的女人，熟知禮儀的女人絕對是社交場合中一道最美麗的風景。

在此為妳介紹一些基本禮儀，希望可以使妳在工作中左右逢源，讓自己更具魅力。

（一）握手禮儀。握手是人與人的身體接觸，能夠給人留下深刻的印象。當與某人握手時感覺不舒服時，我們就常常會聯想到那個人消極的性格特徵。強有力的握手、眼睛直視對方將會搭起積極交流的舞臺。

女士們請注意，為了避免在介紹時發生誤會，在與人打招呼時最好先伸出手。記住，在工作場所男女是平等的。

（二）道歉禮儀。即使你在社交禮儀上做得完美無缺，也不可避免的會在職場中冒犯到別人，如果發生這樣的事情，真誠的道歉就可以了，不必太較真兒。表達出你想表達的歉意，然後繼續工作。如果將妳所犯的錯誤當成大事只會擴大它的破壞作用，使接受道歉的人更加不舒服。

此外，白領女性還要注意自己的儀表儀容：

頭髮要保持乾淨整潔，自然有光澤；

不要過多使用髮膠之類的東西；

髮型大方、高雅、得體、幹練，瀏海不要遮眼遮臉的；

化淡妝，施薄粉，描淡眉，塗淺紅唇彩；

服飾要端莊，不要太薄、太透明、太暴露；襯衫的領口不能太複雜、太花哨；

可佩戴精緻小巧的飾品，如耳環、細項鍊等，不要戴太誇張、太突出的飾物；公司標誌佩戴在明顯的位置，並把私人飾品移開，不能並列佩戴；

指甲要精心修理，造型不要太怪，也不能留得太長，以免造成工作中的不便，指甲油可用裸色、粉色或透明色，不要太濃豔；

工作中裙子不要太短、太緊或太長、太寬鬆；

衣褲或裙的表面不能過分明顯的看出內衣的形狀；鞋子要潔淨，款式要大方簡便，沒有過多裝飾與色彩，以中跟為主，鞋跟不能太高或太尖；要隨時清除附著在衣服上的頭髮；

絲襪破了一定不能再穿，可以在隨身包裡備著一雙絲襪。

四、事業獨立的女人最美麗

女人最大的財富是什麼？一張漂亮的臉蛋嗎？可是年華易逝，容顏易老。相夫教子，輔助丈夫事業成功嗎？可男人的事業永遠屬於男人，女人永遠只是看客……絕大多數女人其實都有一顆積極上進的事業心，只不過是她們忽略了自己所具備的財富，而甘願做一個平常的女人。女人做事雖不如男人般大刀闊斧，但她們憑著自己一顆細膩的心經營自己的事業與人生。

女人，一定要記住，任何時候都要把握住機遇。美國有一句諺語：「通往失敗的路上，處處是錯失了的機會。坐待幸運從前門進來的人，往往忽略了幸運也會從後窗進來。」機遇不會落在守株待兔的人的頭上，無數成功者的事例告訴我們，機遇喜歡那些迎向自己並總想捉住自己的人。

家庭和事業對每個人來說都很重要。然而對女人來說，不同的人或許會有不同的選擇。如今，身為「賢妻良母」絕不再流行了。大概有兩類人不願自己的老婆發展事業，一種是大老闆，一種是當大官的，為了個人所謂的面子把老婆當花瓶。一位成功學人士說過：「女人真正意義上的解放，就是經濟上的獨立。」所以，女性應該向傳統挑戰，向命運挑戰，用智慧和勇氣打造一片屬於自己的天空，創造出屬於自己的事業。女人應該用自己獨特的方式主導自己的工作和生活，發揮個人特長，博取事業的成功，贏得理想的實現，在身上折射出現代女性的生活品位和文化底蘊，才是真正意義上的成功女性。

周韋秀是某著名大學中文系的碩士，在臨近碩士畢業時，她結束了長達五年的愛情長跑，接受了李先生的求婚。到該找工作的時候，她也和其他同學開始一起寫履歷、擠招聘會。當時她以為儘管自己學的是文科，但憑著碩士文憑和在報社、電視臺實習的經歷，一定能找到一份如意的工作。誰知道一跳進人才市場的海洋裡，她就發現情況和她想像的大不一樣。

周圍的不少朋友勸她說：「何必這麼辛苦呢？妳老公留學歸來，又是理工科博士，薪水一定很高。妳乾脆別工作了，在家寫點小文章，賺點小錢，悠然自得不好嗎？」於是她把履歷往人才市場一丟，選擇了不工作。但當最初的興奮一過，才發現這樣的生活過得並不美麗，先生每天去上班時，她還在睡大覺，中午一個人在家隨便吃點將就著，一整天就在家裡穿著睡衣到處閒逛。於是她開始覺得失落，覺得不快樂，漸漸的脾氣越來越壞，動不動就發火。深夜夢醒的時候，她不斷的追問自己：這真的是我想要的生活？答案是：不。我想去工作，不是因為別的，而是需要。

於是，趁著先生到臺北去發展的機會，她也開始像一個應屆畢業生一樣，又開始了在臺北的求職之路。終於，她在一家報社開始做編輯，儘管薪水不高，卻讓她覺得很踏實。她說：「在這個人才濟濟的城市裡，我看到了太多優秀的女人是怎樣在生活。如果妳問我，現在累嗎？的確有點累，但我很滿意。現在，見到我的朋友總說我比以前更有精神了。」

自古以來女人都非常注重情感生活，她們總是以為好的職業與名譽地位永遠比不上一段美滿的婚姻，其實這是女人的最大弱點。現代女性最珍貴之處就是能夠擁有自己獨立的事業，它能帶給我們精神上的寄託，同時使我們經濟獨立、人格獨立。

現在有更多的女性努力工作是為了發揮自己最大的價值，在不斷的進取中獲得肯定和自我完善。她們和那些放棄工作、走入家庭的女性相比，更顯獨立自主，為社會創造價值，是城市街頭匆匆奔走的亮麗風景線！

作為一個女人，在任何時候不要為自己的不獨立找藉口，奉獻和依靠是兩回事。女人必須要有自己的事業！

每個人都是獨立的，永遠不要依靠他人。女人的生活重心可以不在自己，但必須把自己的生活重心掌握在自己的手裡。撐起家的半邊天是妳的責任，這片天不是撐在另一個人的頭上，而是撐在自己的頭上。

女人不能用奉獻邀功，因為說「謝謝」的嘴長在別人的臉上。女人應該用自己的本事說話：我有我的事業，沒你，我依舊會很好；沒我，你少半邊天！

有人說，身為女人，有了愛情，要百倍珍惜，用心經營。沒了愛情，要不氣餒，笑對生活，天涯何處無芳草。做一個自立、自強、自信、有修養的女人吧，這是女人畢生的財富。成家是一輩子的事，不能看現在，而要看將來。幸福是要靠自己把握的，你想將來擁有一個怎樣的家、怎樣的生活，就要讓自己先為之奮鬥起來！

五、不要尋找任何藉口

那些喜歡發牢騷、鬧彆扭，生活在不幸中的人都曾經有過夢想，卻始終無法實現自己的夢想。為什麼呢？因為他們有找藉口的毛病。

不知道那些喜歡尋找藉口的人是怎麼養成這種習慣的？這些藉口又能給他們帶來什麼樣的好處呢？或許他們認為這樣說會給她們的心理帶來些許安慰，又或許出於一種自我保護的本能。但不管怎樣，有一點是很清楚的，任何藉口都是不負責任的，它會給對方和自己帶來莫大的傷害。如果為了敷衍別人或為自己開脫而尋找藉口，則更是不誠實的行為。

真誠的對待自己和他人是明智和理智的行為。有些時候，為了尋找藉口而絞盡腦汁，不如對自己或他人說「我不知道」。這是誠實的表現，也是對自己和別人負責任的表現。這在某些方面恰恰是自信的表現。

一個人在失去自信的時候，很容易為自己找很多藉口，但這其實是一種逃避行為。

在西點軍校一直奉行著一種行為準則——執行命令，不找任何藉口。西點的學員不管什麼時候遇到學長或軍官問話，只能有四種回答：

「報告長官，是。」

「報告長官，不是。」

「報告長官，沒有任何藉口。」

「報告長官，我不知道。」

除此之外，不能多說一個字。這條準則就是要求每一位學員想盡辦法去完成任何一項任務，而不是為沒有完成任務去尋找任何藉口，哪怕是看似合理的藉口。目的是為了讓學員學會適應壓力，培養他們不達目的誓不甘休的毅力。它讓每一個學員懂得：成功是不需要任何藉口的，失敗也不需要任何藉口，你的人生也不是由任何藉口來決定。

如果員工都能像老闆一樣，用「沒有任何藉口」來嚴格要求自己的話，那麼他就能出色的主動完成任務，並能創造卓越。

吳歆是一個殘疾婦女，腿腳不方便，在工廠裡當普通的操作工。在一般人來看，吳歆是根本不適合做這種工作的，因為這個工廠是流水線的程序，每一個員工應該非常迅速的掌握操作過程，熟練的把產品的插板焊接上一個零件，然後按動按鈕送到下一個人處。如果稍有怠慢，就會影響整個工廠的工作，流水線路堵塞會造成很大的損失。剛開始吳歆應接不暇，流水線的產品一個接著一個在她的工位前停留下來，她急得滿頭大汗。由於她的行動不方便，拿焊接機的手有些不穩，甚至使不上勁，無法把螺絲準確的上在產品的合適的位置上。上司對她發脾氣，同事也對她不滿意，有的人還諷刺她說：「妳本來就不是工作的料，乾脆回家休息去吧！」

吳歆是個不輕易服輸的人，她決心用行動證明自己能做好這項工作，不但要做好，而且還要超越同事。雖然自己是殘疾人，但她覺得自己沒有任何藉口向上司和同事要求特殊待遇，頑強的鬥志促使她付出加倍的努力來證明自己的價值。

於是，她比任何人都用心工作。早晨工廠門還未開，她就來到門口等著，手裡拿著流水程序的操作技巧手冊；下班後，她仍然一個人在研究這條流水程序的原理。同事說：「妳只管自己的工作做好就行了，幹嘛還看其他的工作是如何做的，真是傻瓜！」但是吳歆不聽勸告，她知道只有勤奮的工作，每天多做一點點，每天多學習一些新東西，自己才會超越別人。千萬不能為自己找藉口。

一年後的夏天，工廠由於產品的銷路不好，故宣布裁減人員並招聘新的廠長上任，重新調整廠內體制。大家一看工廠門口的海報都愣住了。因為吳歆不但沒有被辭退，而且被晉升為廠長，讓她管轄廠內事務。

上述事例是當今職場中比較常見的現象。無論妳是健全的還是身體有些缺陷的，對任何工作都要盡心盡力，並且不找任何藉口的追求卓越，這樣妳才能成功。因為企業老闆不會因妳的缺陷或能力有限而對妳另眼看待，讓妳少工作，多拿薪水。只有自己拯救自己，方能走向成功。

六、做自己喜歡的工作

在相對論中，有這樣一段論述：當一個年輕人獨自一人坐在溫暖的火爐旁時，他會覺得昏昏欲睡，彷彿一分鐘就像一小時那樣漫長，而當他和一個美麗的姑娘坐在冰天雪地裡的時候，他就會覺得時間飛逝，一小時就像一分鐘那樣短暫。

這段有趣的論述，除了通俗的解釋了相對論以外，還告訴我們另外一個道理：心理學家認為，當一個人正在做自己所喜愛的事情時，他的心情是最愉快的，態度也是最積極的，而且在這種情況下所發揮的才能也最大，最容易成功。

卓越網總裁王樹彤就說過：「做我喜歡做的事，掌握自己的能力。」

王樹彤學的是無線電通訊專業，畢業於電子工程學院。畢業後，便在軟體發展中心當老師。這一行業一直是她喜歡並擅長的。一九九一年底，她考入了外國企業，在一家電子設計自動化的公司工作，後來，她又同時考上了國際商業機器公司及微軟。最後她選擇了離家最近的微軟。數年後王樹彤仍心存感激的說：「我有時相信命運的安排，因為在微軟的六年對我影響太大了。這一行業成就了我。」

在微軟，王樹彤踏實肯做的作風，經常受到上司的表揚和同事的認可。她擅長與各種不同的人溝通交流，從而學到不少東西。「那六年讓我學會如何做一份工作，如何開始職業生涯，如何做一個很好的經理人以及如何去管理自己的職涯發展，然後慢慢的去了解自己需要什麼，將來的路應該怎樣走。」在微軟的經歷，王樹彤除了職業上的收穫外，最重要的是她學會了整套想問題的思維方法。「如果妳有一個很正確的思維過程，它會帶著你得出正確的結果。」正是有了這樣的思維方法，一九九九年四月，王樹彤來到了另一家極不普通的外企——思科系統。

然而就是在思科系統公司衝向市值最高的時候，王樹彤卻義無反顧的來到了金山和聯想共同投資的卓越網。「為什麼離開思科系統，我對這個問題想得很清楚。我一開始在外企工作時就想過，我不可能一輩子待在這裡，有一天我一定要學以致用。看過也到過那麼多優秀的外企，我一直在想什麼時候我們也能有這樣的企業。這是我心底裡一直蘊藏著的一個願望，現在網際網路給了我實現這個願望的機會，我絕不能錯過。」她說。

王樹彤清楚自己要做什麼、能做什麼、喜歡做什麼，所以不管是在當初網際網路的狂熱當中還是今天網路光環褪去的冷靜時刻，她對網際網路的感覺一直都很清晰：未來的大方向是確定的，接下來是怎麼樣踏踏實實去做。在分析了市場上亞馬遜等模式後，王樹彤認為，電子商務在中國有很多障礙，除了經常提起的基礎設施薄弱外，最重要的是，當時民眾的消費觀念不可能一下子逾越障礙，並沒有許多人在需要商品時會想到在網上購買。當時在網上消費還是一種消遣和嘗試。王樹彤決定採取俱樂部的形式，以書籍、音樂光碟等文化商品做為突破，嘗試做電子商務。簡單來講，採用的商業模式是「小品項、大批量」，也就是說，商品品項經過精挑細選，只有幾十種。這樣，一來可以減輕庫存壓力，獲得批量優勢；二來保證快速的配送速度，確保二十四小時內到貨，使得資金、管理成本大大下降，更避免了成為「網上數目」，而無真實庫存，也避免了網民買書還要去書店一間間尋找的尷尬處境，並且配送速度快捷，減少了配送時間。

所有的這一切王樹彤都以最飽滿的熱情去做，因為她說：「我樂在其中。」「賺錢都是次要的」。她果然真的取得了不斐的成績，一天最多賣出近五千多套產品。而且，一套共十一本書《加菲貓》三個月的網上銷量就等於實品書局相同產品五年的銷量。王樹彤說：「其實我們都低估了網際網路的力量。我們也沒有想到會如此快的取得今天的成績。」

在生活、工作任何一方面王樹彤都選擇自己的喜愛，從來都是聽從內心的召喚。她很會調理自己，「週末完全屬於自己，不再想任何有關工作上的事情，而且，我每年休假都去旅遊。」王樹彤做人的原則特別簡單，「因為我的腦子沒那麼快，也沒那麼聰明，對我來說，掌握最簡單的原則就是最好的。生活對我來說就一件事情：做我喜歡做的事，掌握自己的能力，不斷往前走，同時與我喜歡的人在一起。」

當一個人從事自己所喜愛的工作時，她會覺得快樂無比，充滿信心，幹勁十足。而且，她也會在所喜歡的領域裡發揮出最大的才能，創造出最佳的成績。工作開心，生活也會開心；反之，只是為了別人而存在，天天做苦力，天天發牢騷，既影響了自己的情緒，也損壞了自己的身心健康。

七、用忠誠贏得信賴

每個老闆都希望自己的員工忠誠、敬業、服從。對於他們而言，被選擇加入公司的員工需要絕對的忠誠，這是在經營管理過程中需要反覆的傳播和灌輸的理念。

在我們的一生中，最需要的就是尋找一項適合自己的終身事業，而不是自己的大半生都在從事的工作。它能給我們帶來快樂、發展、財富甚至成功。它可以使我們全身心的投入，同時也能給我們相應的回報。

想要使自己的精神獲得安寧，最好的辦法就是找一個踏實穩定的目標。一位成功學家說：「如果你是忠誠的，你就會成功。」只有忠誠於你的工作，你全部的智慧和精力才可以專注在這個事業上。一個對自己的職位忠誠的人，不只是忠於他自己的理想，忠於一個公司，忠於一個行業，而且還忠於人類幸福。

忠誠，這一個美德可以引導我們獲得榮耀、名聲及財富。忠誠能給我們帶來自我滿足、自我尊重，是一天二十四小時都伴隨著我們的精神力量。作為一種成功者的特質，忠誠和專心致志是一對孿生兄弟。

老闆最明白忠誠的價值，只要你忠誠的投入到工作中，就能贏得老闆的信賴，從而獲得晉升的機會。在這樣一步一步前進的過程中，我們就不知不覺提高了自己的能力，爭取到成功的砝碼。

相反，表裡不一、言而無信的人，一邊為公司做事，一邊打起了自己的小算盤，這種人即使一時得意，但最終還是會害了自己。

忠誠於公司，跟老闆的利益一致化，榮辱與共，全心全意為老闆做事，把工作當成自己的事業去追求。公司成功了，自己自然也就贏得了成功。

凡宸是一家文化產業的普通職員，從事電腦打字，複印之類的工作。她的工作室與老闆的辦公室之間只隔著一塊大玻璃，她一抬頭就可以看到老闆的舉止，但她從不向那邊多看一眼。

凡宸每天都有打不完的資料，她知道只有忠誠勤勉的工作，才能為公司創造效益，改變自己的現狀。她處處為公司打算，影印紙從不捨得浪費一張，如果不是重要的文件，她會把一張影印紙兩面使用。一年後，公司的資金短缺，發員工的薪水開始吃緊，員工們紛紛跳槽，最後公司只剩下幾個人了。

這時，凡宸並沒有隨波逐流。她知道在公司的危急關頭，不能置之漠然，而應該主動承擔更多的任務，與老闆共度患難。凡宸在主動完成任務的同時，還積極研究市場的企劃方案，兩個月後，她的企劃方案，成功的為公司拿到了二千八百萬美元的支票，公司終於有了起色。以後的四年，凡宸作為公司的副總經理，幫著老闆做了好幾個大專案，又忙裡偷閒的炒了大半年股票，為公司淨賺了五百萬美元。許多炒股高手問她是如何成功的，她嫣然一笑說：「一要用心，二要沒私心。」

是的，在職場中耕耘奮鬥的我們一定要真心實意的為老闆做事，心胸寬廣，誠懇踏實，這樣你才能像凡宸一樣獲取成功。從凡宸的身上，我們可以看到忠誠的魅力，它是一個員工的優勢和財富，它能換取老闆的信任。如果妳有了忠誠的美德，總有一天，妳會發現它已成為妳巨大的財富。

忠誠，也是我們的做人之本。如果你失去了忠誠，丟失了這個做人的本質，同時你也就失去了成功的機會。

忠誠不是從一而終，而是一種職業的責任感；不是對某公司或者某人忠誠，而是一種職業的忠誠，是承擔某一責任或者從事某一職業所表現出來的敬業精神。

對於老闆來說，越往高處走，對忠誠度的需求就越高；相對的，我們的忠誠度越高，就越有可能獲得晉升。由此可見，忠誠對於一個職業人士來說，是多麼的重要！讓我們忠誠的做人，忠誠的做事，以攀登成功的高峰！鮮花和掌聲永遠屬於忠誠於職業的人！

八、做一行，愛一行

有人問一位英國哲學家，成功的第一要素是什麼。他回答說：「喜愛妳的工作。如果妳熱愛自己所從事的工作，哪怕工作時間再長再累，妳都不覺得是在工作，反而像是在做遊戲。」

無論妳從事的是怎樣的職業，也無論妳當初選擇這份工作的原因是什麼，只要妳選擇了這個企業，就要熱愛這個企業，擁有了這份工作，就要熱愛這份工作，這就是職業道德感。

女人一生中扮演的人生角色有很多：子女、學生、同學、朋友……職場人士也是其中一種。當我們能忠誠的做好其他角色的時候，為什麼就不能忠實的扮演好職場人士這個很重要的角色呢？

也許妳現在很迷惘，不知道前方的路該怎麼走，整天是做一天和尚撞一天鐘的得過且過。那是因為妳沒有定位好自己，沒有熱愛自己的工作，沒有熱愛自己的公司和老闆，沒有明白職場中真正的職業精神。只是把工作當成謀生的手段，就很難享受工作中的快樂。就沒有良好的心情，就一定會感到壓力重重，這樣不利於自己的健康。

那麼，如何能有個好心情呢？這就要學會熱愛自己的工作。當一個女人愛上一項工作時，即使業務再繁重，也不會感到疲憊不堪。熱愛自己的本職工作，還能有利於處理好與上司、同事之間的關係，工作中本著和諧有序的人際關係，就會使自己的工作更加得心應手，使自己的心情保持愉悅、舒暢。

我們常說，做自己喜歡的工作，那是一種享受，否則工作就只是一個飯碗和一份職業而已。可是，現實中並不是所有人都能如願的做自己喜歡的工作，大部分人的工作也就是一個飯碗而已。因此，難免會造成很多人心理和情緒上的困擾。及時調節自己的情緒，讓自己盡快融入工作，培養對工作的感情，不失為一個好的辦法。

在外國企業做銷售的朱小姐，從小就是一個文靜的女孩，喜歡看書，喜歡安靜，最多也就約上一兩個知心朋友喝茶聊天。

大學畢業後，朱小姐做了國中老師。出於偶然，她進了朋友的公司做起了銷售助理。沒有工作經驗，又缺乏對工作的興趣，朱小姐最初做得非常辛苦，好在樂觀和不肯服輸的個性幫她度過了起初的辛苦階段。朱小姐清楚記得做第一筆業務時所遭遇到的尷尬。一向自視很高的她從未嘗過被拒絕的滋味，但她第一次談業務就遭到客戶的拒絕，被拒絕後的沮喪讓她備感委屈，同事的好心相勸更讓她感到辛苦，她打算退縮。但朋友的一頓臭罵讓她意識到自己的逃避和怯懦。此時，不服輸的個性再次發揮作用。不斷的堅持，使她終於在上班後的第二個月贏得了自己的第一個客戶。有了良好的開始，朱小姐對以後的工作越發的有信心了。雖然她知道自己並不適合這個工作，但努力卻是她目前唯一能做的。

無論是對人或對事，只有在了解和融入後才會喜歡。以後的日子她下工夫對公司的產品和市場進行了全面的了解，年輕又有一定文化程度，使她對新事物和觀念的接受、理解的很快。她還經常找同學和朋友聊天，一是為了收集資訊，二是為了開拓自己的人際關係，為工作提供便利。一段時間下來，她發現自己變了。曾經並不善於交際的女孩，現在居然能和客戶話家常、閒聊，內容還豐富的，她更以特有的親和力博得許多客戶的好評。當她越來越起勁的做這些事的時候，她終於明白，自己已經喜歡上了這份工作。

改變後的朱小姐對現狀很滿意。半年左右，她已經從一個文靜、書卷氣十足的女教師，蛻變成一個在圈中和公司裡令人刮目相看的銷售人才。

工作是美麗的、是莊嚴的、是幸福的。只有在工作中我們才會感受到生命的悸動、人生的價值，才可以使衣食住行更有保障，使個人變得更加智慧、勇敢、堅毅和高尚。即使妳目前從事的工作無法讓妳擁有很好的生活條件，妳也不能抱怨。

生活要有熱情，工作要有激情，激情是成功的祕訣之一。我們生存的時代是激情燃燒的時代。我們這一代肩負著責任，要用責任心點燃激情，做好自己的本職工作。

愛自己的工作是一個人永不放棄的信念，也是一個人獲得成功的箴言。

九、將敬業進行到底

「不到西天，死不回國」、「不得真經，永墮沉淪」，是什麼使玄奘立下如此的誓言，拋開利慾、拒絕美色？是什麼註定他的脫俗與不凡？一片誠心，一往無前，不到靈山，不回不還！十世修行的深厚積澱，十七載坎坷的千錘百煉。是什麼精神使玄奘不違天命、不負皇恩，迎取真經？歸根究底就是敬業精神。

敬業，意味著對事業全身心的投入，意味著承受常人無法承受的痛苦，意味著長時間的艱苦勞作，意味著勇於接受前進道路上的任何挑戰。百丈高樓起於平地，成就大業者，多是夙興夜寐、孜孜以求的。吃苦耐勞的品質永遠是敬業精神的重要組成部分。在人生漫長的旅途中，每個人都有遇到事情執著而不退卻的時候，如果能將這種態度轉化為工作的動力，那就是敬業。

著名的女指揮家張培豫就是這樣一位為了音樂可以去死的成功者。然而，也正是她敬業的精神和素養才造就了她的成功。

張培豫是一位世界馳名的著名指揮家。在西方樂壇上，指揮這一行業是男士的世襲領地。張培豫卻靠著超凡的實力打入歐洲樂壇，並出任瑞士琉森歌劇院的首席指揮。

世界著名指揮家祖賓・梅塔稱張培豫為「與生俱來的指揮家」。他說：「我認為她在音樂上有無可限量的才華和能力，並有足夠的音樂經驗足以領導一個高水準的樂團。」指揮家小澤征爾、洛林・馬捷爾也非常欽佩她的才華。

張培豫極其敬業，她的敬業精神是出了名的，她曾創下一個月內指揮三場高水準音樂會的紀錄，也曾在不到半年內指揮過八場盛大的演出。《人民音樂》雜誌的一篇文章這樣形容她：像一架上滿發條的鐘，在不停的轉著、走著。張培豫對樂隊的要求以嚴格而聞名，但她要求最苛刻的還是自己。她有一種為了藝術可以不顧一切的精神。

青年時代的張培豫只是的一名鄉村女教師，她因教導有方，率團三次奪取中部小學合唱比賽冠軍而小有名氣。一次演出前，她摔傷了，醫生囑咐她必須靜養，她卻堅持打著石膏參加了排練和演出。一位觀看演出的教育獎學金評委目睹此景，深受感動，極力為她申請了赴奧地利留學的獎學金，使她實現了到音樂王國求學的夙願。

張培豫的敬業精神，不僅為她贏得了走向音樂事業的重要機遇，也是她事業取得成功的根本。在北京指揮貝多芬專場音樂會之前，她突然生病了，大家都擔心她是否會推遲演出，熟悉她性格的大提琴家司徒志文卻說：「只要不倒下，她會不顧一切的堅持演出」。果真，她最後如期而至，並且指揮的曲目還是力度最大的貝多芬第五交響曲，即《命運交響曲》。

一個月後，在指揮另一場演出時，上臺前她一直鬧頭疼，在吃了幾片止痛藥後，她就又出現在指揮臺上。她說：「本來我可以節省點力氣，但我對音樂一向是全力以赴的。」

張培豫曾對記者說過這樣一段話：「音樂與我的心結合在一起，它是從我的心裡流出來的，是我的肺腑之言……當我把音樂做好，我就得到了最大的滿足，這是我生活的目標，也是我從事指揮的意義所在。」

「我熱愛音樂，太熱愛了！沒有任何其他的事情可以超越它，也沒有任何其他的事情能夠讓我如此投入。哪怕我走得再艱辛，我也不會放棄。」

這一番肺腑之言，的確能引起我們的沉思。

張培豫的敬業精神使她從一個普通的鄉村女教師登上了首席指揮家的寶座。這與她對音樂的執著追求精神和與音樂融為一體的忘我精神，並且為了音樂可以犧牲自我的精神是分不開的。音樂是她的全部，她的一生就是一場接著一場的精彩的音樂會。在張培豫的人生當中，成功的要素便是她的敬業精神。

任何一個雙手插在口袋裡的人，都爬不上成功的梯子。只有那些熱愛自己的事業，對自己所追求的目標全身心的投入的人，才會獲得人生的成功。

那麼，如何培養我們「熱心」的態度呢？妳不妨從這幾個方面做起：

（一）深入了解每個問題。我們對許多事情、許多問題不熱心，並不一定就是我們對它漠不關心，而是我們對它不了解。想要對某個事情熱心，就要先學習更多妳目前尚不熱心的事，了解得越多，越容易培養興趣，而一旦有了興趣，妳就會對這個事物熱心起來。

所以如果妳下次不得不做某件事情時，一定要應用「深入了解」這個原則；發現自己對某個事物不耐煩時，也要想到這一原則。妳只有進一步了解事物的真相，才會挖掘出自己的興趣，也才能在工作中做出成績。

（二）做任何事情都要充滿熱忱。在實際生活和工作中，妳是不是熱心，有沒有興趣，都會在妳的行為上表現出來，沒有辦法隱瞞。比如，我們與別人見面，握手時應緊緊握住對方的手，說：「很榮幸認識妳」或者「很高興再見到妳」，這種藉由及身體語言所傳遞出的資訊，表明妳這種禮節是真誠的，妳的人是熱心的，不是應付差事的。妳如果畏畏縮縮有氣無力的與別人握手，效果可能還不如不握。妳的這種行為，只能給人一個死氣沉沉、半死不活的不良印象。可以想像，這麼一個人要在工作上做出成績、要取得人生的成功其實是不可能的。

（三）在生活和工作中，多給人們帶來好消息。在我們的現實生活中，傳播壞消息的人遠多於傳播好消息的人，正所謂「好事不出門，壞事傳千里」。但是，妳一定要記住：散布壞消息的人永遠得不到朋友的歡心，也永遠一事無成。而妳經常傳播好消息，肯定可以成為一個受大家歡迎的人。

第五章　知書達理，掌控自己生命的內在動力

「女子無才便是德」，是一種陳舊落伍的思想。對於現在的女性來說，沒有知識就意味著是睜眼的瞎子，沒有知識，就會鼠目寸光，沒有知識，妳的社會閱歷就會淺薄，沒有知識妳就一事無成。所以，女人必須要有知識，有深厚的社會閱歷，擁有了這些東西，女人就能掌控自己生命的內在動力。

一、讀書讓女人更美麗

有人說，世界有十分的美麗，但如果沒有女人，將失掉七分色彩；女人若有十分美麗，但遠離書籍，將失掉七分內涵。

讀書，是人一生中不可或缺的重要環節，也是塑造自我、改造自我的重要步驟。讀書可以使人永保年輕，其道理很簡單，因為她們那顆求知的心未老、毅力未衰，人當然也就越發的年輕了。讀書的女人有一種獨特的味道。她的微笑、她的聰慧、她的幽默、她晶亮的眼神，都是整個風景中的青山綠水，是空谷中的幽蘭，月夜中的簫聲，韻味無窮。

沈女士原為一家國有企業的員工，現在已經自己當了老闆。她認為，女人必須的學習，不斷的在精神上有所進取。相貌一般的女性明白自身的缺陷，所以應該特別注重發掘自己的個性美以及內在氣質的培養，借助讀書以美容，是可以實現的。

沈女士原來的辦公室裡有三男兩女，除了她以外，還有一個女孩。那女孩長得確實很漂亮，她也因此占盡了便宜：若論能力，論業務，她樣樣不如沈女士，但一遇到加薪、升職和休假的機會，樣樣都是她的。

面對這些不公平，沈女士沒有說什麼，她只是默默的讀書學習，報名參加了英語班、電腦班等，她很清楚自己的「硬體」不足，只有靠「軟體」來補了。

兩年後，沈女士從原公司辭職，進入另一家企業。在那裡她從一名職員做起，一直做到總經理助理。在一次談判結束後，對方的總經理邀請她共進午餐，後來，那個總經理成了她的丈夫。他說那天她在談判中沉著冷靜、不卑不亢的態度，不凡的談吐以及優雅的舉止深深的吸引了他，當時他覺得她是最美的女人……

沈女士的「美」，無疑是多年讀書所賦予的，可見讀書可以讓女人美麗。沈女士的經歷留給女人們一個啟示：今天的女性美已經遠離過去的繁瑣和豔麗，而向著簡單和個性化轉移了，用文化造就自己，用文化裝扮自己，比眼花繚亂的服飾和化妝更有內涵。

在幾年前，有這樣的一個女人，她實在是太普通了，一張瘦小的臉上有一雙不大的眼睛和一個不算挺的鼻梁。

初次見面，妳也許只會因為她的膚色白皙而感覺舒服而已，其它則不會有什麼特別之處。然而，隨著工作環境的變化，她開始慢慢的學習改變自己，她開始讀書，業餘時間還參加了各種補習班，以此來全方位的塑造自己。

時間可以磨練人的意志，錘煉人的品格。她在優裕的環境中沒有固步自封，只要有一點點閒暇時間，她就會忙著去讀書，讀中外名著，學古今詩詞，背名人名言；閱報、剪報、評報、做筆記、寫日記，向書本學做人；她翻閱中外時裝刊物，研究時裝新潮，學習美容方法，向書本學做女人。

我們知道，女人天生就愛美，就愛照鏡子，她也不例外。她經常照鏡子，照自己是否成熟，是否有皺紋，是否年輕，是否美麗。

時間一年又一年的過去了。而今她已經成了公司裡有名的「大美人」，清麗可愛、嫵媚動人。

雖有傲人成就，但她從來沒有放棄過讀書。她追求未來，永不滿足。儘管她現在已經步入了不惑之年，但在別人看來她卻永遠是一個年輕而且充滿魅力的女人。

書是改變一個人最有效的力量之一。它能夠影響人的心靈，而人的心靈和人的氣質又是相通的。所以，一個人若要把自己打扮得可愛、漂亮或者具有吸引力，那就去讀書吧。

經常讀書的人，一眼就能從人群中被分辨出來。特別是在為人處世上也會顯得從容、得體。有人描述，經常讀書的人不會亂說話，言必有據，每一個結論會透過合理的推論而得出，而不是人云亦云，信口雌黃。

經常讀書的人，她們做事懂得思考，知道怎麼才能想出辦法。她們的智商比較高，她們能從無序而紛亂的世界理出頭緒，抓住根本和要害，從而提出解決問題的方法，有邏輯而拒絕盲目；她們做的每一步都是深思熟慮過的。這些都是平時缺乏讀書的人所欠缺的。

愛讀書的女人很美，愛讀書的女人美得別致。她不是鮮花，不是美酒，她只是一杯散發著幽幽香氣的淡淡清茶，即使不施脂粉也顯得神采奕奕、風度翩翩、瀟灑自如、丰姿綽約、秀色可餐。

讀書的女人把大多數時間用在讀書上，讀書對於她，是一種生命要素，是一種生存方式。與金玉其表，敗絮其中的某些漂亮女人相比，她是懂得保持生命內在美麗的智者。

書讓女人變得聰慧、變得堅韌、變得成熟。使女人懂得包裝外表固然重要，而更重要的是心靈的滋潤。

知識是永恆的美容佳品，書是女人氣質的華美外衣，會讓女人永遠美麗。羅曼・羅蘭說，「和書籍生活在一起，永遠不會嘆息。」

二、可以沒有高學歷，但不能沒有知識

有這樣一幅很有名的對聯，叫做「茶亦醉人何必酒，書能香我何須花」。這是多麼美的意境呀，心靜之時最愛讀書，讀書之時又常常愛捧一杯茶。書可厚可薄，茶可濃可淡，吟誦多變的文字，咀嚼茶葉的清香，便能得到人生的一種享受。在滾滾紅塵中，能夠坐下來喝一杯好茶，讀一本好書，在平淡中品味生活的樂趣，保持一份淡泊的心境，這才是最難能可貴的啊！

羅曼・羅蘭如是勸導女人：「多讀些書吧，讀些好書，知識是唯一的美容佳品，書是女人最有氣質的時裝。書會讓女人保持永恆的美麗。」愛讀書的女人是最美麗的女人，愛讀書的女人是一道亮麗的風景。

被稱為美女教授的于丹在《百家講壇》上的侃侃而談，淵博的知識、風趣的語言、與眾不同的氣質，一言一行均彰顯著其優雅高貴。讀書能美容，情動而顏改，內涵外溢，這種美是任何名牌化妝品都不能達到的效果。這是內在美的外露，內在美表現在外的是深邃清越的眼神、寧靜淡定的面容，加上適合自己的妝飾，展示給人的是自己獨特的、超凡脫俗的氣質和美麗。

讀書給女人帶來的內在美不會因為時光的流逝而流逝，她會青春常駐、永恆神聖而威嚴，很難

被世俗踐踏。

在一本書上有這樣一句話：沒有知識的女人好可憐。知識是女人賺大錢的天然屏障，直覺眼光是女人賺大錢的最好資本，有知識的女人知道哪裡有錢賺，懂得把知識化為金錢，有眼光的女人懂得如何在自己所從事的行業裡賺到最多的錢。知識給女人帶來賺錢的機會，而直覺眼光使女能持續的賺錢。

女人可以沒有學歷，但不能沒有知識；女人可以沒有學問，但絕不能沒有技能。一個女人要在社會上立足，光有知識還不行，還得有一種技能。知識，是女人創造財富的底氣；技能，會讓女人無所畏懼的走向財富的殿堂。

經商的女人有千千萬，但要在眾女人中脫穎而出卻不易，而要超越男人就更不簡單了，所以，做生意想賺大錢，妳的道路只有一條——把所學到的知識轉化為財富。

一個學識淵博的女人，除了了解自己的商品以外，還要了解自己的商品所面向的顧客心理，盡力滿足他們的需求，選擇合適的場所，必要時要客氣而又不失風度的與顧客周旋，取得顧客的信任和重視。當顧客開始注意你的商品，生意就成功了一半。

但是，假如是一個見聞狹窄、學識粗淺的女人，既不懂得怎樣應對場面、創造氣氛，又不知道怎樣招攬顧客，尤其不知道怎樣樹立自己的形象，衣飾粗俗，滿口粗話，這樣一來，顧客也許未進門就被嚇跑了，還能賺什麼錢？

和猶太人打交道妳會發現，他們雖然身在商海浪潮，但看起來更像學者，個個學識淵博、談吐不凡，且舉止端莊、風度儒雅，渾身透著一股書卷氣。然而，他們這種非凡的氣質並不是在學府裡培養造就的，而是幾千年來特殊的民族經歷形成的特殊文化所積澱而成的。

當今世界正處在經濟和科技全球化的發展趨勢中，知識型經濟成為爭奪經濟優勢的主要手段。處在這樣一個多變的世界裡，任何故步自封、因循守舊、缺乏遠見和不求上進的人，都難以避免失敗的厄運。

愛美的女性們：去愛書吧！讀書是我們一生中最可靠的美容品。

三、成功女性時刻不忘充電

時刻充電，增加自己的知識資本。一個缺乏知識和能力的女人，不能為丈夫分擔事業上的煩惱和生活上的憂愁，她的男人們只能在外面拚搏闖蕩，而不能在家裡傾訴苦悶、放鬆身心。聰明的女人懂得什麼才是避免這類問題的方法——補充知識、提高修養、完善自我。

在封建社會，女人們沒有知識，社會也無需她們有知識，「女子無才便是德」的俗話給女人的評價做了最好的注腳：那時不重視女人要受教育，而是能在家操持家政，承擔起照顧全家的重任才好。

而在現代，女人不再心甘情願的落後於男人，她們要和男人平起平坐，要得到物質和精神的雙重獨立，並且每一個現代女性都清楚的意識到：要得到獨立，依靠的不是漂亮的臉蛋和光鮮的外表，而是豐富的知識和才華，只有努力學習，不斷在精神上有所進取，才能成為男人一樣的獨立的人。

因此，聰明的女人並不滿足於相夫教子式的家庭地位，她們更懂得時時充電，不斷提升自己的知識和能力，以保持自己的獨立地位和人格尊嚴。

楊小姐原來的身分是個工人，每天在一線電機生產線上揮汗如雨，薪水稀少；但僅僅三年，她改寫自己的人生，每天穿著時髦，日進斗金，資產上千萬元。

站在金字塔塔頂峰的楊小姐，從普通工人變成新鮮的「賞屋參謀」，提供新的服務，從而一炮打響，至今事業仍在發展壯大，靠的就是她觀念上的轉變，這也與她的一次重要聊天分不開。

一天，楊小姐與一些買房者聊天，她發現買房人有嚴重的盲從心理。他們往往無法獲得買房決策所必需的完整資訊，而盲從於開發商的宣傳，盲從於鄰居、親友的推薦。新成屋從規劃徵地到銷售成功，涉及一百多個品質驗收標準和三百多個法律法規，作為買房人根本就不可能完全了解，僅僅是做「一手交錢，一手交貨」的一錘定生死的買賣，吃虧的還是買房者。

楊小姐留意各類媒體，還發現在全國各地的消費者投訴中，新成屋投訴量名列前幾位，居高不下，這都是因為建築行業太專業，而地產市場還不透明……這裡就存在商機，有更大的發展空間！

她心想，自己為什麼如此膽小呢？放手一搏，說不定明天就是豔陽天！於是只有國中學歷的她偷偷報了名，開始了系統性的學習。她白天上班，晚上就去大學上課。透過自己的不懈努力，楊小姐順利拿下了建築系畢業證書。

二〇〇九年，正是房市最火熱的時候，楊小姐狠心花了幾千元買了一部二手手機，再花一千元印製了二十盒名片，又向工廠請了一週的假，開始踩點。報紙廣告說哪家建商開始了交屋了，不管多遠，她一大早就出發，踩著一輛腳踏車穿梭於各大建商的售屋中心，整天顧不上吃顧不上喝，守在新建物週邊，幫客戶推銷看房服務，派發名片。

一個星期過去了，楊小姐的名片發出了近千張，可是並沒有接到一單業務。腰酸背疼的躺在床上，楊小姐自己安慰自己：肯定有市場的！只要堅持下去！

野心是真正的無價之寶，楊小姐決心機智的打開了市場。某大型建商第四期地產專案動土不久，楊小姐以購房者的名義深入施工工地，察看施工品質，從基礎開挖到專案完成，每一道工序都沒有落下。

二〇一一年九月，該地產專案公開發售，趁著看房的機會，楊小姐對身邊幾位準業主說：「我建議你們別買甲棟，雖然甲棟戶型，朝向和景觀都不錯，但經過一個雨季，牆壁就會有裂縫。」這幾位準業主都不信，笑鬧著說：哪有人替房子算命的？楊小姐遞了張名片上去，準業主們都不肯接。楊小姐不氣不惱：「如果明年春季房子果真如我所言，五月一日，我們還在老地方見。」

五月一日前後，該專案交屋了，那幾位業主在甲棟樓前等楊小姐——甲棟牆壁果真裂了幾條縫。其他幾棟樓的業主把楊小姐圍住了，都來刨根問底。這時，楊小姐才娓娓道來：「甲棟樓在挖地基時，還沒有挖完浮土，便開始製作墊層和構造柱，經過春雨的下浸，浮土必定下沉，這就導致了承重牆受到牽引而裂開。」

業主們這才服了，趁著還沒買下物件的關鍵時刻，都紛紛請楊小姐去看房，楊小姐說：「可以，不過每套住房要收取九千元看房諮詢費！」貴是貴了一點，可是對於幾百萬元的一套住房，業主覺得值得！花點兒小錢可能一勞永逸，業主當然願意。

二〇一二年五月，楊小姐在這個建物一連帶看了五十多套住房，都看出了問題。問題較嚴重的，她勸業主退房，存在問題但不影響使用的，楊小姐便提供解決方案。由於楊小姐的介入，引起數十戶業主退房，同時也導致了這家開發商的高層「大換血」，這在當時房地產開發商中引起了不小的震動。

這次楊小姐賺了幾十萬元，名聲大噪，同時也使「賞屋參謀」成為街頭的熱門話題，市民漸漸接受了「買房一定要請專家把關」的觀點。

「賞房參謀」替人看房，又替人免費談判，讓買房人省心不少，增加了看房附加價值，老客戶又來了許多新客戶，如今楊小姐在當地已經赫赫有名，順利賺到第一桶金，事業朝向更大的空間發展。

如果妳暫時沒有成功，沒有地位、財富，這都沒關係，只要妳有知識，有一種貫徹到底的智慧和毅力，把自己當做「蓄電池」，不斷給自己充電，這才是我們在競爭激烈社會的生存之道。

四、學識多一分，魅力增一分

一家婚姻介紹所辦了一場快速約會，結果卻變成了鬧劇，原因之一是女碩士還不如坐檯小姐吃香。某夜總會小姐「濃妝豔抹」加上「搔首弄姿」，在眾男士面前出足了風頭；相比之下，一位女碩士卻備受冷落。看完這個報導，不禁感慨萬分，什麼時候女人學識多了，反倒成為魅力不足的理由了？

其實，美貌只是一個外表而已，只會帶給人瞬間的愉悅，但是不會伴隨妳的一生。光靠外表當資本的女人應該是最傻的女人。妳有美麗的外表，別的女人也有，或許比妳更漂亮，這時候的妳要怎樣才可以勝過她呢？那就只有不斷提高自己的學識。

中國有句古訓，「以才事君者久，以色事君者短」。唐朝時，年僅十四歲的武則天剛入宮時先被唐太宗寵幸，接著又被冷落，但她不甘沉淪。於是在春光明媚的一天下午，她打扮素淨、謙卑的去謁見新晉的紅人徐惠，恭敬的請求她指點迷津。徐惠的姿色雖比不過武則天，可是皇上偏偏對她寵愛有佳。徐惠以一個「才女」特有的冷靜和清醒，看清了皇宮歲月君王恩寵的虛幻無常，她嘆道：「以才事君者久，以色事君者短。」這句話正如當頭棒喝，醍醐灌頂般洗滌了武媚娘的心，她一下子就明白了「以才事君者久，以色事君者短」的真理。從此她好學奮進，色與才兼而事之，不久就重獲唐太宗的青睞，也因此讓太子李治喜歡上了她，在太宗死後她又被李治迎進宮中，先封昭儀，再做皇后，最終成為一代傾國女王。

從古至今都一樣，漂亮是有時間限制的。容貌終究會被時光歲月所左右，女人外在的美麗就像一朵嬌豔的鮮花，是禁不住歲月消磨的。花容月貌的凋謝只是早晚的事情。紅顏薄命，好像也是冥冥中的宿命。如果女人僅僅用漂亮來吸引男人，這就已經為她們的情緣埋下了危險的伏筆。對一個漂亮女人來說，如果妳希望擁有長久的幸福，那就盡快放棄漂亮帶給妳的優越感，要像灰姑娘一樣努力完善自己才行。

擁有學識是很重要的，因為它是幫妳完成人生目標的基礎。一個女人擁有美貌是做事情的快捷方式，但擁有學識卻會為妳所憧憬的目標的實現奠定基石。女人不會因為美貌而聰明，卻會因為聰明而美麗，這與修養和素養是分不開的。擁有學識會使自己變得很獨立、有主見，能力也是不言而喻的。

擁有學識的女人，才能在美貌的基礎上增添幾分柔情，增添幾分典雅。擁有學識的女人，即使是歲月的輕霜爬上臉頰，也會風韻猶存，也會不失典雅的風範。她們談吐不凡，所有的話語從她們的口中說出來，如同春雨般沁人心脾。不論何時，不論何種場合、何種問題，她們都會依據自己的知識，有獨特的看法，獨到的見解。在別人絞盡腦汁、不知道如何解決問題時，她們會根據自己的經驗來辨明問題、解決問題。

有學識的女人，堅定而自信，典雅而大方，謙虛而好學。有學識的女人才是智慧的女人，這樣的女人對男人來講必然是不可或缺的財富。她們是滋潤心田的甘泉，是成功喜悅時的激勵，是心靈受傷時的撫慰，是一生的珍藏。

因此，女人若想要使自己成為一個會學習的女人，一定要從以下三個方面多努力：

（一）學會「點金術」

在學習社會裡，妳不用再看重「博聞強記」，而是完全可以依靠電腦和網路幫助和擴大自己的記憶；妳不要僅僅滿足於記住某些知識，更需要應用知識創造性的解決問題。未來，受到推崇的能力是善於探索未知、創造發明和開創新局面的能力，比起記憶能力和計算能力來，這種能力是未來人才的關鍵素養。因此，學習的目的不僅僅是獲取「黃金」，更需要學會點金術，資訊社會帶來的如此快的知識更新，人類面臨最重要的任務不是獲取已知知識，而是以更高度的想像力學會創造和運用新知識。女人要學會在學習中「離經叛道」、標新立異的創新思維，敢於提出自己的新見解，思考問題不受時間和空間的局限。

（二）掌握嶄新的知識結構與學習方法

新世紀，知識創造性的傳播與應用將成為經濟發展的主要動力，高技術產業和以知識為基礎的服務業將成為最大的產業。因此，新世紀的人才，必須具備嶄新的知識結構，掌握新的學習方法與科學的工作方法，掌握前端的科學技術發展和不斷更新的社會需求，善於運用全球的知識基礎和創新工作平臺。

學習型的社會建立在獲得知識、更新知識和應用知識三者的基礎上。面對學習型社會的到來，必須圍繞「四種基本學習能力」來重新設計、重新組織學習方法。「四種基本學習能力」被稱為教育的「四大支柱」，也是知識經濟時代學習的主要內容，它包括：學知，即掌握認識世界的工具；

學做，即學會在一定的環境中工作；學會共同生活，培養在人類活動中的參與和協作精神；學會發展，以適應和改造自己的環境。

(三) 知識視野擴大化

知識經濟是當今主流，經濟的全球化，科技創新的國際化已經成為必然；科學技術突飛猛進，尤其是資訊科學、生命科學、認知科學將取得新的突破；人與自然協調發展，東西文化碰撞、融合；科學精神與人文精神交融統一；臺灣將融入世界經濟，參與國際競爭與合作。因此，新世紀的人才必須適應知識經濟社會，適應全球化、科技國際化的競爭與合作，在知識、視野上必須全球化、國際化。

女人就像一壇酒，芳香醇正，沁人心脾。有學識的女人，仿佛是把這酒醇了又醇，釀了又釀，有種獨特的神祕感，引人注目。學識，不僅僅是飽覽詩書，通曉琴棋書畫，更主要的是一種內在的氣質，是一種內涵，是一種聰明的展示，是處世的靈活機智，是豐富經驗的累積，是面面俱到的思考。

五、知識改變女人的一生

如果妳希望淋漓盡致的展現妳獨特的魅力、品味與格調，妳應該讀什麼書呢？

讀一本好書，浸染在寧靜致遠的氛圍中，從中陶冶性情，品味自然而然就會日益提高。

書是人類智慧的精華，讀書對人是有巨大幫助的。它可以使人充滿智慧，得到知識，為將來的發展打下良好的基礎。書在深不可測的歲月之河上架起了一座宏偉的橋梁。

「書山有路勤為徑，學海無涯苦作舟」。業餘讀書是儲蓄知識的一種方法。利用十分鐘的時間讀一些書籍，在自修上下一分工夫，就足以助妳在事業上得一分上進。許多志在成功者的早期，年薪很低，工作卻很苦；但他們利用其閒暇的時間，自修自習以求上進，比之他們在日間的工作更為努力。在他們看來，薪水並不是大事，而追求知識、要求進步才是真正的大事。

在北部，曾有一家「鳳儀美容院」，生意很好。但妳可能想不到，它的老闆楊鳳，曾經是一個膽小窮困的女孩子。然而依靠不停的學習新知識，楊鳳改變了自己的命運。

楊鳳這樣說起她的創業歷程。

一九九九年十月，我所經營的美容院固定顧客已經達到兩千多人，在同類美容院中名列前茅；我有了自己的車，自己的房子，還有了一個溫馨的三口之家。從打工小妹到經理，可以想像這條路的艱辛。

一九八七年，我被警校錄取，我天生膽小，一想到畢業後要和罪犯打交道，就怕得要命。我不想上警校，父母罵我「沒出息」，一氣之下，我獨自一人從鄉下小鎮來到了臺北。

這是我第一次到臺北，當時我的口袋裡只有兩百元。接下來是拚命的找工作，我曾經做過按字數計費的打字員，做過一個月三百多元的賓館服務生；為了省錢，我曾把一日三餐改為一日兩餐，最後是一日一餐。有一次餓得實在走不動了，我坐在馬路邊上看著來來往往的車輛想著，難道這就是打工族的命？我不信，也不甘心。在那瞬間，我決定還是要上學，邊打工邊讀書。拿下大學文憑後再找工作，出頭之日就會快一些。一九八八年九月，我被財經金融學院夜間部錄取。記得當時的學費是一千五百元，我手裡只有省吃儉用的一千兩百多元。我想到了賣血，那時賣二百一十毫升血可以換兩百元。

就這樣我一邊打工，一邊讀書，一九九一年九月我拿到了大專文憑。不久，我到一家公司打工，當時這家公司正與廣播電臺合辦一個節目，我主動去拉贊助，贊助拉來了就參加採訪編輯，一切竟還順利。我想這就是我一直沒有放棄讀書的結果，當初做出讀書的決定看來是明智的。

有一次我採訪靳羽西，靳羽西的一番話讓我回味了很久：「美容業是一門美麗的人文事業，用妳的品牌、妳的雙手、妳的智慧，把世界上的女人打扮得漂漂亮亮的，給她們一份自信。這是很好的職業。」

我是女人，我知道愛美是女人的天性，做美容是可以賺錢的。誰不想賺錢？只要賺的不是黑心錢。我萌生了當美容師的願望。

於是我離開文化藝術中心，拿著不多的積蓄去外地拜師學美容，當然，是一邊學習，一邊在美容院打工。那段時間很苦，累了一天，我也不能放鬆自己，經常很晚了還抱著有關美容的書練習。

學習期滿後，我如願以償的獲得了高級美容師和教師的資格。我打工的那家店裡的老闆有意讓我留在她的店裡，我謝絕了。我想回臺北，我覺得臺北可開發的市場很大，加上我在臺北已經漂泊了近五年，我已經把自己當成臺北人了。

回到臺北，我聽說有一家要倒閉的美容院正要出租店面。我找到那家美容院的老闆。老闆以為我是來租店面的，十分高興。我誠懇的說，我是一個打工族，租不起房子，但我能把妳的店經營好，讓它賺錢。我有這種自信。賺錢了我們利潤分成：我的月薪不能低於一萬元。如果一年不能盈利，我再給妳打三年工，分文不取。

聽我這麼說，老闆對我刮目相看，痛快的答應了我的要求，我們正式簽訂了合約。半年下來，店裡就盈了利，這是一件好事，沒想到老闆的心態失去了平衡，他要跟我另簽一份協議。

憤怒之下我離開了這家言而無信的美容院。「我要自己當老闆。」回家的路上，這句話在我的腦海裡出現了好幾遍。

一九九六年八月，我在臺北信義區的一個繁華路段接手了一家不景氣的酒吧，並把它改造成了美容院，這時我手中的積蓄只夠繳一個月的房租。好朋友勸我別冒這個險，但我相信風險和機遇同在。

這是我自己的店，為了經營好它我投入了全部的精力。每天，我都會帶著店裡的幾個美容師抽時間到繁華地區作宣傳，給過往的女性們講美容知識，講美容的重要。能被請到店裡做美容的客人，我們都細緻周到的為她們服務。我還想了許多方法，進行感情投資，比如包套的顧客可在三八婦女節、國慶日、元旦任選一次享受免費護理，顧客過生日也可享受一次免費護理。這樣，我們漸漸有了回頭客，這些客人還經常把自己的朋友帶到店裡來，顧客就像滾雪球似的越滾越大，我又增開了兩個分店。

楊鳳的成功帶給女人們的啟示是，不必為眼前境遇的不如意而苦惱，相信知識改變命運，投身書籍中，投身學習中，不愁沒有夢想中的未來。

六、做一個快樂的知性女人

什麼樣的女人才是美麗的女人？渾然天成的自信、滿腹詩書的氣質、溫柔得體的裝扮、協調平和的人際關係等，構成了女人之美的全部。這樣的女人，必須經過時間和生活的歷練，經過醜小鴨向白天鵝的蛻變，就像陳年的老酒，歷久彌香。

知性是成熟女人的專利，經歷多了，故事也就有了，這便是財富。有了財富，女人的心便少了許多茫然和焦躁，無意中流露出一種歲月歷練後的美麗與智慧。

一九三十年代，林徽因在北京總布胡同的「太太客廳」裡，結交了當時一些才華傑出的人才，不只是人文學科的學者，連許多自然科學家都在那裡流連忘返。因為她身上既有人格的魅力，又有女性的吸引力，更有知性的影響力。當時的《晨報》曾對林徽因作過這樣的評價：「林女士態度言吐，並極佳妙。」

知性女人懂得給男人空間。由於林徽因風姿綽約，許多人都向她投來愛慕的眼光。從知識上說，林徽因對徐志摩很欣賞。徐志摩的精美詩句，像春天裡的一縷清風給她帶來滿懷的溫柔，但是林徽因雖然具有浪漫氣質卻也不乏理性。她深深的明白，愛一個人，首先需要尊重一個人，要給對方留有餘的。林徽因尊重徐志摩對人生道路和感情的選擇，但是睿智的她也意識到徐志摩身上並沒有成熟男人所具備的那種沉穩莊重，相反的，他追求的是浪漫，這與現實有很大的距離。於是林徽因選擇了與自己有共同愛好的梁思成，這就是知性女人的明智。尊重別人，愛惜自己，既溫柔又灑脫，使人感到輕鬆和愉悅。

知性女人，就像一句廣告語：有內涵，有主張。她有靈性，而且「智勇雙全」。她可以無視歲月對容貌的侵蝕，但絕不束手就擒。她可以與魔鬼身材、輕盈體態相差甚遠，但她懂得用智慧的頭腦把自己打扮得精緻而品位高尚。

知性女人是有知識、有品位、有女性情懷的美麗女人。她們興趣廣泛、精力充沛、重視健康、珍愛生命、獨立進取，努力追求自我價值的實現。她們像田野裡清新的花，不是為了讚美和飛舞不定的蜂蝶而開放的，而是為了平平靜靜的萌芽、生長和綻放。知性女人是靈性與感性的結合，她們經歷了一些人生的風雨，因而也懂得包容與期待。高雅的知性女人像一杯清茶，散發著感性的魅力。做一個知性女人，是一種涵養、一種學識、一種花樣魅力的氣息，由內而外散發出來。時間在她身上只是彈了一個巧妙而圓潤的跳音，將她出落得更加可愛。知性女人熱愛生活、熱愛世界，猶如一棵草綠了大地，一滴水潤了綠芽。這種美麗還在於恬靜，不為外界的誘惑所動，任風聲水起，依然和煦淡遠。

一個真正「知性」的女人，不僅能征服男人，也能征服女人。因為她身上既有人格的魅力，又有女性的吸引力，更有感知的影響力。知性女人的優雅舉止賞心悅目，待人接物落落大方，她用身體語言告訴妳，她是一個時尚的、得體的，尊重別人、愛惜自己的優秀白領，她的女性魅力和她的處事能力一樣令人刮目相看。

第一，轉換角色觀念和行為模式，營造良好心境是知識女性的必修課。心理學家有一個形象的說法：「心境是被拉長了的情緒」，它使人的其他一切體驗和活動都留下明顯的烙印。俗話說，「人逢喜事精神爽」，良好心境使人有「萬事如意」的感覺，遇事也能迎刃而解；消極的心境則使人消沉、厭煩，甚至思維遲鈍。知識女性因為有知識，最能成為快樂心境的主人。若要自覺的培養和掌握自己的心境，保持長久的快樂，須謹記心理學家的十六字箴言：「振奮精神，自得其樂，廣泛愛好，樂於交往。」詹姆斯說過：「如果妳感到不快樂，那麼妳要找到快樂的方法，那就是振奮精神。」常為自己所有的而高興，不為自己所沒有的而憂慮，就是自得其樂的主要方法。培養多種業餘愛好，可以陶冶情操，增加樂趣。廣泛交友更是保持心境快樂必不可少的環節。

第二，只有健康女性才會擁有持久的快樂人生。如果這個認知有道理，那麼知識女性應該努力成為健康女性。關於健康女性，尚無統一和明確的標準。按心理學分析，可從心理評估、心理症狀和內心體驗三方面去認識。按社會學的解釋，則是根據解決生活中所面臨的實際問題的能力作為標準。凡是能正確理解自己的社會角色，正確理解自己所處的社會環境、有能力解決自己所面臨的問題、有一定目標並為之努力的知識女性，一定是個健康女性。

新世紀的知識女性遇上了前所未有的發展機遇。第一，高科技發展推進發展機遇的全球化速度加快。第二，世界正由工業社會轉向資訊社會，發展機遇正由低層次向高層次攀升。第三，經濟體制轉為市場導向，發展機遇轉向個人與市場融通，個人主動性越來越強。第四，政府的工作重心轉向經濟，發展機遇轉向多元生活，生活的內容越來越豐富。面臨新的發展機遇，知識女性的責任更重，壓力更大，健康的內涵也更加豐富。

七、用知識補充自己的「營養」

知識改變命運，是千古不變的真理。賺錢和做人一樣，誰能掌握更多的知識，誰的見識越多，誰就越可能成功。善學者盡其理，善行者究其難，用知識武裝自己，知識是女人最好的補藥。

書中的智慧是無言的，但書中的智慧是閃光的。

讀書可以讓人的心靈純淨，讓人變得聰明，讓人變得自信，讓人有豐富的內涵。高爾基說，每一本書就是一個小小的階梯，妳每讀一本書，就上了一個階梯，遠離了人的動物本性。

現在的很多大學生都有這樣一種想法：上大學只為了能拿到一個文憑，再以文憑換來一份工作。讀大學為的是一張文憑，而不是真正求得知識，這樣做妳只能被社會淘汰，因為在現代社會裡打拚要的是能力，要的是成績，文憑只能是一張一文不值的紙罷了。

現代社會競爭異常激烈，為了保證自己能得到稱心如意的工作，女人需要把自己當做「蓄電池」，要不斷給自己充電。邊工作邊學習，不斷充實新知識、掌握新技能、了解新資訊。只有具備真才實學和專長，才能增強自己生存的競爭力。

要成為幸福女人，就需要懂得在繁忙的商業活動中積極的學習，積極的開發自身的潛能。以下幾點，要時時深記在心。

首先，知識能改變女人的弱點。使女人變得儒雅大方，為獲得更多的財富提供資本。

一個總是被化妝品和高級時裝包裹的女人是美麗的，但不一定會顯得可愛，因為她們的美本質上是一種俗豔。但一個被知識裝備了的女人就不一樣。她會變得格外通情達理，她會更加看重女人的獨立和自我的價值，她會對世界多幾分本質的了解……因而，她比一般的女人沉著、開朗，更多幾分可愛的書卷氣。她們的美也顯得更加動人和深刻。

任何一個女人都需要生命的成長，這種成長既表現在生理、心理的逐漸成熟，也體現在知識的豐富、才華的卓越上。從這個意義上說，女人擁有了知識，也就擁有了一種超越自我的手段，擁有了一把永遠年輕、永遠美麗的入門鑰匙。

其次，知識能帶給女人可靠的幸福。男女要平等，那生存能力就是女人獲得被男人尊重的基礎，但生存能力不是與生俱有的，它還需要女人透過後天的學習和培養，而要學習和培養的內容就是知識。知識不僅是能力得以萌生的基礎，是推動能力前行的動力，還是能力長盛不衰的保證。一個擁有了知識的女人也許不一定能賺取到大錢，但一個沒有知識的女人卻與財富基本無緣。

最後，知識能讓女人變得對獲取金錢有自信。

一個女人要在社會上立足，光有本事還不行，還得相信自己可以透過這種本事獲得金錢。知識是女人自信創造財富的底氣，有了這種東西，女人就會無所畏懼的走向財富殿堂。

知識就是女人的力量，就是女人的資源，就是女人的財富，知識是無價之寶。那些成功的女性企業家，哪一個不是高智商者，個個都是知識豐富、聰明絕頂的人物。可以說知識是決定女人能賺多少錢的基本標準。

學習就好比浩瀚之水，而女人就像暢遊之魚。脫離學習，仿佛擱淺之魚，那只能聽天由命了，反之則能大賺其錢、衣食無憂。

八、女人可以不漂亮，但不可以不學習

曾看過不少選美比賽。印象最深的是規格頗高的「環球小姐選美大賽」。其中讓人念念不忘的並不是那一張張漂亮的臉蛋和完美的身材，而是她們一個高過一個的學歷和技能：通曉多國語言、名牌大學雙科碩士、集團公司總裁等。「花瓶」在這個時代早已成為貶義詞，有智慧的女人都明白，比容貌更重要的是知識、內涵！

因此，想要成為有智慧的女人，就需要懂得在繁忙的商業活動中積極的學習，積極的開發自身的潛能。以下幾點，女人妳要時時深記在心：

第一，硬體不足軟體補，外表不行補內心。

作為一個女人，有漂亮的臉蛋當然是好事，但只有姣好的臉蛋也只能吃青春飯，要保持永遠的美麗就需要去學習，不斷的在精神上有所進取妳才能青春永駐。對於相貌一般或顏值比較不足的女

性，就更應該去挖掘自己的個性美，去注重自己內在的氣質培養和修練。

第二，為了更好的生活妳就得更多的學習。

大學畢業後，麗萍被分配在某公司工作。因為長得漂亮，經常受到別人的關照，但麗萍的性格好強，總想憑自己的真才實學做出點成績來。於是，她又自學了電腦，並應徵到一家網路公司任職。

在那裡，麗萍感受到了前所未有的壓力。為了減輕壓力，她選擇了學習。麗萍每天下班後，便匆匆的吃口飯，或泡個泡麵，就直奔各個學校參加學習班。週二、週五、週日學電腦，週一、週三、週六學高級英語口語。只用了三年的時間，麗萍就拿到了碩士學位和電腦證書。她把學習知識與工作有機的結合了起來，由於工作業績突出，她被提拔為部門經理。

那天，幾個朋友聚會，她們問麗萍怎麼就變成了一個學習狂、工作狂呢？其實，她並不這樣認為，拚命學習是為了充實自己，拚命工作是為了過高品質的生活。更何況，麗萍不想背個「花瓶」的名分。當然，最重要的是她在學習和工作中學會了一整套解決問題的方法，它會幫妳在思考問題時得出正確的結論。後來，麗萍帶著這些方法跳槽到另一家公司任副總經理。

生活是需要平衡的，生活並不是只有工作，還有很多其他的東西。麗萍並不是個只顧工作的女強人，她會在休息日，把全家人的衣服洗乾淨，打掃衛生，並給丈夫做一頓可口的飯菜。或者，他們會一起去旅遊，去郊外野餐，去體驗一下戀愛的感覺。

麗萍想，女人應該懂得掌握自己，無論在什麼位置上，都要認認真真的盡自己的全力，把所扮演的每一個角色演繹得淋漓盡致、盡善盡美。所以，懂得讀書充電的女人才是有智慧的女人。

第三，養尊處優的日子會讓妳失去一切。

結婚後，艾湘與她的丈夫共同開了一家小公司，漸漸的生意越做越大，利潤越來越高，他們的公司也擴展為三個公司。這時，艾湘懷孕了，生完孩子，她心安理得的做起了全職太太。

艾湘過起了養尊處優的日子，不讀書、不看報、不學習。慢慢的她變得不拘小節，身體也開始發胖了。丈夫曾幾次說過她：「看妳像什麼樣子，哪像原來的那個精幹優雅的艾湘。」艾湘反唇相譏：「怎麼，我幫你打下天下，就看不上我了？我警告你可別做出喜新厭舊的事情。」

從此以後，丈夫回家的時間越來越晚，在家的日子也越來越少。一次，他醉醺醺的回來後倒床便睡，夢囈中他喊著筱芸的名字。這時，艾湘才意識到問題的嚴重性。艾湘非常氣憤的把他打醒，質問他筱芸是誰？開始時，他丈夫還心存愧疚的支支吾吾著，最後在她的河東獅吼下，他終於發怒了：「妳看看妳哪裡還像個有素養的女人，簡直是個潑婦，我為什麼叫筱芸，等妳看到她後就知道原因了。」

反省之後，艾湘決定復出工作。回到公司後，她發現自己什麼也不會，什麼也不懂。難過了好久，艾湘覺得自己還是應該去充電，她報了一個電腦班、一個會計班。剛開始學習時，覺得可真辛苦，適應了一段時間後，她進入了學習的狀態。接著，艾湘又報了一個美容班和體能訓練班，她把自己的時間安排得滿滿的。

漸漸的，艾湘學會了穿著合適的衣服，選擇適宜的妝容和髮型，注重儀態風情，展露睿智的內涵。她在公司裡又可以像原來那樣得心應手了。艾湘發現丈夫也開始按時回家了，並經常擁抱她一下，看她的眼神也和原來也不一樣了，充滿了柔情，就像戀愛時的那種。

女人真的不能放棄學習，放棄了學習，也就等於放棄了自己。

九、不要止步於電子時代

在網路資訊技術日益升溫的今天，如果不學習，很快就會落伍。無論在何時何地，每一個現代人都不要忘記幫自己充電。只有那些隨時充實自己、用學習來武裝自己的頭腦、充實自己的生活、為自己奠定雄厚基礎的人，才能在激烈的競爭環境中生存下去。

不斷的幫自己充電是資訊時代的要求。有品味的女人雖然不一定各方面都做到最好，但卻應該善於學習，以發揮潛能、提升自我。對於聰明的女性來說，工作後再及時給自己充電應該是一種消費，更是一種投資，這種消費和投資有很大一部分是用來充實自己，完善自己，為自己增加實力。

大多數女性朋友從學校畢業進入社會後就不再給自己充電，這樣是很難有什麼進步的。節奏加快、變化迅速的現代生活，要求我們必須抱定這樣的信念：活到老學到老。所以，每一個聰明的女人都應該隨時為自己充電，並且找到最適合自己的充電方式。

美籍華人李玲瑤就以知識而出人頭地。灣一家著名雜誌稱她為「美得耀眼的女生」。

在學生時代，她就以好學上進、勇敢幹練、聰穎伶俐而著稱，加上開朗的性格，使她受到師長的欣賞和同學的擁戴，並常被邀請去電臺、電視臺主持節目。

在美國讀完電腦學位後，在矽谷做了八年的資深系統分析員。同時，她丈夫胡公明完成了核子物理方面的深造，成為一個頗有造詣的核子工程博士，任職於著名的奇異公司。

她在華盛頓擔任全美華人協會華盛頓分會負責人。中美建交儀式上，她也是少數被邀到白宮觀禮的華人代表之一。

一九八〇年，她和丈夫決定開創自己的事業，在矽谷創辦公司。不到兩年，他們實現了自己的第一步目標，成為百萬富翁。同時，公司也從高科技領域擴展到房地產和進出口貿易領域，並在北京、香港等地建立了辦事處。此時的李玲瑤從一個純粹的文化人發展成為一個成功的企業家。

一九八四年，李玲瑤決定到中國投資，並說服不少在美華人參與投資或引進新技術。與此同時，她感覺到自己在經濟理論方面的不足。於是，在她四十八歲的時候，她重新進入學校學習。每次上課，她都坐在第一排的正中間，從不缺一次課，認認真真做好每一份習題論文。同時，李玲瑤還自學了大學經濟學系的所有課程，碩士加博士的五年，她讀完了經濟學九年的課程。幾年後，她戴上了博士帽，事業也越來越有成。

在現實生活中，許多女人都在追求一種「永恆」的東西，世上有沒有「永恆」？有，變化就是永恆。為了讓我們不至於被時代的車輪碾碎，必須把自己當做「蓄電池」，要不斷給自己充電，這才是我們在競爭激烈社會的生存之道。

第六章　女人懂得理財，人生就由自己掌控

生活中，很多女人總是容易把錢花光用光。其實並不是她們缺乏賺錢的能力，而是消費觀念錯誤，同時缺乏投資理財的意識和能力。為此，女人首先要樹立正確的消費觀念，既不要斤斤計較的做個吝嗇鬼，更不應只圖一時之快，瘋狂的花錢；其次要學會理財和投資的技巧，讓金錢既用於消費，又用於投資，讓錢生錢，做富足一生的「財女」。

一、新時代女性的理財之道

隨著社會的發展、經濟的發展，以及家庭收入的逐漸增加，女性在家庭理財中的地位越來越高，又由於女性天生的敏感、細膩、執著等特徵，使女人在理財領域更具有優勢。但對很多女性來說，她們還沒有明確的理財意義，她們對理財的認識依然停留在更多的省錢，更多的儲蓄意識上，而缺乏必要的理財知識。

新時代的女性不僅要追求高品質的生活享受，同時也要掌握理財的規則，這樣妳的生活才會在高品質享受的基礎上更加富有。

如今很多女性在理財的時候容易產生沒自信的感覺。每天看著這些數字的不斷跳動，感覺很複雜，以自己的能力很難應對。其實我們仔細想一想，做任何事情都不是輕而易舉就能完成的，就仿佛妳的工作，難道在妳剛剛開始一項新的工作的時候，妳對它就是完全了解的嗎？答案一定是否定的。可是即使妳不完全了解，因為各方面的原因，妳依然要堅強面對。理財也是一樣，它並不像妳想像得那樣困難，只要妳懂得堅持，並不斷學習，那麼一定會收獲頗豐。

在閒暇時，妳不妨和妳的伴侶一起談論一下這些問題：

（一）妳們有多少財產？

（二）妳們有哪些負債？

（三）妳們有哪些投資？

(四)在面對經濟方面的危機時，妳們能否從容面對?

不要輕視這些簡單的問題，如果妳們能妥善的回答這些問題，並把這些問題處理好，那麼它就能幫助妳打開財務狀況的大門，邁開理財長征的第一步，當妳再做以後的事情時，妳會發現，許多理財問題在妳這裡都會迎刃而解。

也有很多女性對金錢存在認知上的錯誤，認為女人賺得多不如找個好老公。其實這也是一種錯誤理解。

在知識經濟的時代，女人能撐起半邊天，所以女性應該懂得不斷的提高自身來創造財富。不要總是抱著錯誤的觀點，認為找個有錢的老公就萬事大吉。像《紅樓夢》中塑造的典型形象——王熙鳳，她就應該是現代女性的典範。

她可以說是一個具有高財商的女性。我們看王熙鳳在當時找到了一個既有錢又有權的老公，家世又好，可謂是令很多女性羨慕不已，但是王熙鳳沒有像很多女性所想的那樣，找個有錢老公就萬事大吉。相反的，她還是積極經營自己的事業，同時又兼顧自己的家庭，在賈府的眾多女性中，她是最幹練、最出類拔萃的女性，把家裡的大小事情料理得井井有條，長輩、平輩的關係也都打理得井然有序，全家上下沒有一個不服她的，就連甯國府辦喪事也要請她去幫忙，從中我們都可以看到她的本事是多麼了不得。所以新時代的女性應該效仿王熙鳳這種在事業上幹練，在家庭中賢慧的女性形象，切勿走上女人賺得多不如嫁得好的道路，女性要嫁個好老公，但同時也要積極的打造屬於自己的財富之路。

那麼身為新時代的女性應該怎樣打造自己的財富之路，合理理財呢？

首先，要根據自身的實際情況，為自己量身定做適合自己價值取向的目標，並把妳的目標寫下來，放在房間中最耀眼的地方時刻提醒自己，以此堅定自己實現目標的信念。魯迅先生曾經有一次因為遲到而遭到先生的責罵，於是他就在課桌上刻了一個「早」字，每天用這個「早」字要求自己，提醒自己，所以他之後上課再也沒有遲到過一次。至今三味書屋中的課桌上仍然保留著這個「早」字，這是魯迅先生在上學時為自己制定的一個目標。

根據自身實際情況制定切實可行的目標有利於激發自己，使自己在規定的時間內完成。兩個公司之間簽訂協定時都會把所有得事項白紙黑字的在合約上面寫清楚，這一方面是具有法律效益，而另一方面也是透過這個協議來時刻提醒自己，激勵自己，採取行動去實現。

所以說，聰明的女人在理財時首先要把妳的目標寫下來，推動自己向目標進軍。

其次，要走出保守的魔式。

大多數女性固有的理財方式就是把錢存到銀行，認為這是最保險、最安全的理財方式，這就把女性心思細膩的本性表現出來了。但是女性理財不要僅僅著眼於眼前的小本小利，更要有長遠理財計畫，嘗試新的理財方式。

因此，女性朋友在閒暇時應多學一些理財方面的知識，了解理財的重要性，弄清理財的真正含義，然後選擇多種理財方式，進行理財組合，把風險係數降到最低，從而提高收益。

每個人都有一個成功的夢想、一個財富的夢想。在市場經濟社會中，金錢從某種意義上說是成功的體現，那麼財富也自然成為一個人追求成功的資本。

女性作為家庭中的半邊天只有肩負好自己理財職能，才能讓妳的財富和妳家庭中的財富不斷增多，千萬不要抱怨沒有時間、沒有精力，因為時間和精力就像海綿中的水，只要肯擠，總會有的。但是如果妳總是以此作為懶於理財的藉口，那麼妳的人生將終身貧困。

二、不要透支明天

被譽為美國最優秀理財顧問的大衛・巴哈曾經專對女性們說：「不管妳的年齡、地位和處境如何，不管妳是二十多歲，還是八十多歲，不管妳是單身、已婚還是離異，也不管妳是職業女性，還是家庭主婦，作為一名女性，妳絕對能夠管好自己的錢，把握自己的前景。」

很多女性朋友都不知道如何管理自己的金錢，她們的理財頂多是把錢存在銀行裡。其實管理自己金錢最簡單的方法就是量入為出。如果每年只收入二十萬元，卻花掉了三十萬元，毫無疑問，那將是一件令人煩惱和痛苦的事情。反之，如果每年收入二十萬元，卻只花掉十萬元，到年底的時候，看著存摺上那整齊的一個「一」五個「〇」，著實讓人覺得既有成就感，又有幸福感。

王小姐是一間公司的銷售員，有一次，她銷售業績好，得到了很大一筆獎金。為了犒賞自己，她決定買一個十分講究的新沙發。為此，她花掉了幾萬元，這個數字是她平時一個月的生活花銷。漂亮的沙發運來了，華貴而又高雅，可是擺放在如此簡陋的房間裡，左看右看都感覺不舒服。原來，是房屋中間的茶几不能與之搭配，讓整體看上去很不協調。為此，王小姐又更換了茶几。但是，房間內依然不順眼，於是，桌子、椅子等依次被換掉，最後房間內的所有傢俱都被換掉了。

這時，王小姐又感覺房子顯得太老太舊了。於是，她又找來了工人，將舊房進行了改造。至此，從最初的更換沙發到最後的房屋改造，張小姐已經花掉了幾萬元。不但如此，房屋、傢俱還需要定期維護，費用也是非常高的。

為了一個沙發，王小姐的流動資金出現很大的虧空，出現了經濟危機，到了年底過年的時候，連回家的車費都不夠了。此時的王小姐後悔不迭。

王小姐之所以會後悔不已，主要原因在於她沒有管好自己的錢，支出太不合理。其實，在我們身邊有很多像王小姐這樣的女人。

不過，一個聰明人不會讓自己「盲目的背上債務的負擔」。當一個人陷入債務危機中時，他們已經為自己製造了許多麻煩，債務的產生很多時候是因為沒有理財觀念所造成的，債務像一場噩夢，會妨礙家庭的幸福，破壞家庭的安寧。即使那些有著巨額收入的人，如果陷於債務之中也會感到吃不消，也會令他們憂心忡忡、意志消沉、處境悲慘。

能保證不負債嗎?有沒有可能避免因債務而引起的道德墮落呢?要做到這一點只有一個辦法，那就是學會「用之有度」，不以「入不敷出」的方式來生活，也不為今天的奢侈而花掉下週的收入。不幸的是，在這一點，人們做得太少了，我們無力抵制「揮霍金錢」的誘惑，有人想擁有精美的傢俱、有人想住在租金很高的公寓裡、有人想舉辦很豪華的宴會，所有這些的想法都很不錯，但如果妳無力支付就不要沉溺於此，借錢又不能償還，難道不是只表現了打腫臉充胖子的寒酸樣嗎？

三、會賺錢也要會花錢

俗話說：「吃不窮，穿不窮，不會算計一世窮。」這話道出了管理錢財的竅門，有計畫的管理錢財，錢財就會像流動在一條規劃好的管道裡，直奔它的有效用途，沒有計畫的錢財，如同潑在地上的一盆水，向四面八方流去，很快就消失在沙土裡了。

沛玲就讀於臺北的一所大學，家裡的經濟條件比較好，因此在花錢上她從來都沒有計畫，幾乎是「月光族」。而她買來的全是一些亂七八糟的東西。在那麼多的衣服和小飾品裡沒有一件是有價值的。她買的數十個皮包全都是「原單尾貨」（幾乎可亂真的名牌仿冒品）。有時路過一些小攤販，看到價格便宜就買了，後來自己不常用，就轉送給朋友和同學。隨著時間流逝，她留下的都是一些沒有用的東西。都是一些當時比較流行，而且價格低廉的商品，但現在卻變成了沒有價值的「收藏品」。

畢業之後因為找不到好工作，沛玲就去報考研究所。但要沛玲靠自己的力量來交學費是不可能的事，所以就伸手向父母要學費。不僅如此，她還以就讀研究所的名義，向父母以及兄弟姐妹們借了一些錢，卻買了不少沒用的裝飾品。

完成研究所的學業之後，沛玲馬上就結婚了。本以為結婚後她就不會亂花錢，能把握好消費的尺度，沒想到她在花錢上還是和以前一樣。她由於沒有辛苦賺錢的經驗，所以就把老公每月辛苦賺回來的薪水，當做是自己過去念書時的零用錢一樣毫無節制的花著。年輕的時候因為養成了不好的用錢習慣，所以對於她來說，老公的信用卡就像是阿拉丁的神燈。

沛玲雖然自己也有工作，但她賺的錢連買衣服和小飾品都不夠，但她還是在那間沒有多大的房子裡添置了許多沒多大用處的廚房用品。比起用老公每月給的現金，她用得更多的是信用卡，為了得到更多的錢，她還偷偷的背著老公辦了一張利息很高的信用卡，用來買自己喜歡的商品。在其他夫妻都在攜手努力理財的時候，她卻弄得整個家負債累累。不僅如此，她不但沒考慮過改掉這種不好的習慣，還一直埋怨老公薪水太少。

那麼到底如何做到一個聰明消費的女性，既可滿足購物慾，又不致於花費過度呢？

（一）理性購物，合理消費

今天，大約有三分之二以上的消費者是衝動型消費者。他們總是沒有計畫的在商場中四處閒逛，因此很可能在尋找商品上花費了更多的時間。花費的時間越多，她所花費的錢也就越多。這個事實一次又一次的被人們所證實。而且，在沒有購物清單的情況下，人們經常會購買幾週以後才需要的或者根本就不需要的東西。妳也許會認為大多數的百萬富翁是讓傭人上街購物。事實上，大部分百萬富翁喜歡親自購買日常用品。

那麼，在一家超市中購買東西的最佳方式是什麼呢？有一對夫婦做得最好。他們把經常要光顧的兩家超市的內景畫成地圖，並標上每一類商品的名稱和位置。這種地圖將作為每週的購物清單和導購圖。如果在某一週他們的某項物品用完了，他們就會在地圖上將這一項畫上圈。他們還用這種方法安排買菜，當然，要有折價券和相關的贈送才會記在地圖上。這聽起來好像需要大量的工作，實際並非如此。他們有自己的看法。假如妳沒有購物清單，沒有購物計畫，那麼妳每週將在超市裡多花二十分鐘、三十分鐘或者更多的時間，那都是妳沒有提前做好計畫的緣故。如果每週占用三十分鐘，在成年人的一生中，這將會是六千二百萬到八萬分鐘，或一千零四十到一千三百小時。將妳一生中的六千二百萬以上的時間浪費在一家超市中，這肯定不是效率很高的行為。如果這些時間用在計畫投資、看妳的兒女們玩棒球或壘球、度假、提升妳的電腦技術、鍛鍊身體、做好生意，或者寫書，妳難道不覺得會更好一點嗎？

(二) 花錢在能夠增值的物品上

理查夫婦退休了，他們住在奧斯丁一個漂亮的居住社區中，有一幢漂亮的擁有四個臥室的住房。他們擁有高達七位數的淨資產。他們是一對節儉的夫妻，非常關心他們的開銷。正如理查夫人所說，「我的丈夫和我生長在經濟衰退時期，因而我們倆都很小心的使用我們的錢」。雖然他們現在住著一幢價值百萬美元的房子，但這些年來它增值了不少。

除了漂亮的房子，理查夫婦同樣有能力購置昂貴的汽車和時髦的衣服，但這不是他們關心的。他們認為，對於那些一旦購買了就會失去其全部或大部分初始價值的產品而言，關心其價格是很重要的。這些物品的價值極不耐久。例如衣服，妳今天購買了一套昂貴的衣服或禮服，它在明天的二手市場上能值多少呢？可能是原價的百分之十，或者是百分之五，或者更少。理查夫人從來不想在衣服上花太多的錢，因為它們在價值上折舊太快。但是她還是希望看上去穿得體面些，她的辦法就是在打折商店購買那些正在打折的名牌服裝。理查夫人和理查先生擁有許多名牌服裝，它們大多是在打折時購買的。如果買來的衣服有什麼不合身，她和理查先生會採取百分之四十的百萬富翁都採用的方法解決此問題，那就是請人將衣服進行修改。當他們在身體發生變化使他們原本合身的衣服變得不再那麼合身時，他們依然會這樣做。透過這種方式，理查夫婦節省了很多錢，同時在穿著上又不失體面。

而後，理查夫人將省下的錢用於價格「極其持久」而實際上會增值的物品，比如，可以稱為古董的老式傢俱等，對於理查夫人來說，購買這些東西，既實用又有投資價值。因為這些東西會隨著時間的流逝，而變得彌足珍貴。另外，他們還投資業績位於前列的基金、前景看好的股票等。

四、女性理財的盲點

在現代社會，妳是一個美女、才女還不夠，想做一個獨立自主的現代女性，妳還得是一個財女——高財商的女性。身為女人，掌握「金錢遊戲」規則和追求時尚生活同樣重要。女人在美麗的同時，也可以更加富有。所以，女人在理財之前，一定要弄懂以下問題，跳出理財盲點：

盲點之一：缺乏自信

一些女性在投資時非常沒有自信，又對複雜的研究避之唯恐不及，所以投資時顯得沒有主見。

多數女性對數字、繁雜的基本分析、宏觀經濟分析沒有興趣，而且不認為自己有能力可以做好，總認為投資理財是一件很難很難的事，非自己能力所及。

盲點之二：優柔寡斷

一般女性上班時是個稱職的職業婦女，下班後是個全能的太太、媽媽和管家，這些事做完已經有些體力透支，自然無暇研究需要聚精會神做功課的投資大計。雖然想投資做生意、買股票、買基金，也都明白投資理財的好處，但就是只有心動沒有行動，害怕有去無回。認為投資應該等於賺錢，無法忍受在投資的過程中有賠的可能性。

盲點之三：求穩而不看收益

受傳統觀念影響，大多數女性不喜歡冒險，她們的理財管道多以銀行儲蓄為主。這種理財方式雖然相對穩妥，但是現在物價上漲的壓力較大，存在銀行裡的錢一不小心就會「貶值」。所以在新形勢下，女性們應更新觀念，轉變只求穩定不看收益的傳統理財觀念，積極尋求既相對穩妥、收益又高的多樣化投資管道，比如開放式基金、各種債券等，以最大限度的增加家庭的理財收益為目的，合理理財。

盲點之四：缺乏理財觀念

根據統計，美國有百分之五十五的已婚女性負擔一半或以上的家庭收入，顯示女性也越來越有經濟能力來為自己規劃財務。只是，女性還缺乏財務規劃的主動性與習慣，百分之五十三的女性沒有定出財務目標並且預先儲蓄。有超過六成的女性沒有準備退休金，其中有不少女性是認為「錢不夠」規劃退休金的。在臺灣這種情況也相當普遍，很多女性覺得「我的目標就是養活自己，很多其他問題留給另一半去做」。

盲點之五：態度保守，心存恐懼

有不少女性不相信自己的能力，態度保守，甚至對理財心存恐懼。有調查顯示，一般女性最常使用的投資的方式是儲蓄存款，還有保險等。這樣的投資習性可以看出女性尋求資金的「安全感」，但是可能都忽略了「通貨膨脹」這個無形殺手，可能將存款的利息吃掉。害怕錢不在手邊的感覺。守成心態讓很多女性很怕手上沒有錢的感覺，現金要多才有安全感，隨時摸得到、拿得到，所以把錢放出去投資，導致戶頭空空、手上空空，心中就不踏實。從小根深蒂固的觀念就是把錢放在安全的銀行，習慣成自然。

盲點之六：不如嫁個好老公

許多女性往往把自己的未來寄託於找個有錢的老公，平時把精力都用在了穿衣打扮和美容上，卻忽視了個人創造、積累財富能力的提高。俗話說，伸手要錢，矮人三分。許多女性凡事都依賴老公，認為養家糊口是男人天經地義的事情，但長此以往，必然會受制於人，女性在家裡的「半邊天」地位也就會發生動搖。所以，作為現代女性，應當依靠為自己充電、掌握理財和生存技能等方式來使自己獨立，自立自強，在立業持家上展現「巾幗不讓鬚眉」的現代女性風采。

盲點之七：會員卡、打折卡的消費

女性們對各種會員卡、打折卡可謂情有獨鍾，幾乎每人的包裡都能掏出一大把各種各樣的卡。

許多情況下用卡消費確實會省錢，但有些時候用卡不但不能省錢，還會適得其反。有的商家規定必須消費達到一定金額後才能取得會員資格，如果單單是為了辦卡而超額消費的話，就不一定省錢了；有時商家推出一些所謂的「回報會員」優惠活動，實際上也並不一定比其他普通商家省錢；還有一些美容、減肥的會員卡，以超低價吸引妳先繳足年費，但事後不是服務打了折扣，就是乾脆人去樓空，讓妳的會員卡變成廢紙一張。

盲點之八：容易盲從

大多數女性不了解自己的財務需求，在理財和消費上喜歡跟隨潮流，常常跟隨著親朋好友進行相同的投資或理財活動，往往只要答案，不問理由，明顯的不同於男性追根究底的特性，因而採取了不適當的理財模式，反而造成財務危機。比如，聽別人說參加某某投資收益高，便不顧自己家庭的風險抵禦能力而盲目參加，結果造成了家庭資產流失，影響了生活品質和夫妻感情；有的女性見到別人都給孩子買鋼琴或讓孩子參加某某高價才藝班，於是就不看孩子是否具備潛質和是否喜歡，便盲目效仿，結果最終收效甚微，光是花了冤枉錢。

盲點之九：「跳樓價」的誘惑

說到購買打折商品，幾乎所有的女士都能講出幾點心得來。像是大熱天買皮貨、大衣，冬季買襯衫、洋裝，這屬於正常的時令性打折，商家為了將過了時令的商品銷售掉以便及時收回資金，而眾多家庭主婦和一些白領女士們往往受其吸引，爭相揀便宜貨，以求獲得實惠價格。對此，買方賣方均無可非議。至於「斷碼出貨」、「樣品處理」這類打折，恐怕也還都屬於正常的購售範圍，主婦們和白領女士們，偶爾為之也未嘗不可。然而，面對有些真假難辨的打折，廣大的女士們就不能輕易受其誘惑了。

理財是人們日常的資產保值增值手段，不少人卻無意間陷入了上面的理財盲點，使自己的理財效果大打折扣。因此，讀者朋友在今後的理財生活中要注意迴避。

五、敢作敢為的女人最有錢

有的人辦事顧慮太多，畏縮不前，結果寸步難行，一事無成。人有多大膽，地有多大產。妳必須有大無畏的英雄氣概，該做就做，該闖就闖，不要前怕狼後怕虎。

做事必須要有衝勁，「衝」意味著勇氣和膽量。成功的把握總是相對的，失敗的可能才是絕對的。沒有人願意自己正在進行的生意出事，也從來沒有一個不出事的生意人。當問題來的時候，如果妳越怕誤事，往往就越有事；索性大膽去闖，說不定反倒沒事。做任何事情都不能只停留在空想階段，一定要把想法快速落到現實，才能行之有效。

她只有高中文化，曾在一家內衣廠打了七年工，卻沒存下一分錢。她除了會做內衣，也沒有別的特長。但就是這麼一個「無知」的打工妹，如今卻成了資產上億的內衣大王！她成功的法寶說簡單也簡單，說不簡單也不簡單，那就是：鍥而不捨，能屈能伸。

一九八〇年，吳豔芬高中畢業後沒考上大學，恰好當時有工廠正在徵人，於是她便進了內衣廠，成了一名普通車縫工。

內衣廠是由香港提供設備、技術和訂單，吳豔芬所屬的工廠負責管理和生產，所做內衣全部出口。這樣，吳豔芬成了港資企業在培訓出來的第一代內衣車縫工。

那時候，女性戴的內衣都是用一塊白色的滌綸布所製的，所以在進入內衣廠後，吳豔芬立即被那些精緻美麗的胸罩迷住了，其款式、顏色、布料和做工竟然有那麼多講究！

吳豔芬在內衣廠第一個月領的薪水是五十元，雖然錢很少，但她還是很高興，因為那些五顏六色的胸罩總是能帶給她無限的新奇感。這時候，每逢休息，一起工作的姐妹們最喜歡玩的遊戲就是拿著這些胸罩互相開玩笑，問對方敢不敢穿。每當這時，被問的人十有八九會說：「才不敢呢，羞死了。」要是誰公開表明對這些胸罩感興趣的話，大家就會像看怪物一樣看她。這也難怪，一九八〇年代初的民風還遠沒有今天這麼開放，人們普遍認為女性過於打扮自己是風騷的表現。但愛美畢竟是女人的天性，當沒有旁人時，大家都會偷偷的把喜歡的胸罩在自己的胸前比試一下……

吳豔芬做了幾個月後，內衣廠開始實行按件計酬。吳豔芬由於做事手腳麻利，她的薪水不斷上漲。

一九八一年，吳豔芬的母親辦了留職停薪手續，開了一家早餐店。這樣一來，吳豔芬的事情就更多了。每天下班後，她必須幫母親發麵做包子、包糯米雞，一直忙到深夜。第二天必須早早起床，幫母親賣一會兒早點，然後才匆匆趕往廠裡上班。儘管生活非常忙碌，但吳豔芬對待工作還是非常賣力，她不僅以高標準完成任務，還刻苦學習了胸罩的其他製作工序。因此，在吳豔芬當了一年多的流水線工人後，廠裡提拔她做了技術指導，薪水也漲到了一百五十元左右。

有一天，她正上著班，看到工廠裡隨處擺放的五顏六色的內衣，心裡突然冒出一個大膽的念頭——我們為什麼不做內衣呢？她隱隱感覺到，當代女性的審美意識正在慢慢蘇醒，這些帶有裝飾的胸罩遲早會開始流行，趁著現在國內市場上還是簡易內衣一統天下，自己搶先占領這片空白市場，成功的機會一定會很大！

一九八七年八月，吳豔芬辭去了內衣廠的工作，賣了汽車得了八萬元。她用這筆錢在家裡的後院蓋了一棟三層的小洋樓。當時，她想：小洋樓既可以當廠房，又可以居住，一舉兩得。

房子蓋好後，身上只剩下七千元。正在這時，吳豔芬聽說內衣廠要淘汰一批老設備，就立即跑去花了六千元錢買回了一臺國產平車、一臺進口拷克機和一臺勝家山本機。沒有錢進口布料，她們就跑到附近的內衣廠去買人家用剩的邊角料……

一番準備之後，一九八八年秋天，她們的內衣工作坊終於在新蓋的那棟房子裡開工了，員工就是一人，吳豔芬既是裁剪工又是車縫工，專管生產；而林建明則既是品管員，又是產品推銷員。

她們忙碌了大半個月，終於做出了二十件胸罩。兩人得知有個專門批發簡易內衣的市場，便扛著這些內衣跑去那裡推銷。

誰知，市場的老闆看了他們的貨後，並不感興趣。因為當時暢銷的貨有兩種：一種是當時國內女性常用的極簡易的胸罩，由棉布或滌綸布製成，售價是每副五元；另一種則是那些返銷國內的少量次品，用料、款式、做工都比較講究，售二十元一個。而吳豔芬他們的產品介於兩者之間，雖然樣式上模仿的是港資廠產品，但由於用的是別人不用的邊角料，品質上自然差一點，做工也比不上人家的精細。看著老闆不想要的樣子，兩人心裡特別難受，感到前程渺茫。

最後，他們說盡了好話，市場老闆才同意代銷他們的產品。經過商量，吳豔芬和林建明將他們的胸罩定為八元一個。留下產品和電話後，兩人心情沉重的回到了家。

第二天，他倆突然接到代銷老闆的電話，說是有一位客戶看中了他們的貨，不僅把昨天留在那裡的所有胸罩全部買走了，而且還說有多少就要多少。這個消息讓他倆高興得一個晚上沒睡著。

既然銷路沒問題，接下來他們就拚了命似的趕貨。後來兩人實在忙不過來，就徵了幾名員工，添置了幾臺平車。這樣，他們內衣工作坊的規模也隨之一點一點的擴大了。

一九八八年底，林建明和吳豔芬舉行了簡單的婚禮。不久，吳豔芬懷孕了，妊娠反應很強烈。但當時她既要設計產品的款式，又要負責裁剪，還得跟幾個車縫工一起趕貨……每天都累得半夜才上床睡覺，上了床，身懷六甲的吳豔芬卻怎麼也睡不著，她仰躺也疼，側臥也疼，經常疼得流眼淚。但儘管這樣，第二天一早，她還得爬起來工作，因為批發商在催貨，她們只有拚命趕貨……

隨著生產量不斷加大，靠收購邊角料已滿足不了生產需要，為尋找新的原料管道，夫妻倆傷透了腦筋。終於，經過朋友指點，她們得知有地方可買到內衣原料，林建明便馬上奔赴該地去找料進料。

為了安全，林建明特意買了一雙大球鞋，將隨身攜帶的兩萬元錢塞在鞋裡，又將鞋帶緊緊的綁上。不僅如此，林建明還特意帶了個助手，以防不測。到達時已是半夜三點多，林建明捨不得住旅館，就乾脆將準備裝原料的蛇皮袋往候車室的地上一鋪，囑咐助手在一旁守著以防小偷，自己則席地而睡。天亮後，林建明讓助手在候車室裡睡覺，自己去進貨……林建明之所以不敢掉以輕心，是因為當時他們每一筆進貨的資金都是要用來擴大生產的，萬一錢被人偷了，內衣工作坊就運轉不下去了！

一九八九年，林建明、吳豔芬的兒子出生了。臨盆前一夜，吳豔芬還在忙著做胸罩，羊水破了都不知道。生下小孩後，吳豔芬只在醫院住了五天就出了院。她回家後一看，發現因為沒人裁剪，大夥都沒工作做！此時，吳豔芬哪還能安心坐月子，她將剛出生的孩子託付給保姆，又馬不停蹄的忙開了。就在吳豔芬和林建明忙得天昏地暗的時候，當代女性的審美觀也在悄悄的發生變化，越來越多的年輕女性已不再滿足於穿「五元的滌綸布內衣」了。由於吳豔芬生產的胸罩在價格、品質和款式上填補了市場空白，所以銷量直往上漲。到一九九二年底，他們的小工作坊已發展到有二十八臺平車、五十多個工人的規模，累積的資金達到了三百多萬元。

如今，吳豔芬所經營的內衣品牌已經非常知名，經銷點遍布全國各大縣市，並已進入美國、日本、韓國、馬來西亞、新加坡、泰國及港澳等多個國家和地區。靠著一件內衣起家，吳豔芬成了一個實打實的億萬富翁。

吳豔芬其實並不比別人聰明多少，在做生意之初，她甚至還犯過不少低級錯誤，但她最後卻獲得了驚人的成功。她的經歷可以給我們這樣的啟示：一個女人，只要有超前的意識，敢拚敢闖、不懂就學，就總會有成功的一天！

在某種情況下，生活就是一場博弈。敢冒風險的人，才能賺取最大的錢，在事業上才能取得最大的成功。

六、財富是計劃出來的

不管是有錢還是沒錢，生活在現在的社會裡，都應該有一個經濟計畫。人不像動物，只要填飽了肚子就什麼都不管了，今天有食物就今天吃飽，明天沒有食物了就餓著。今朝有酒今朝醉，明天沒酒喝涼水。這是一種不負責任的態度。

現在有些年輕人不管自己的經濟狀況如何，總是在提前消費，貸款買房，貸款買車，一下子就使自己的經濟陷入困難的境地。後半輩子就圍繞著如何還貸款了。

兩年前，李玲還是個有錢人，家中存款不下百萬元，而今卻欠外債十幾萬元。熟悉她的人都知道，李玲是因為不善於理財，盲目攀比，才由富變窮的。

八年前，李玲和丈夫承租了十餘畝的大果園，由於市場上果品價格上漲，每年果園的收入均保持在三十萬元左右。扣除果園投資和上交租金，李玲手中存款已到了百萬元左右。

後來村裡興起了建房熱，農戶之間互相攀比，有的農戶建四間三合院，有的農戶建五間平房，一家比一家房子蓋得氣派，一家比一家花的錢多。受到村民的影響，住房原本就寬敞的李玲坐不住了，為了顯示自家的經濟實力，在與丈夫商議之後，李玲決定建一座上下八間房間的兩層洋房。她請來一位工頭進行了估價，工頭說大約有一百萬元足夠了。想到自家正好有百萬元存款，李玲頭腦發熱，立即申請地皮，請建築工程隊施工。在她建房的那年，建房所用的石子、沙子、水泥、鋼筋等原材料都有不同程度的漲價，兩層樓的造價最後變成了一百二十萬元。因為自家只有一百萬元，缺少的二十萬元還是從親戚家借來的。

洋房建成後，李玲搬進自己的新居，又發現家中原來的傢俱根本和新房不搭配。為了美觀一些，她又從銀行貸款了十萬元，購買了電視、沙發、床及寢具。就這樣，連借帶貸，李玲外債達到三十萬元。本以為好好工作上兩年就能還債，可連續兩年的乾旱，李玲的收入僅能維持生活。親戚及銀行屢次上門催款，李玲卻無力償還，雖然住著美房，李玲和丈夫一點也高興不起來，因為債務壓得她們喘不過氣來。

有些人之所以由富變窮，由存款戶變成欠債戶，其原因就是缺乏理財知識，盲目與別人攀比，消費時未考慮到自己的收入狀況。本來生活不錯，卻因理財失誤而造成返貧，其教訓是十分深刻並值得引以為戒的。

那該如何管理好自己的錢財呢？這裡總結了管理財富的九條規則，值得我們借鑑：

（一）把事實記在紙上。阿倫・班尼特五十年前到倫敦，立志做一名小說家，當時他很窮，生活壓力大。所以他把每一塊錢的用途記錄下來。他難道想知道他的錢是怎麼花掉了嗎？不是的。他要花的心裡有數。他不停的保持這一個記錄習慣，甚至在他成為世界聞名的作家、富翁、擁有一艘私人遊艇之後，也還保持這個習慣。

你我也一樣，必須去弄個本子來，開始記錄，那要記錄一輩子嗎？不，不需要。預算專家建議我們，至少在最初一個月把我們所花的每一筆錢作準確的記錄，如果可能的話，可作三個月的記錄。這只是要讓我們知道錢花到哪兒了，然後還可依次做出預算規劃。

(二) 做出一個適合妳的錢財預算。預算的意義，並不是把所有的樂趣從生活中抹殺。真正的意義在於給我們物質上的安全和免於憂慮。

「依據預算來生活的人，比較快樂。」史塔普里頓夫人告訴卡內基。

首先，妳應該把所有的開支列出一張表，然後把所有的收入也列成一張表，對照之後，妳就知道該怎樣花錢了。

其次，妳應該諮詢投資公司，讓專家為妳理財。

(三) 學會如何聰明的花錢。會花錢的人就能夠用最少的錢辦最多的事，用那最少的錢買最好的東西。

有兩位女士收入都一樣，可是，有一位總是穿著時髦，而且不多花錢；而另一位，整天買衣服，卻沒有一件衣服時髦得體，錢沒少花，每個月都入不敷出。原因就是不會花錢。會花錢就是能夠使錢的價值得到最大的實現，每一分錢都花得值得。

(四) 不要為妳的收入而增加煩惱。生活中常常有些人為自己的收入而煩惱痛苦，有人因為收入低，有人因為花費高，還有人因為收入提高了慾望也增加了。

史塔普里頓夫人曾表示，她最怕的就是被請去為年薪五千美元的家庭擬定預算。她說：「因為每年收入五千美元，似乎是大多數美國家庭的目標。他們可能經過多年的艱苦奮鬥才達到這一目標——然後，當他們的收入達到每年五千美元時，他們認為已經成功了。他們開始大肆擴展物慾。在郊區買棟房子——『只不過和租房子花一樣多的錢而已』，買部車子，買許多新傢俱，以及買許多新衣服——等妳發覺時，他們已經到達赤字階段了。他們實際上比以前更痛苦——因為他們把增加的收入花得太凶了。」

按預算花錢，收入多可以多花，收入少就要少花。超前消費的話，若妳背上債務，就沒有快樂了。

(五)如果妳要借錢，一定要想辦法去銀行貸款。現在有些人去找朋友借錢，為此常常就會失去朋友。有些人還會去找放高利貸的人去借錢，這樣就陷入了痛苦之中。去銀行貸款妳就不會上當吃虧，銀行不會宰人。

(六)有錢的話可以投保一點醫藥、火災，以及緊急開銷的保險。現在我們國家的保險業漸漸發達，我們的保險意識漸漸增強。其實，有錢可以投一點保險，預防意外。

我們學校有個年輕人賺了一筆錢，投了一筆健康保險，誰也沒想到過了一年，就得了一場大病，好在保險公司賠付了一大筆醫療費。如果沒有保險，那麼他當年辛苦賺的錢就全賠光了。

(七)教育妳的子女從小就要養成對金錢的負責態度，不亂花錢。作家史蒂拉教育孩子理財的方法值得我們學習。他從銀行裡取得一本特別存摺，交給九歲的女兒。每當小女兒得到每週的零用錢時，就將零用錢存進那本存摺，然後在那個星期內，每當女兒必須使用錢時，就從帳戶中提出，再把餘款結存詳細的記錄下來。這位小女孩不僅從中學到很多知識，而且也學會了如何處理金錢的責任感。

（八）不要賭博——永遠不要。不要寄希望於賭一把來賺取金錢，賭博是帶有很大的偶然性的。一個人要是把自己的財富寄託在偶然性的賭博上，那麼，妳肯定就會失敗。

現在，許多國家都禁止賭博，各地的角子機陸續被查封。然而還是有很多人把自己辛苦賺來的錢丟在賽馬、紙牌、骰子身上。這些人註定一生遭遇失敗。

（九）如果我們無法改變自己的經濟狀況，不可自責。要是我們得不到我們所希望的東西，最好不要讓憂慮和悔恨苦惱我們的生活。讓我們原諒自己，豁達一點。記住：即使我們擁有整個世界，妳一天也只能吃三頓飯，睡一張床。

羅馬政治家及哲學家塞內卡說：「如果妳一直覺得不滿，那麼即使妳擁有了整個世界，也會覺得傷心。」

財富是沒有止境的，擁有多少也不夠花。保持一個平常心態，過平常人的生活，妳才能享受生活的快樂。不要對自己提出過高的要求，夠吃夠用就應該滿足了。

七、不做「購物狂」，要做「購物精」

大多數女性都喜歡購物，每次逛商場都會大包小包的滿載而歸，一旦逛了一天卻空手而歸的話，會產生很大的失落感，或者感覺逛得不盡興，這樣的女人，我們稱作「購物狂」。

其實，有些女性並不是天生的購物狂，是因為後天的原因所導致的。導致女性成為購物狂的原因很多，比如心情愉悅或者失戀或者無聊或者為了得到精神上的宣洩等等。當然女性的這些購物心理，從某個角度來說，我們應當理解。但是，如果長期如此，會使女人在購物方面演化成一種強烈的心理需求，形成需要時購買、不需要時也要購買的動機。

消費是一種享受，可以使女性身心愉悅，可是如果將愉悅的消費演化成對商品的極端占有的心理，那麼這種購物就毫無價值可言了。因此，女人應當怎樣花錢、怎樣花好錢是一門大有講究的藝術。作為現代女性，「不做購物狂」是妳的消費必修課。

生活中有哪些類型的購物狂呢？

（一）打折型購物狂

我們看，生活中很多女性總是對打折商品情有獨鍾，一旦看到打折商品就會瘋狂搶購，她們認為這時會用較少的金錢買到想要的東西，於是心裡總是會蠢蠢欲動，不管這些東西是否適合自己或者是否有用，都會大方的掏腰包。但是，往往在這樣的瘋狂購物後，回到家卻很少對自己的「戰利品」滿意，常常陷入一種不買難受、買了後悔的矛盾與衝突之中。最重要的是，過多的意外支出，導致月底時金錢緊張，此時，才會望著滿屋子買回來的「戰利品」，搖頭感嘆自己是個不折不扣的敗家女！

(二) 模仿型購物狂

女人一般都有模仿心理，這是很多女士們購物的通病，尤其是一些愛美、愛時尚的女士們，這更是她們的一種心理特徵。

這樣的女性總是傾慕於別人的穿著，別人怎麼穿、怎麼搭配，她就會爭相模仿，也想買一件和別人一樣的衣服或褲子搭配起來，毫不考慮這樣的穿著是否適合自己或者自己身材是否適合這樣的衣服，而且當被問到自己是否喜歡時，也總是含糊不清，並不知曉，直到有好朋友指出這身衣服不適合她時，她才會發現自己的行為完全是一個錯誤！這樣的模仿導致自己的錢包總是空空的，而且新買來的衣服要麼壓箱底，要麼落得送人的下場，結果實在是得不償失。

(三) 自我安慰型購物狂

如今社會上流行一句話——女人應該對自己好一點，於是很多女性就把這句話當做座右銘，常常說「歲月催人老，何不趁年輕的時候讓自己多享受一下」。於是有這種想法的女人從不吝惜把大把的鈔票花在自己身上，化妝品、皮包、衣服、首飾、高跟鞋、時尚髮型、美甲、美容……只要自己心裡感到高興，無論金錢多少，她們都不會遲疑的眨一下眼。然而這種長久的在購買慾上尋找內心快樂的人到最後只會陷入無底的深淵而無法自拔。

當今的社會也是一個崇尚物質、鼓舞女性瘋狂購物的時代，無論是商品廣告，或者電影、電視中，在有意無意間都會宣揚以消費作為人生終極目標的資訊，這些潛意識充斥著女性的頭腦，令很多女性消費者成為一個購物狂，這是一種缺乏理性消費的行為，是一種極其錯誤的消費觀念。

合理的理財方式不是體現在消費的高低上，而是體現在消費的價值上，理性消費才能鑄就高品質的生活。

那麼，在購物中有哪些理財小竅門呢？

竅門一：購物前列出購物清單

在妳想去商場購物前，先將需要的物品列一張清單，按照清單購買物品，這樣不但可以避免漏買東西，還可避免購買無用的東西。

竅門二：在打折商品上做學問

我們要既不失體面又不傷荷包的在打折商品上做學問。很多消費者在購買商品時都有一種觀念，就是高價品迷思，認為只有價格昂貴的商品才是優等產品，打折商品是低劣的產品。其實不然，商品出現打折現象有時只是為了應對情況而定的，並不是所有的商品都是偽劣產品。所以在買打折商品時主要要看品質，如果這個商品的品質過關，而此時也正是妳需要的，那麼妳就要趕快動手買下它。

我們看羽絨服在冬季賣的話，價格很高，很多時候妳都很想要，但苦於價錢太高，就沒有捨得掏出腰包。然而到了夏季，價格就會降低很多，甚至打成四折。如果經過妳的檢驗，發現商品的品質和冬季時一樣，這時妳就要搶購了。因為此時的商品不存在品質問題，只是商家針對季節情況以及商品銷售的速度而進行的帶動銷售的措施。這時會理財的妳在家裡需要時購買了這種商品，既可以節約資金又有價值。所以說在品質有保證的情況下，購買打折商品是理財購物的小竅門之一。

竅門三：貨比三家

貨比三家後再買。在購買商品時要意志堅定，大家都有過這樣的體驗，無論妳走到哪一家商店，商店的營業員都會熱情的向妳介紹該家商品的好處，並把產品說得天花亂墜，勾起妳的購買衝動。但是在聽營業員的介紹時，千萬不要被他的美言所左右，立刻就把自己的金錢掏出來。此時，妳要保持冷靜，認真思索之後，委婉的謝絕，再多光顧幾家商店，聽一聽其他營業員的介紹，這樣更有利於妳對產品的了解，也有助於妳做產品的選擇。

當然如果你想要買一些貴重的家用電器，也可以先從網上查一下這種電器的相關知識，提前對該產品有一定的了解，然後再去各個商家進行價格比較，讓自己有了心理準備後再去購買。

竅門四：不要追逐潮流

正常情況下，剛剛上市的產品不但價錢會很高，而且品質因為還沒有得到大眾的驗證，可能會出現一定的問題，所以，過度的追逐潮流，不但苦了自己的錢包，還有可能苦了自己的身體。

竅門五：討價還價

討價還價也是理財好方法。許多人在購物時總是礙於面子，明知自己當了「冤大頭」，仍不好意思和賣家在價錢上討價還價，這是一種極不好的購物習慣，也是一種不合理的理財方式。

試想，在妳不好意思因為價錢和賣家討價還價時，那賣主有沒有因為不好意思而主動給妳打了折扣呢，一定沒有這樣的情況發生不是嗎？所以，在討價還價時也不要只想到自己的面子，因為妳辛苦賺來的錢更多的時候比妳面子更重要。不要讓妳辛苦賺來的錢枉花一分一毫，而且如果妳能用更低的價格把商品買到手，這說明妳的智慧和能力更強。最後，當妳把商品買下時，賣家也許還會在心裡誇獎妳一句「妳真是太聰明了！」

竅門六：選定適合自己的商場

買商品要選定適合自己的購物商場。很多時候家庭需要的一些民生的物品，比如米、油、鹽之類，對於這些民生物品的購買，我們習慣就近原則，選擇家庭附近的小超市就可以。但是，如果在需要買的東西比較多，而且比較大的情況下，就應該選擇去商場購買。在妳逛了幾家商場之後，如果發現這些商品的品質都能過關，這時妳就要在價格上作比較，哪家商品的價格低一些，商品更實惠一些、哪家商場距離家裡更近一些。這樣經過幾次比較後，妳就可以選定適合自己的購物商場，而且還可以買到物美價廉的商品。時間久了，妳還可以節約不少錢呢！

竅門七：收集購物發票

將超市的「購物發票」收集起來，對家庭的日常理財也有一定的幫助。一般超市列印的「購物發票」上面都會將妳所購物品的名稱、單價、數量、時間等一一列出，讓人花了錢感到心中有數。因此，將「購物發票」按時間順序存放起來，到了月底進行一次裝訂結帳，還可以知道當月的生活用品的支出情況，同時可起到記帳的作用。透過經常整理這些「購物發票」可以看出，每到節日期間，各家超市為了吸引更多的消費者，總要做許多促銷活動。這期間會將那些日常用品臨時降價銷售，此時便可選購一些如沙拉油、牙膏、香皂等生活必備品。如果這樣日積月累，一年下來，仔細算一下就會發現能節省一筆不小的開支。

竅門八：選擇好時間

購物還要選擇好時間。適當的時間可以使妳既買到喜愛的衣服，而且還會減少妳的消費。盛夏即將來臨，很多人對夏裝躍躍欲試，看著那些精緻漂亮的服裝，心裡不免掀起了購買的慾望，可是當妳看一下價格，就會發現，這些漂亮的衣服也都比較昂貴。然而有些人因為一時的衝動，仍然選擇在這時買下了這些漂亮的衣服。最讓人感到不舒服的是，當妳買後不久，就會發現衣服的價格會降下來。所以說這也是購物的一個竅門，不要在新產品剛剛上市時就搶先購買，如果妳真的很喜歡，可以適當的緩解一下時間差，過一段時間再去購買。這樣可以為自己省些錢，對每個女人來說，也不失為一種明智的消費理念。

八、憑直覺捕捉金錢

所有女富豪都有一個共同的特徵，就是不甘於平庸、膽子大、腦子活、能吃苦，並且擅長發現機會和把握機會。女人要勇於創業、敢於創業，才能收獲財富。

李曉華和她的背包店就是這樣一個範例。

白天，李曉華是某大學數學系一年級的學生，戴著近視眼鏡，模樣文靜，背著比別人都大一號的背包。晚上，李曉華在路邊經營著背包店。

在她的背包店裡有兩位員工，一位是她的父親李文生，一位是她的母親蔡玉鳳，兩人在一家國營皮件廠工作了近二十年，技藝一流，只是因為整個工廠生意不好，兩人暮年面臨困境。李曉華用父母辛勤攢下的錢考上大學後，第一件事就是讓父母主動離職，用借貸的錢註冊成立了背包品牌，專為潮男酷女量身定做背包。

辛苦了半輩子的李文生，想都沒想到，女兒一個嶄新的創意，就把自己二十年的技藝一下子發揮到了頂點。

因為資金不充裕，背包店的裝修極為簡陋，甚至還沒有櫥窗，一些樣品就掛在牆上的木釘上，由於店鋪太小，連玻璃門上也貼滿了掛鉤，充當了一面牆來用。

李曉華將從報紙、雜誌上收集來的各式各色新潮背包、提袋、旅行包，全部剪下、分類，然後分裝在透明相冊中。朋友、同學知道她的興趣和愛好，也一起幫她收集，有些在招牌、海報上看到的無法拿來，便會想辦法告訴李曉華，李曉華會帶上為了經營背包店專門買下的一部小相機前去拍下來。

店鋪裝修簡陋，但貨品絕對新潮、美觀，且品質、做工都屬一流。而價格卻比其他商店便宜三分之一，這對於那些收入還比較低的年輕人來說是有極大吸引力的。

後來，李曉華索性就用這兩句話做了背包店的廣告語——裝修簡陋，貨品一流。八個紅色豔麗的大字，讓過往的行人駐足觀望。

她的背包店有一條特別的規定，顧客可以提出自己的要求，包括樣式、布料、大小等；甚至可以直接畫出來，畫不出的可以口述，口述不清的還可以直接帶樣品來。然後由李曉華打樣，顧客滿意了，再下定金、簽訂單。

無論什麼情況，李曉華都會笑咪咪的認真傾聽顧客提出的各種要求。對那些自己設計款式的顧客，背包店一律保證版權所有，未經設計者許可，絕不為別人製作第二個。

另有一些背包店提供的款式，她也鼓勵顧客自己提供用料。比如，做了一件外套，可用多出的布料做一個與外套相互襯托的包。有的衣服是買來的，李曉華也會在內裡取出一點同花色的布來，為顧客做設計，點綴在新做的包上，使其看起來好像本來就是一套似的，品位與質感一下就提高了。

不雷同與自成一格，恰恰抓住了年輕一代的追求，也抓住了產品的賣點。

隨著時間的推移，年輕人開始成群結隊的湧入，生意也成倍的增長，最高峰的時候，背包店一天可接到二十份訂單，有皮質的，有布質的，甚至還有人要求用麻繩來做背包。因為李曉華心善、脾氣又好，許多顧客對背包一不滿意，就讓李曉華修改，一遍一遍的，李曉華總是不厭其煩。時間久了，當然有類似的製包店鋪在市面出現，並有被模仿的樣品也招搖的掛在那裡。李曉華並不擔心，她相信背包店總有別人抄襲不了的東西。她還會繼續創造出更大的靈感與財富。

世界上的萬事萬物，在其發展過程中總會隱含著一些決定未來的玄機。對於女人來說，如果能夠把握住並看透這種玄機，那麼就意味著可以掌握未來;掌握住了未來，也就是掌握住了成功。一個偉大的成功者眼光敏銳，能夠及時發現機會，把握時機，發揮優勢，進退自如，在競爭中處於不敗之地。

女人與男人自然不同。那麼，女人要如何才能掌握住事物發展中的玄機呢？這就需要妳對所有事物，特別是與自己關係密切的事物保持靈敏的觸覺。這種觸覺也就是一個人的悟性，如果有了這種悟性，就很容易把握住事物發展的玄機。所以，對於一個創業者，尤其是女性創業者來說，在創業的時候一定要培養自己靈敏的觸覺，一定要把自己的悟性培養出來，這樣在機會來到的時候，妳才能夠順利的登上機會的快車。

第七章　經營愛情，做一個幸福的多情女郎

愛情是需要經營的。如果一個女人成為經營愛情的「高手」，那麼，愛就如同一顆星星，她的生活因有它的存在，而充滿了詩情畫意，充滿了幸福和浪漫。

一、把感情託付給值得愛的男人

當殘陽如血的蒼茫時分，當清月如水的浩渺時分，當妳疲憊和軟弱時，當妳孤獨和寂寞時，當妳哀傷入骨時，當隨便一片落葉都可以將妳擊倒時，妳是否渴望有一個可以信賴的雙臂擁妳入懷，在他的懷裡，妳的一切都化作了一聲軟弱又滿足的嘆息，生命如同輕煙一般沒有了重量。

我們都是凡夫俗子，我們都有追求真愛的熱誠，卻沒有一眼望見未來的本領。很多女人年輕的時候不懂得什麼樣的男人可以託付終身，懵懵懂懂的就付出了自己的真情，可是等到自己醒來，弄懂了男人的心，才後悔當初的輕率。所以，女人對一個男人付出感情時，一定要擦亮雙眼，把感情託付給值得愛的男人。

(一) 懂得尊重妳的男人

現代社會好男人的標準是尊重女性。一個尊重妳的男人，他對妳的愛會比對妳的要求多。他尊重妳的決定，在妳的事業上是一個支持者，而不是一個絆腳石。在妳六神無主的時候，他為妳出謀獻策，幫妳渡過難關。

(二) 有責任感的男人

社會賦予男人以神聖的使命，他要創造價值，推動歷史進程。因此，男人應胸懷大志，有「國家有難，匹夫有責」的大氣，也有「先天下之憂而憂，後天下之樂而樂」的胸懷，這樣的男人一定是個好老公，他會尊重愛情，忠於職守。和這樣的男人建立家庭，妳不會在虛無縹緲的感情世界裡旋轉，他會對家庭有責任感，對孩子有責任感，對妳和父母也有責任感。

（三）家人、朋友都欣賞的男人

俗話說：「薑還是老的辣。」長輩們歷經風雨、閱人無數，眼光自然比妳亮。當一個男人能夠贏得妳的朋友、家人的欣賞時，他會是性格溫和的人，深懷一種和善之心，易於親近，處處顯示一種體貼、關懷的善意。他不是一個非常易變的人，不會讓妳覺得很難了解和相處。

（四）有誠意的男人

當一個男人追妳追得很有誠意時，雖然他不屬於妳十分喜歡的類型，但是他有妳喜歡的類型的優點，或是雖沒有妳喜歡類型的缺點，卻有他自己的優點，這樣的男人妳就要考慮付出感情。

（五）關愛體貼的男人

憐香惜玉的男人是最能打動女人的，雖說女人有崇拜陽剛的情結，但女人又是特別務實的動物，需要實實在在的疼愛和呵護。體貼就像一隻纖纖細手，知冷知熱，知輕知重，只這麼一撫摸，受傷的靈魂就癒合了，昏睡的青春就醒來了，痛苦的呻吟變成了幸福的鼾聲。更像一首綿綿的詩，緩緩的、輕輕的吟頌出來，飄到妳的身旁，擴展、散開，將妳圍攏、包裹，讓妳感受到一種輕鬆，一種歸屬感，一種美。

（六）真心愛護妳的男人

若男人真心愛護妳，就會尊重妳的生活與興趣。他寧可不點喜好的辛辣菜餚，而陪妳吃清淡養顏的時鮮蔬菜。他可能會對妳提出很多的要求，但都是合情合理的，且對妳都是有好處的。

（七）胸襟開闊的男人

這樣的男人不計前嫌，得理饒人，寬宏大量，特別是對自己的女人更能理解體諒，會使許多矛盾化干戈為玉帛。當然，這種男人表裡一致，絕不是表面一副大度風範，私下卻是小肚雞腸，那樣必然會走入另一個極端。兩人發生爭執，通常是他最先讓步。他會耐心聽妳說話，如果妳是對的，他能夠承認錯誤；即使妳不對，他也願意原諒妳。有話可以好好講，不會動不動就拉下臉來，送妳一臉的冷暴力。也不會為一點小事發脾氣或賭氣，自虐或虐人。總之，一個心胸開闊的男人會容得下女人的許多缺點，只要女人不過分。

（八）有自己愛好的男人

男人如果有愛好，他必定要犧牲自己的時間和精力關心此事，且這種關心是絕對主動的，不用催促、用提醒，他會比誰都上心。有愛好的男人，工作之餘，生活充實，不會每天閒得胡思亂想，只要身邊有自己愛的人，就很少再有精力關注其他的女人。於是便自行杜絕了因為大量閒暇時間加上精神空虛而導致的泡妞事件，兩個人的感情就不易有第三者出現。

（九）對感情無怨無悔的男人

一個男人一輩子註定會有幾次戀愛，他在不斷的實踐中獲得經驗讓自己完善起來。「專一」的定義並非他只能一生愛一人，而是每愛一個人的時候都一心一意。如果他曾經有過刻骨銘心的感情經歷，並為此真心付出過，至少可以證明他是個深情、敢於承諾的男人，一個願意為感情破裂分擔部分責任的男人，不管他有過幾次戀愛，我想那絕對不是他主觀上的過錯造成的。女人選擇了這樣的男人，只要現實條件不那麼糟糕，是可以「從一而終」的。

（十）不會因為朋友而忽略妳的男人

他有他的社交圈，但是不會因此把妳晾在一邊，他能夠獨立思考和行動，而並不是唯朋友是從。在與異性交往時，他能清楚的掌握好分寸。

（十一）妳最想傾訴的男人

當妳遇到困難時，最想找的人就是他，因為他是妳忠誠的聽眾，他不會將妳深沉的、不為人知的話傳播出去，也不會譏笑妳的無知。在他那裡，妳可以暢所欲言，無所顧忌，不會因為表達內心深層的想法而擔心遭到嘲笑或傷害，他給妳一種信賴感和安全感。

（十二）深愛妳的男人

不管妳是不是他的初戀，不管他以前有沒有愛過，或許妳不是他今生唯一的愛，但過去的已經不重要，重要的是他現在對妳深情，他對妳的愛超過了妳對他的愛，他能專一的愛妳，適時的給妳驚喜。

作為女人要明白，妳的感情很珍貴，每一次付出都要付給值得愛的男人，愛情應帶給妳幸福和快樂的感覺，並且身心愉悅讓妳事業上獲得成長和提高，生活上讓妳充實和開心，而不是因為一份愛情，將自己置於一團糟、很受傷的地步。所以，女人一定不要愛上不該愛的人，不要拿自己的幸福做任何賭注。

因此，以下幾條原則請女性一定要留意：

(一)不要愛上比妳窮的男人

除非妳的錢多得數不清的話，可以跳過這一條。

(二)不要愛上比妳小的男人

就是玩玩也不要去玩，小男人根本不懂愛，他們只會吃喝玩樂，甩起女朋友來更是無厘頭。

(三)不要愛上有老婆的男人

愛上已婚男人，絕對是自找苦吃，幾乎是沒有結果的，就算妳可以不要名分的愛他，永遠做他的地下情人見不得陽光，但妳想想看，妳願意和另一個女人共有一個男人，而獨自忍受很多孤寂的夜晚嗎？妳能夠永遠拴住他的心嗎？妳和他共度良宵時就沒有心理負擔，擔心他的老婆找上門嗎？沒有人值得妳拿自己的名聲和一生的幸福去賭，不要去守候一份沒有結果的愛情。如果妳執意要提著竹籃去打水，那妳就拖著青春的禿尾巴，去換個一場空吧。

(四)不要愛上看電腦比看妳的時間長的男人

凡是女人，都有目光飢渴症，醜女也不會例外。如果一個男人看電腦的時間，比看妳的時間長，妳會找不到自己的價值觀的。那麼，讓電腦嫁給他吧。

(五)不要相信男人說的：親愛的，等我幾年

千萬別相信男人的那一套，妳還有多少青春可以等待？

（六）不要愛上有過風流史的男人

雖然壞男人討人喜歡。可是想想吧，就算妳現在喜歡他，等哪天，愛平淡了，妳走在大街上，前後左右的女人，都和妳的男朋友上過床。嗯，如果妳的肚子裡能撐船，妳就愛他吧。

（七）不要網戀

親愛的，這是少男少女玩的遊戲。好男人會有大把的時間耗在網上和妳聊天嗎？那泡在網上和妳玩網戀的，如果不是一隻貓，一定就是一隻狗了。

（八）不要因為一時情緒低落而對一個男人痛述情史

妳以為他是救世主嗎？妳以為一個男人會把時間花在聽妳看侃侃而談情史上嗎？如果他不是看中了妳的身體，就一定是看中了妳的錢包。

別和自己過不去，如果找不到一個讓自己開心的男人，就自己疼自己吧。

為了自己的幸福未來著想，女人一定要理智的掌控好感情，快樂的過好自己青春的每一天。把妳生命中珍貴的感情付給值得妳愛的男人，而不是浪費在不該愛的男人身上。

二、一見鍾情的苦酒不要嚐

有人說：「一見鍾情，其實不算是真正的愛情，只能算是一種美麗的遇見，一見鍾情的背後真相，是身體的誘惑，這個本質應該是一種毒藥。」

現在人們也這樣詮釋一見鍾情。一見鍾情分為兩種結果：第一種，一拍即合；第二種，一拍兩散。一見鍾情像是一場背景華麗的豔遇，兩個互不相識的人，因為一個眼神、一個動作、一抹微笑等細節，產生了一種情愫，在彼此心中瞬間如夏花般絢爛的盛開來，亂花漸欲迷人眼。所以兩人都向對方這樣說：「我第一次看見妳，就愛上了妳！」

在小說裡、電影裡這樣的故事頗能吸引人，尤其對於沒有異性朋友和還沒有男女朋友的青年人，也期望自己能有這樣的「奇遇」，碰見自己喜歡的異性，「一見」之下「鍾情」起來。可是在正確的時間裡遇見正確的人的又有幾個呢？尤其在網路如此發達的今天，一見鍾情往往結出的是苦澀的果實，甚至可能是悲劇的警世故事。

我們不能因「一見」在心靈間產生的美妙與激動，而去賭自己的未來。尤其女性，在面對感情時都比較投入，雖說有些事可以忘懷，或許表面上女性們可以很堅強，可是不小心碰觸到舊傷時的疼痛只有女性們自己知道。

在《慾望都市》中，女主角莎拉說過一句話：「我有過多次一見鍾情，雖然他們的模樣都已經記不清，但是那種感覺永遠也不能忘懷。」作為女性應該向她學習，當女性們對一個人一見鍾情時，應該捫心自問，將來是否會和一見鍾情的他培養出愛情，確定自己是否真的愛上了他，然後再開始戀愛。確定愛上一個人可以從以下幾方面入手：

生理上的衝動：當愛情來臨的時候，妳會希望和他有身體上的接觸，包括性衝動、牽手、擁抱、親吻等。

親愛的感覺：當妳愛上一個人的時候，妳會覺得他可以信任、可以依靠。他與妳沒有血緣關係，卻覺得他跟妳的家人一樣，甚至可以說，比家人更親密。這種親密的感覺加上溫馨的感覺，就是親愛的感覺。

美麗的感覺：當妳愛上一個人的時候，妳會覺得他是世界上最好看的人，即使在人群中妳也一眼就能找到他。

羨慕及尊敬的感覺：真正的愛情應當有以對方為榮的感覺，他內在和外在的條件及優點都是妳所欣賞的，而且對方也處處以妳為榮。

受到尊重的感覺：真正的愛情，會提升一個人的自尊心和自信心。妳會覺得妳是無人可比的，雖然妳也有缺點，但因妳的獨特使妳受到了無比的尊重，妳會覺得自己活得更有價值。

占有慾：愛情是自私的。因此，當妳愛上一個人的時候，妳希望他的世界裡妳是最重要的一個人，而他也有這種感覺的時候，就可以互許諾言了。

行動自由：人不能因愛而失去該有的自由，如果理由正當，對方的行動自由一定要受到尊重，這樣的愛才是偉大的。

深重的同情心：當一個人愛上妳時，他絕不會讓妳為他哭泣。因為他會憐惜妳，會為妳考慮。妳也會把他的苦難當成是自己的苦難，或者更勝於自己的苦難。

如果彼此都有以上幾種感覺，那一見鍾情是妳們愛情開始的最美好方式。如果沒有，雖說相逢是緣，但不是善緣。一見鍾情一定要好好把握，只有這樣才能找到真正屬於自己的幸福。

三、網戀是一場看似浪漫的鏡花水月

有一樣東西已經流行很久，這就是上網。而如今，和上網一樣流行的就是「網戀」。網戀有種讓人心醉的美，網戀讓有的人痴迷不悔，網戀也讓愛情多了幾分浪漫，讓生活多了幾縷糊塗的美麗。但不管怎麼說，網戀再美，也總是太虛無飄渺了。所以，網戀最終的結果往往是一場鏡花水月。

有一個女孩叫薇雨，長得不算很漂亮，卻有著一雙動漫美少女一般的大眼睛，凡是與她見過面的人都會被她的清秀純真所打動。

薇雨一直以來都認為，人們對網路存在著太多的偏見。或許是為了驗證自己的網路愛情不會跟別人一樣的「見光死」，或許是想在現實與夢想之間挖掘出一些能夠一分為二辯證存在的東西。

薇雨心想：如果檸檬樹開花，我希望是一百年。只是，檸檬樹會開花嗎？我不知道。如果一份愛情能夠長久，我希望它能夠一輩子，只要一輩子就夠了，我不奢望來生。

這一天，薇雨帶著心動與喜悅決定與網上的那個他見面了。其實，應該是網友從另一座城市來看她。

薇雨為了給那個他一種別樣的溫馨和無處不在的感動，早早的就起床開始布置她的小屋。收拾床底，打掃房間、櫃頂，洗窗簾，整理書櫃、抽屜，從花瓶裡久違的香氣逸人到嬌豔欲滴，從枕頭與床單的顏色都精心布置。

一天二十四個小時，除了吃飯、睡覺、上班，她一直在屋裡屋外進進出出，洗洗涮涮。

薇雨向來是個喜歡乾淨的人，所住的屋子雖然很小，但經過她一番整理之後，卻也透出了一種心曠神怡的別緻和溫馨。

晚上，累了一天的薇雨躺在床上沒有了力氣，這時她才想起自己一整天只忙於收拾房間，卻忘了吃東西。她不知道是什麼力量在支配著她，只知道她很快樂。因為，她在乎他，她也希望他能同樣在乎她……

和他真正的開始，應該是不久前看到他在部落格裡寫的一篇日誌，那種心動與愛慕的感覺就是從那個時候開始的。文章寫的是近幾年他的經歷，包括困惑、掙扎與迷惘。薇雨就是從這篇文章開始認識他，並且在他的日誌上留言已近一年。之後，他們並沒有真正的溝通過，他們也一直徘徊在不同的城市與不同的人群之中，每天想著自己的心事。

天生浪漫的薇雨，一直都希望自己的男朋友是那種氣質優雅、內涵豐富的人。而他的文采，他字裡行間流露出的稚氣、睿智與堅忍，深深的打動了她。於是，薇雨主動打了電話給他，她聽到他的聲音很激動，心裡有一種說不出的快樂。很快，他的位置便從網友升級到話友，再接著就升級到讓人朝思暮想的戀人角色。

薇雨對他的聲音有著強烈的渴望，在幸福小女人恣意的享受久違愛情雨露的滋潤時，更擔心自己的守望遙遙無期。畢竟，網路是虛幻的，在虛幻與真實之間無法平衡。她渴望能夠找到一個支點，一個足以支撐他們幸福愛情的支點，讓她所傾心的愛情開花結果。

今天，她終於可以見到他了。在霓虹初上的傍晚，薇雨從候車廳裡的人群中一眼就認出了他，他們之間沒有陌生感，仿佛多年沒見的老朋友一樣。計程車裡他又那麼自然、輕盈的把手搭在她的手上。為了保持女子應有的矜持與風度，薇雨不動聲色的推開了他的手，鼻尖上竟滲出細細的一層汗。

吃飯的時候，他們面對面坐著，他盯著她的眼睛壞笑著說：「見到我有什麼感覺，有沒有失望啊，唉呀，怎麼就忘了擁抱一下呢？簡直太不浪漫了！」說著，他下意識的站起身。她意味深長的看了他一眼，沒有否認也沒有拒絕，她低著頭，淺淺的笑著，臉上顯現出一片紅暈。

薇雨覺得，這個男人應該就是自己要找的那種，他有著她初戀男友的身型和氣質，皮膚白白的，俏皮的鼻子優雅而有英氣的尖挺著，時不時的幾句幽默讓快樂滲入心扉。她心想，這種男人應該是頗討女孩子喜歡的，現在卻這麼坐在了我對面。她有些慶幸，更有些竊喜。

餐廳裡，悠揚的薩克斯風吹奏的音樂緩緩流淌著，是那種來自天籟的寧靜，薇雨靜靜的用著餐，用心感受著生命中最動人的東西。

用過餐之後，他們叫了一輛車子準備回薇雨住的地方。從車站到薇雨那裡要走很遠，一路上他們都沒有說話，薇雨看著窗外滿眼彌漫的夜色，透過冰涼的夜空，捕捉到了他眸子裡迅速閃過的幾絲不安。薇雨心想，或許這就是男人與女人的不同，男人可能總是會對一個陌生人、外人存在警惕，因為男人總是用理性、用頭腦去看世界，而女人則完全憑著感覺做事。所以，在每段感情中，用情最真受傷最深的往往是女人。

「怎麼?怕我把你賣了呀?」薇雨打趣的說。他一下就回過神來，伸手捏了一下薇雨的鼻子：「什麼呀，小傢伙。」順勢準備把薇雨攬在懷裡，這時司機從後視鏡裡向後瞅了他們一眼，她馬上推開了他，這時車裡的氣氛不再像之前生硬了。

回到小屋，她簡單收拾一下，便送他去了旅館。因為他來之前，薇雨已經幫他安排好了所有的一切。

第二天，天上還下著雨他就走了，臨走的時候她拿了把傘給他。她想：我們的緣分也可能就像這突然驟變的雨天一樣，來得快，消失得也快。因為她不能容忍一個自己在乎的男人在自己的面前以任何方式跟其他女人曖昧著，即使只是手機簡訊。

很多時候，對很多人而言，網戀都是來也匆匆去也匆匆。幾乎所有上網的人都會感嘆網路的虛幻縹緲，幾乎所有的人都曾抗拒過網戀的誘惑，但多數的人卻又經不起這樣的誘惑，被網路的神祕所吸引，而人的情感也會隨著對它的依戀而受到牽動。

網路讓陌生的人相識，就算天各一方，也因為神奇的網路而變得沒有距離感，當一些莫名的心緒從心頭滋生，當一些擾人的感覺在心底蔓延，就算是自以為很有理智的人，也會被一種曾經不屑一顧的感覺所困擾、為一份無數人皆已證明是虛幻的戀情而悸動。

網戀雖然美麗浪漫，卻有著太多的虛無，只是一場看似浪漫的鏡花水月，美麗過後便是無限的痛苦、辛酸和淚水。而女人總是比男人多一份浪漫主義情結。所以，敢於「飛蛾撲火」的也大多是女人而非男人。不得不說：飛蛾撲火的行為，確實是傻女人的糊塗行為。

網戀的心動就是這樣在不經意中產生的，等到妳發現時已經措手不及，只會讓自己陷入更迷戀的狀態中。所以，作為女人的你，千萬不要網戀。

四、未婚同居吃虧的總是妳

近年來，由於離婚率的上升，很多人認為一旦結婚就有經濟、心理負擔，如果雙方性格不合或出現其他原因離婚又會給一方或雙方造成極大的心理影響或財產損失，更有「離異者」之壞名聲，於是「合則聚，不合則散」的同居方式在一些人群中有了蔓延之勢。未婚同居似乎也成了一種時尚，更多人稱之為「試婚」。

有一句話這樣說：「如果你愛一個人，就和他同居吧，因為那是天堂；如果你恨一個人，就和他同居吧，因為那是地獄。」是的，同居有其利也有其弊，對於女人而言，同居的弊往往大於利。

她是中文系的美女，追求她的男生如過江之鯽。

他和她一樣一起來自偏遠的山區，他的貧困和勤奮在校園裡同樣出名。他一入學便暗戀著她，但始終不敢表白，只是像個僕人似的，心甘情願的聽她調遣，幫著她做這做那。

入學沒多久，她便努力使自己的一舉一動都更像一個道地的都市女孩，背地裡還笑他「仍是那麼老土」。大二那年的情人節，外語系的祥林用一束鮮豔欲滴的玫瑰，打動了她的芳心，她欣然的把少女甜美的愛情交給了那個嘴巴甜甜的白臉男生。

他急了，提醒她：「有些玫瑰並不代表愛情啊。」

她不耐煩的回了一句：「但有人連玫瑰都送不起哪。」

祥林憑著殷實的家境，很瀟灑的請她去吃精美的大餐，去高消費的娛樂，去超市滿載而歸……讓她小女孩的虛榮心像肥皂泡沫一樣的膨脹起來。對於他善意的提醒「祥林是一個花花公子，是靠不住的」，她根本聽不進去，反倒在心裡笑他「吃不到葡萄總說葡萄酸」。

當林在校外租了房子，要她過去住時。他像房子著火似的，急忙趕來勸阻她，可她很開放的說這是前衛，反勸他別讀書讀傻了。

他痛心而無奈的用半瓶劣質酒把自己灌得一塌糊塗。她已經有好幾門功課亮了紅燈，他想找她坐下來好好談談，可她總是一副無所謂的樣子，讓他們的話題總是沉重得談不到一起。

她已經為她的「前衛」三次去醫院，打掉瘋狂的激情放縱後的負擔。那天，她又一次躺在了冰冷的手術臺上，那位上了年紀的醫生警告她：「妳這是在糟蹋身體，恐怕將來不能生育了，還會有病找上門。」

當她拖著殘弱的身子，走進那個熟悉的「愛的小巢」時，祥林正擁著一個並不漂亮的女生快活著，祥林甚至沒有裝模作樣的問候她半句。她傷心的用枕頭摔打祥林，祥林痛快的甩給她一萬元，算是給她的營養費，之後就牽著那個女生揚長而去。

後來，她用眼淚苦苦哀求，也沒換回祥林迷失的花心，她只有拿著祥林扔下的一疊鈔票欲哭無淚。

情場和學業都輸慘的她，在畢業前夕服了大量的安眠藥。幸好被人及時發現，送進了醫院。因學業極優而留校就職的他，走進病房時，她滿臉羞愧的垂著頭，不敢與他對視。他走過來，牽起他夢中多次渴望握住的那一雙纖細的小手，柔聲道：「妳真傻……」「是的，我真的很傻，我現在才知道什麼是可貴的，可是晚了……」「不，就像玫瑰並不代表愛情，過去也不代表現在，更不代表將來……」他深情的目光裡，正流淌著陽光一樣真實的愛意。

依偎在他胸前，她驀然發覺：那溫暖的胸膛，足以抵過成千上萬的玫瑰。

所以，如果妳不是特別瀟灑和無所謂的性格，就不要玩前衛，不要輕易選擇男人同居。當你用青春消費感情的時候，痛苦的日子一定在後面。選擇輕易就跟女人同居的男人通常都不太會給女人什麼承諾，或者即使承諾了也是那種會輸給時間的夢話，一切在分手後都是鏡中花、水中月。同居時妳們的生活或許很甜蜜，但妳們的未來在哪裡？妳知道嗎？

五、聰明女人不做情人

情人，一個充滿了曖昧與誘惑的詞，也註定了會有悲劇的發生。不論是情人勝出，還是原配勝出，總有一方會受到傷害，而受傷最多的多半是情人。畢竟，情人是夢想，配偶是現實，夢想一旦成了現實也就失去了魅力。

一般情況下，情人們都會想：不求天長地久，但求曾經擁有。我不干涉你的生活，我們在一起只是因為愛情，可是激情能夠永遠的包票誰能為妳打？或許他說過會給妳最好的生活，可是誰能保證諾言都會成真，如果他真能做到，在他結婚時對另一個女人許下的諾言又將如何兌現？更何況一個男人若可以拋棄和他同甘共苦的原配，怎麼能肯定有一天他不會拋棄青春已逝的妳？女人，別再犯傻了，與其做情人不如找個好人嫁了吧。

如果妳非要做情人，就要有極強的心理承受能力。一個偷字雖然能讓妳刺激一時，但是提心吊膽、擔驚受怕的日子會讓妳不堪重負。擔心酒店有沒有針孔攝像頭；擔心對方的妻子會不會找上門來讓妳顏面掃地；擔心偶爾兩人雙雙外出的時候遇到熟人；擔心他突然厭倦妳而無聲無息的離開妳。還得承受著節假日的孤獨和寂寞，因為這個時候他一般都要回家陪伴妻兒……一旦妻兒一個電話，一點小事，妳就得乖乖讓位，總之偷別人的東西一點也不好玩，畢竟偷來的鑼鼓不敢敲。伴侶就是要能隨時相守相伴的，既然不能在陽光下牽手散步，不能介紹給彼此的好友親戚，不能在妳生病的時候陪伴左右，不能在妳最需要的時候給一個依靠……這樣的愛豈不是受罪？

謝娜從流產手術床上下來之後就給杰剛打了個電話：「你不來看看我們的女兒嗎？」

謝娜大學畢業後在了一家醫院就職，她認識杰剛的時候就知道他有妻子，謝娜因此從不過問杰剛家的事，她只安分守己的做著情人，直到她來醫院做手術，他們才認識不到半年。

謝娜的「小月子」沒坐完，杰剛和很多算是負責的男人一樣，把一萬元錢從謝娜租屋處門縫下塞了進去，還有一封信，信上說，他覺得承擔不起謝娜了，後悔當初追求她，讓謝娜獻出了初戀……接到信後，謝娜的「小月子」竟坐了兩個月。從租屋處出來她就回了爸媽家，養身也養心。

杰剛帶著他已經懷孕的妻子很快就出了國。走的那天謝娜悄悄跟著去了機場，看到了他妻子挺著的大肚子。「我的女兒為什麼沒有出生的權利？」謝娜在心裡說這話的時候真的哭了，這是杰剛與她分手後的她第一次流淚。

張小嫻說過：「愛情是剎那間的事，相愛總是簡單而相處太難。女人愛上一個人容易，但想忘記卻很難。也許你用一生的時間也不能將他忘記。」不管妳承認還是不承認，女人一旦動了真情，可以在嘴上很瀟灑，但心裡卻在流淚，畢竟有些感情可以中止，可是付出了的心卻永遠收不回。可是男人都是現實的，不管他們多麼貪戀妳的美色和性感，激情總是短暫的，激情過後他還是最在乎他的家和老婆，更何況歲月不饒人，妳不可能一直美麗性感下去。

一位心理諮詢博士曾經勸導一個出軌的女人道：女人總是一廂情願的認為男人是因為愛自己才與自己發生性關係的。其實這往往是女人自己的想法，男人習慣用它作為藉口來得到女人，當男人說「我愛妳才想要妳」、「愛我就給我」時，女人往往不知道如何反駁，結果就糊裡糊塗的失去了自己。男人在與女人發生性關係後，回到家裡面對老婆的逼問，最多的回答是「我並不愛她」，而女人的回答卻往往是「因為我愛他」。心理學家研究發現，男人與女人在發生性關係的動機上是不同的，百分之七十五的男人表示性歡娛是讓他們發生「婚外戀」的原因，而百分之七十七的女人出軌的原因常是「陷入戀愛之中」。男人可以因性而愛，也可以為性而性，或者為其他的原因而性（比如為逃避或釋放壓力）。

女人，如果妳深愛一個男人，也被他愛著，但由於很多原因讓妳們今生無法生活在一起，而妳又不想失去他。那麼，請妳千萬記住，不做情人，只做朋友！因為很多男人都太健忘，他會忘記妳以前的燦爛與美麗，他會將目光移向別人而對妳熟視無睹。但從妳選擇做朋友的那一天起，他便會對妳刮目相看，再也忘不掉妳。

六、婚外情是一種玩不起的遊戲

著名作家梁曉聲如此忠告女性「婚外情是一種玩不起的遊戲」。此語可讓每位女人玩味三思。

從前有一位很富有的婦人，生活本已十分美滿，可是她仍不滿足，她迷戀上了一位男子，與該男子來往甚密。

該男子有一天對婦人說他要遠行了，婦人捨不得他，於是毫不猶豫的帶上財產，隨男子棄家遠行。

路遇一河，男子對婦人說，「妳在這裡等著，等我把這些金銀財寶都運過河去，就過來接妳。」婦人答應。可是等到男子把金銀財寶運過河之後，他再也沒來接婦人，獨自帶著財物走了。

婦人哭天天不應，叫地地不靈，萬念俱灰的坐在岸邊。

這時，婦人忽然看見一隻狐狸，那狐狸好不容易的捕捉到一隻鷹，正待把鷹咬死時，狐狸突然又發現水裡有一條又肥又大的魚。狐狸急忙放開口中的鷹，又去捕捉肥魚。誰知魚兒見狐狸來了，急急忙忙游走了。狐狸沒有捉到魚，又想到剛才放開的鷹，急忙回頭去找，而那只鷹早已飛得無影無蹤了。

狐狸既想得到鷹，又想得到魚，結果什麼也沒有得到。牠沮喪極了。

婦人嘲笑狐狸道：「你真是個大傻瓜，兩樣獵物都想要，結果一樣也沒得到。」

狐狸也看到了婦人的倒楣相，反唇相譏道：「還是看看妳自己吧！我本是獸類，這般愚蠢可以理解，而妳是人類，妳的愚蠢一點也不遜色於我，這該如何解釋呢？」

婦人羞慚不已，悄然回鄉了。

女人的生命常常被感情左右，理智不夠的女人，更是易被飄忽的婚外情玩弄，悲劇和噩夢，往往就在她們身上發生。

聰明的女人不會去輕信男人的承諾，這種承諾是沒有保障的。不要看他對妳說了什麼，要看他為妳做了什麼。

現代的婚外情有以下幾個特點：

(一) 婚外情的雙方不一定發生性行為，大多數還屬於「精神戀愛」範圍，最多是擁抱、接吻、愛撫，所以和「通姦」有所區別。

(二) 當事人中，絕大多數不是道德敗壞分子，而且文化水準不低，過去在兩性關係上也並無劣跡。

(三) 當事人以男方有配偶、女方無配偶居多。

(四)他們自己認為,這種婚外情是純真的,是真正的愛情,並不以破壞雙方的婚姻為目的,因此不妨礙他人,不危害社會。

(五)他們對這種婚外情很珍惜,認為這種感情給他們很多快樂的安慰;對方往往是看中自己的性格、知識、才華,因此這種愛情能成為激發自己積極進取的力量。

(六)他們也知道這種行為是和社會規範不相容的。他們又大多是有一定身分的人,所以十分小心,十分隱祕。

由此可見,所謂第三者,只是從婚姻城堡的角度向外看問題,從愛情的角度是沒有第三者的。但是,我們不認可第三者,也不提倡為了愛情做第三者。我們要樹立正確的愛情觀,用社會道德規範嚴格要求自己。婚姻內的一方是不能用法律強求另一方愛自己的,而是應該自我反省,互相溝通,只要雙方愛情永駐,那麼,這個愛情城堡是任何力量也打不破的。

七、愛情也需要小手段

女人在遇到一個自己心儀的男人時,一定不要輕易的讓他逃掉。聰明的女孩會主動創造機會,而不是等待機會。她們享受求愛的整個過程,這個過程飽含了她的耐心和技巧。如果妳追男人,要記住耐心和高明的技巧是重要的。

辦公室新來了一個祕書,叫妍華。她的電腦桌就在家明辦公桌前面,家明一抬頭便看見她那長髮披肩優美動人的身影。

妍華二十多歲，是一個清清爽爽的女孩子。她喜歡穿牛仔褲，喜歡笑，喜歡吃零食。妍華來到辦公室還不到一個星期，便和辦公室所有的人都混熟了——除了家明。

家明是一個性格靦腆，和女孩子說不到半句話就會臉紅的人。每次妍華拿著零食問家明吃不吃時，家明都趕緊搖頭。碰了幾次釘子之後，妍華就不太理家家明了。

其實，家明心裡還是蠻希望能和她說話的。但每次家明坐在辦公桌後悄悄看著她美好的背影發呆被她回頭發現時，家明都面紅耳赤，不要說主動跟她講話了，就連與她那雙會說話的大眼睛對視一下的勇氣也沒有。

有時候，家明真恨自己為什麼會這麼膽小。越是這樣想，家明上班時就越走神，工作上也出現了好幾處不該有的差錯。

正在家明不知怎麼辦的時候，有一天，妍華的座位忽然空了，一連兩天都不見她來上班。家明的心裡頓時不安起來，悄悄向同事打聽，才知道她生病住院了。

晚上，家明買了一束香水百合和一些水果，躲在醫院門口，看見探望妍華的同事們都走了，才敢走進醫院。

悄悄來到妍華的病房門口，家明的心怦怦直跳，鼓足勇氣推開病房的門，看見病床上的妍華正在安詳熟睡，家明這才鬆口氣。

輕輕放下手中的東西，家明呆呆看了妍華一會兒。

她睡得正香，略顯蒼白的臉上蕩漾著少女迷人的微笑。一張櫻桃小嘴抿得緊緊的，似乎是在極力忍著不讓自己笑出聲來。

家明真希望她這一刻能夠忽然睜開眼睛看他一眼，但又害怕她真的醒過來。她若用她那雙會說話的大眼睛看著他，他又該和她說些什麼呢？

家明心中忐忑不安，躡手躡腳的向外走去，邊走邊回頭看她那張美麗的臉，一不小心，頭撞在了玻璃門上，十分狼狽。

就在這時，妍華忽然「撲哧」一聲笑出聲來。

家明回頭吃驚的問道：「妳，妳並沒睡著？」

妍華歪著頭調皮的笑著說：「我若不假裝睡著了，你敢進來嗎？」

家明的臉一下紅到了耳根，打開門像個被抓到的小偷一樣逃跑了。

幾天後，妍華病好出院，家明的心情卻再也不能平靜了。

家明清醒的認識到自己已經無可救藥的愛上妍華了。而妍華呢，從此以後也對家明親近多了，買零食總少不了分給他一份，還常跑到宿舍向他借瓊瑤的小說看。

暗戀一個人實在是一件痛苦的事。好多次家明都想告訴妍華他喜歡她，可話到嘴邊他就口吃起來，怎麼也說不出來，他真恨不得打自己幾耳光。

最後，家明實在忍受不了，就寫了一封情書，把想說的心裡話全寫在裡面了。第二天下了班，家明躲在公司門口，看見妍華走出來，他二話不說便衝過去把那封在口袋裡已被他捏出汗水來的情書往她手裡一塞，掉頭便跑了，遠遠的傳來了妍華莫名其妙的「喂！喂！」聲。跑出好遠，他的心還在怦怦直跳。

第二天晚上七點半，妍華打電話約他到公園門口說有話要對他說。

家明知道有戲，興奮得差點跳起來。哪知在公園見了面，看著身穿洋裝打扮得漂漂亮亮的妍華，他一緊張，老毛病又犯了，臉紅耳赤，半天說不出一句話。

妍華又好氣又好笑，讓他在石凳上坐下之後，看著他說：「家明，我想問問你，昨天下了班你為什麼無緣無故塞給我一千元呢？」

「什麼？」家明差點跳起來，「昨，昨天我給妳的是一千元？」

「我，我……」他又說不出話來了。真該死，怎麼會在這麼關鍵的時刻犯這種致命的錯誤呢？不過他一聽說她並未看到他寫給她的情書，緊張的心情頓時舒緩了不少，說話也不那麼結巴了。他腦子飛快旋轉，自圓其說的說：「哦……是，是這樣，我知道妳剛來公司，開銷比較大，怕妳錢不夠用，所以就，就……」

「就借一千元錢給我？」

「正是，正是。」

妍華看著他如釋重負的樣子，忽然笑了起來，說：「你真是雪中送炭，我現在租房住正缺錢呢。你身上還有錢嗎？再借我五百元好嗎？」

「好！好！」他一聽，趕緊掏錢。

不久後，發了薪水，妍華將錢還給了他。為了表示感謝，還請他看了一場電影。

一來二去後，他和妍華混熟了，跟她說話再也不口吃了。

幾個月之後，妍華就在不知不覺中成了他的女朋友。

一年後家明被晉升為公司部門經理，他們的婚禮也在這一天舉行了。

婚後，他們一直生活得很幸福。

有一天，妻子妍華在浴室洗澡，叫他幫她拿一件衣服。他打開她的衣櫃，發現角落裡竟藏著一本瓊瑤的小說，他隨手一翻，從裡面掉出一封信來。

他撿起一看，竟是自己幾年前寫給她的那封情書。

他心裡一動，衝進浴室一把抱住了她……

愛情需要設計，經過設計的愛情才鮮活，因為愛情有時也會被小手段俘虜。

八、金錢對決幸福

金錢不等於幸福，這個道理大多數的女人都明白，但是又有多少女人能守得住貧困的底線？物質的誘惑使一些沒錢的女人在不知不覺中葬送了一生的幸福。

身材高挑、面容娟秀的楊金霞去闖蕩職場卻一直不如意。她跟著一幫姐妹有一天沒一天的工作，姐妹們有的在當舞女，有的當服務生，有的在工廠做工。她一心想在公司當文書，但一連做了好幾家公司都好景不常，因為生意不佳而倒閉，錢沒賺到，氣卻生了不少。在姐妹們的勸說下，陷入困難的她到了一家舞廳去當伴舞。

來這裡跳舞的各式的人都有，很多男人都喜歡請她跳舞。其中有一位年近六十歲的生意人，人稱李老闆，特別喜歡她，幾乎每晚都來，一來就要她陪，給的小費很大方。

李老闆的出現改變了楊金霞的生活。李老闆是個魚商，向漁民收購魚，用冷凍車派送到全臺各地，生意做得很大，很有錢。他看出了她眉宇間的憂愁，就對她說：「楊小姐要是看得起我，就讓我幫助妳吧。」她當然知道要接受李老闆的幫助，自己要付出怎樣的代價。她不是那種輕浮的女孩，然而，前途的無望、生活的漂泊又使她嚮往那種安逸的生活。於是，猶豫再三的她終於下定決心，同意了李老闆的要求。

「被包養」的日子平靜又無聊。住在滿是智慧家電的三房一廳的房子裡，花著李老闆給的每月幾萬元的零用錢，醉生夢死的生活著。李老闆每星期過來兩到三次。跟一個六十歲的男人在一起，她有一種生理上的厭惡，但一想到是眼前這個老頭子在養活自己，她就硬把這種厭惡感壓了下去。

所謂籠中不知年，轉眼間，楊金霞跟著李老闆過了四年。

今年年初，楊金霞在路上碰到一位國中的同學。這位昔日的好友和她同一年來臺北，如今已是一位律師，口袋越來越深，人也變得信心十足，越發具備女人的魅力，看同學氣定神閒的樣子，她心裡一陣失落。當談起當年的同班同學如今的生活情況時，那位同學高興的說誰誰結了婚，誰誰出了國，誰誰如何有出息。當那位同學問楊金霞做什麼時，她竟無言以對。

這次和同學的邂逅，使她開始考慮自己的婚姻和前途。李老闆是有妻室兒女的人，況且他的年齡比她的父親還要大，他們根本沒有愛情可言。而且李老闆也不過是把她當做玩物養著，根本沒打算和她結婚。

正在這時，父親來信了。當了一輩子教師的父親，在家鄉隱約知道了女兒現在的生活，他簡直無法相信。他勸女兒早日回頭，並在家鄉給她找了一份花店店員的工作。讀了父親的信，她痛哭一場，從前那些純潔的、陽光燦爛的日子如今顯得尤其可貴。這天晚上，李老闆如約前來，她向他吐露了去意。李老闆聽完，一拍他肥胖的肚皮，說：「還打什麼工呢？明天我就給妳開個兩百萬元的戶頭，包妳一輩子吃喝不愁，也不枉妳跟我一場。」

兩百萬元，這可是一筆鉅款啊！而且，自己四年的青春都被他占用了，這錢自己也該拿，想到這裡，她就動心了。

為了討她歡心，李老闆第二天真的開了個帳戶，用她的名字存進兩百萬元。其實，近一年來，生意場上的競爭激烈，李老闆的大兒子分家又拿走一部分財產，所以李老闆的荷包並不像他所表現的那麼飽滿。這兩百萬元本是他生意上的流動資金，眼前是販魚的淡季，他便先把錢轉出來，想穩住楊金霞。在存錢之前，為了保險起見，他設了取款密碼，作為生意人的警覺，他又把楊金霞的身分證拿去了。

楊金霞已沒心思待下去了，她想盡快拿到那兩百萬元，然後走人。一位女性朋友告訴她，要取走這筆錢並不難。李老闆拿走了身分證，她只要重新補辦一張就是了。然後憑新的身分證和存摺到銀行申報密碼遺忘，再更換一個新密碼就行了。楊金霞認可了這個主意，隨後，她就帶著那本存摺離開了李老闆為她安排的住處，到朋友家躲了起來。

楊金霞一走，李老闆可慌了神。他透過熟人到銀行查清了那筆款項還沒有動用，就馬上到警察局報案，稱楊金霞拐騙了他兩百萬元，並提供了銀行密碼，提請銀行凍結了存款。

詐騙兩百萬元是個大案子，警察立案後馬上開始偵查，傳喚並拘留了楊金霞。三天後，李老闆又花兩萬元託楊金霞的朋友將她保釋出來。那天，李老闆特意開了輛轎車，到警局的門前像接公主一樣的迎接楊金霞。

在柔和的音樂裡，李老闆摟著她的肩說：「對不起，金霞，讓妳受驚了。妳這一走，實在是把我嚇壞了，我怕一輩子再也看不到妳了。」

楊金霞冷笑一聲，盯著李老闆說：「你是怕看不到我，還是怕看不到你的錢？算了吧，不要再演戲了。你就直說吧，這筆錢你到底給不給我？」李老闆支吾其詞道：「霞，我現在生意上有困難，妳一定要體諒我。這筆錢我先拿去週轉一下，很快就還妳。妳放心，無論如何我是不會虧待妳的。我們現在回家吧。」幾天的牢獄之苦，使她更加厭惡眼前這個男人，她說：「我不會再跟你過了，這兩百萬元我也一定要拿到手，就算是你給我的青春補償費吧！」

李老闆一聽，當時就拍案而起：「楊金霞，別太不識趣，妳現在在我的地盤上，不信咱走著瞧！」

含情脈脈的面紗一旦撕開，兩個人頓時變得劍拔弩張。儘管楊金霞對拿到這筆錢並沒有多大把握，但一想到自己四年的青春和名譽沒了，自己要再找到愛情、再找回過去那純潔的生活，實在很困難，除了要到這筆錢，還有什麼補償手段呢？她下定決心爭一爭。

她們一個手裡握著存摺，而且存摺上寫的是她的名字；一個握有存摺密碼，兩個人都說這筆錢是自己的。基於這起案子的特殊性，警察機關撤掉刑事案而將此案移交法院。

再過幾天，法院就要開庭了。楊金霞一想到要上法庭為「青春補償費」而跟人打官司，就羞愧得她寢食難安。李老闆也有難言之苦，因為少了兩百萬元的流動資金，他少賺了好幾筆錢。而且，他在這座城市也算是有頭有臉的人，因為包養情人而鬧出經濟糾紛，一旦傳出去，他的形象豈不大打折扣？他那三代同堂，其樂融融的家庭還不因此而鬧個雞飛蛋打？雙方都不願面對法庭，因此兩人商定再見一面作最後的商談。

這天，李老闆身後跟了一位律師。幾十天不見，李老闆老了許多，他低聲說：「霞，官司我不想打了，上了法庭妳我都沒面子。」「這麼說，你同意那兩百萬元歸我？」楊金霞暗暗鬆了口氣。「這件事，讓我的律師跟妳說。」他朝律師使了個眼色。律師從公事包裡拿出一份資料，說：「楊小姐，請先看這份資料，然後再說。」

楊金霞漠然的接過來隨手翻著，可是很快她覺得自己的血液都凝固了。那是一份四年間李老闆為她支出的各種費用明細帳。其中大到房租水電費、金銀首飾，小到她購買的內衣內褲、唇膏眉筆，李老闆都細心的將單據留下了。給她的現金也有間接的證明，四年間，她共花費一百萬元。

她沒想到李老闆竟會暗中記帳，更沒想到自己四年間竟用了人家一百萬元。不知不覺間，一百萬元如流水般花出去了，沒給自己帶來任何的幸福和快樂。那麼，現在不顧一切的索要兩百萬元又能給自己帶來什麼幸福呢？

她艱難的抬起頭來，李老闆疲倦的說：「霞，妳現在明白了，我跟妳在一起的分分秒秒都是付出代價的。」

剎那間，她忽然明白了，從頭到尾，李老闆對她就沒有一絲真情，她不過是作為一件商品被他買下四年並且舒舒服服的消費了。李老闆的行為固然為人所不齒，但自己因為不堪忍受生活的沉重而向金錢屈服，從而斷送了自己四年的青春和幸福，自己難道沒有責任嗎？一念及此，她淚飛如雨，從包裡摸出存摺，用力擲向李老闆，然後頭也不回的奔了出去……

世界級的理財大師博多雪佛說：「錢當然不能代替愛情，但愛情也不能代替錢。」經濟實力和愛情之間，的確有互相依存的關係，但是，想用其中的一個代替另一個，那是不可能的。

現實中想嫁有錢人的女性確實是大有人在。「工作好不如嫁得好」、「男朋友一定要帥，老公一定要有錢」，就是很多未婚女性的口頭禪。

可是回過頭來說，愛情也不可能全部代替金錢。許多人都看過《鐵達尼號》中的愛情故事。於是，就有人提出疑問，假如「鐵達尼號」沒有撞到冰山沉沒，而是平安的駛到美國，那麼男女主角傑克和蘿絲這對情人會怎麼樣？

人們迷戀著「鐵達尼號」式曇花一現的愛情，熱衷於浪漫的愛情，慷慨的為它拋灑熱淚，卻吝嗇對自己生活中的另一半付出關愛。只想著轟轟烈烈的愛，不甘於平平淡淡的過日子，那麼這樣的家庭就會像「鐵達尼號」一樣觸礁，最後的結果只能是為自己哭泣。

當愛情需要用金錢去衡量的時候，愛情已經變質了，散失了它原有的芳香。但是，我們所處的經濟時代的愛情又往往需要金錢來量化。所以，我們身邊赤裸裸的金錢交易屢見不鮮，家庭中夫妻之間經濟上的各付各的制度、婚前財產公證也在都市成為流行。

當然，並不是說有錢的男人就不能嫁，也不是鼓勵女人都去嫁給那些沒錢的男人。這個年頭離婚的也不一定都是有錢人，如果能嫁給一個有錢的好男人，那又何樂而不為。這只是在提醒女人們，有錢或沒錢並不是評價男人的唯一標準。「貧賤夫妻百事哀」固然不錯，可還有一句話更有道理，那就是「人生歡樂，多在貧家茅舍，少在富貴紅樓」，平民家的夫妻幸福，絕對比富豪家庭來得多。

幸福最終還得靠自己，把幸福完全寄託在「嫁人」這件事情上並不可靠。在你們之間，如果只有親密，那只能算是一種喜歡；如果只有激情，那也只是一種迷戀；如果只有承諾，那往往是空洞的愛。如果是親密再加上激情，可稱得上是浪漫的愛；如果是親密加上承諾，卻只能是同伴的愛；如果是激情與承諾同在，那就是昏庸的愛了。所以，經過篩選我們可以得出，只有激情、親密、承諾同時到來，那才是完美的愛。

金錢問題是夫妻和諧相處的重要環節，當你們還是情人的時候，請謹慎思考雙方對金錢的態度，唯有平等的價值觀，才是日後美滿幸福的基石。不要總做什麼灰姑娘的夢，灰姑娘與王子的故事，畢竟在現實世界裡不多。所以，最重要的是嫁個好男人，如果能發現一隻極有發展的「潛力股」，比撿一個現成的便宜伴侶會更有成就感。

金錢與愛情需要平衡，但也需要妳和他的激情，只有這樣才是最完美的愛情。

第八章　懂愛惜愛，做一個掌控婚姻的幸福女人

水能載舟亦能覆舟，關鍵在於如何加以利用；愛情可以創造幸福，也可以帶來不幸，關鍵在於如何駕馭。作為撐起半邊天的女性，在愛情中有時起著決定性的作用。懂愛的女人通常更能打開通往幸福的門，幸福的家庭是避風的港灣，好女人則是港灣的管理者和最大的受益人。

一、用寬容「拴」住丈夫

在男人的外遇中，雖然有一部分人是為了獲得情感或精神上的慰藉，但絕大多數都是為了尋求性和激情，並無意於破壞和諧的家庭。所以，當丈夫有了外遇時，就需要做妻子的冷靜下來，看清問題的實質，必要時寬容丈夫。原諒他一時的過錯，對失而復得的幸福也將更加珍惜。

一家報社的主編是位精明能幹的女士。有一天，上班後兩個小時，她要召開一個工作會議。她一翻公事包，才發現準備好的會議大綱忘在家裡，看看時間還來得及，她決定坐車回家去拿。她急匆匆的回到家中，打開門，「觸目驚心」的一幕讓她呆立在那兒：自己的丈夫正和一個陌生的女人在床上纏綿……

她腦裡一片空白，簡直要暈過去。她站在那兒渾身顫抖著，她絕望的看著丈夫。一瞬間，她甚至想舉刀將他和那個野女人殺掉。就在她還沒有回過神來的時候，那女人倉皇而逃。她極力使自己鎮定下來，什麼也沒說，她找到那個昨晚準備的大綱，強撐著用手扶著樓梯下了樓。

那個工作會議，她表現得實在太差，她精力難以集中，那個倉皇逃走的女人總在她腦中晃動。開過會後她將辦公室的門反鎖上，將電話線拔掉，躺在床上，痛心的淚水奪眶而出，她萬沒有想到她自認為與她感情甚篤的丈夫會做出這等事情。

但她畢竟是一位成熟沉穩的人，她躺在那兒輾轉反側。她想，丈夫與這女人肯定已經不是一時半會，倘若不是今天被她遇上，一切還不是一如既往嗎？她開始反思自己，是自己年歲大了，沒有姿色了，在丈夫心中失去了魅力？還是自己忙忙碌碌，在性生活上與丈夫配合得太少？她想到了離婚，女人特有的自尊心讓她深深的感到這個野女人不僅玷汙了她的家，也玷汙了她的心，她真的無法接受這個現實。但她又想到正在讀初三的女兒文茵，她簡直就像個公主一樣，過著無憂無慮的生活；而且文茵常常因爸爸媽媽的情投意合而驕傲。女兒肯定做夢都不會想到今生今世爸爸媽媽會離婚，爸爸媽媽的形象在她心中從來都是那麼崇高、那麼純正，倘若真是因此而離婚，給女兒帶來的不僅是失望和悲哀，更主要的是純潔心靈的澈底崩潰，這對於一個青春少女，將是一個嚴峻的現實，說不定會帶來什麼樣的後果，特別是現在的孩子內心世界都是那樣的脆弱。為了逃避生活的殘酷，她可能會叛逆，可能會離家出走，可能會自殺……不能，她搖搖頭，絕不能那樣，她打消了所有的念頭，她插上電話線，撥通了丈夫的手機。她說：「你現在一定是很不平靜吧？你能做出這種事，讓我非常吃驚，但我會原諒你的。」她將「原諒」兩字說得很重很重，她說：「今天是週末，晚上我們一起去接文茵，然後我們一起去吃晚餐，你看可以嗎？」

其實，丈夫在接她電話的時候，始終心裡都是忐忑不安的，他不知道她會做出怎麼樣的決定。聽到這裡，丈夫哭了，他說：「妳給我一次機會吧，就當我們重新戀愛！」

她沉默下來，想到丈夫以前對她那些難忘的溫情細節，不知如何回答丈夫的話。

那天晚上，她們一起去吃飯，像以前那樣，女兒什麼也沒有發現。

回到家，她關上門，對丈夫說：「我知道，你一定很愛她，不然你不會帶她回家，告訴我一句真話，你希望和她結婚嗎？」丈夫說：「妳真的希望我說真話嗎？」「對！」丈夫說：「其實，我和她已經很久了，如果想和她結婚，早就結了，在我心裡最愛的依然是妳和孩子。」她問：「她有丈夫嗎？」丈夫說：「有，她也很愛她的丈夫。」

她沉默了，作為一個現代女性，她也常常探討性與愛的問題。她在內心深處反覆的衡量著丈夫的過去和現在，但她無論如何都得不出否定的結論，她相信丈夫是個有良心的男人。她哭了，她依然是趴在他的懷裡哭的。丈夫一邊替她擦淚，一邊真摯的說：「讓我們重新開始，我一定會更珍惜這個家。」

那一夜，他們睡得也很甜蜜，第二天，一切照常。

婚姻裡殺出一個「第三者」，在當今這個時代，是很多人都無法迴避的現實，如何對待這個問題，就可以見識到聰明者和愚蠢者的不同。聰明的女人會看本質，他是不是偶爾拈花惹草，而骨子裡依然不忘這個家？倘若如此，她會選擇寬容大度，以寬容來補正婚姻，使其重現美滿。而愚蠢的人會大嚷大叫、大打大鬧，最後丟了名聲也失去愛情，弄得魚死網破。所以面對丈夫的外遇你千萬要謹慎，看清問題的本質，然後再做出決定。

美國前總統柯林頓的夫人希拉蕊在這方面做得就非常出色。丈夫的豔情曝光製造了全世界的醜聞，希拉蕊做出了最明智的選擇：沉默和寬容。

當這種事情出現在我們面前時，頭腦一定要冷靜，一定要在深思熟慮後再給自己一個結果，如果魯莽行事，一切都會向著相反的方向發展。每個女人在婚姻中一旦遇到意想不到的事情發生，首先要搞清楚：自己最想要什麼？

二、用柔情感化第三者

有婚姻就會有外遇，外遇是人類婚姻制度的衍生物，也是婚姻的致命殺手。它既傷害夫妻雙方，也傷害第三者；它既破壞家庭，也傷害子女的心；同時也為社會帶來不安定的因素。

相信每一對剛走進婚姻殿堂的夫婦，都曾經懷有美好的願望，憧憬著能一生一世白頭偕老。然而，時光荏苒，生活的壓力，柴米油鹽的磨礪，使得原本浪漫的幻想，漸漸露出了其真實的本色，生活越來越現實，激情越來越淡薄，婚姻的忠誠度也直線下降，婚外偷情也就順理成章的發生了。

相信不少女人都會遇到影響妳和妳愛侶關係的情敵。無論是你的愛侶自己招惹的情敵，還是對方主動上門的情敵，女人做出的反應不外乎兩種：一種就是對抗，一種就是撤離。但是，無論是對抗也好，撤離也罷，前提是一定要善待自己。如果男人是一個花心大少，處處留情，毫無責任心，那麼，對於女性來說，迅速撤離未必就是一件壞事；但是如果確定男人只是一時迷失，確定彼此根本就割捨不掉這份感情，確定自己可以正視這件事情，可以原諒自己的男人一時的過錯的話，那麼，不妨聰明一點，放他一馬。同時，第三者也是女人，聰明的妻子可以考慮和她見面，用自己的柔情感化她。

語晴在走出家門後不久便看見一位身材瘦高的女子在等她。她看見那位女子穿著一件粉紅色無袖洋裝，黑色的長髮自然披在肩頭。語晴笑著與她打招呼，那女子嫣然一笑，然後伸出手說：「我叫珮霞。」

語晴伸出手與她握手。「我想我們可以談談了。」她把珮霞帶到了家中。

「請坐。」

珮霞在小客廳的沙發坐下，四處張望，對陳霖的妻子帶自己回家這件事迷惑不解。她不可能發現到什麼，因為此時的陳霖如坐針氈的在臥室裡，正留心傾聽著兩個女人的談話和舉動。

語晴給珮霞送上飲料。「劉小姐，我知道妳與我丈夫相愛。今天我請妳來是想和妳聊聊。」

「我和陳霖不僅相愛，我們還想結婚。」

「是嗎！那就更有必要聊一聊，我說的正是妳們想結婚的問題。不過，請聽我講完。」

「好吧！」珮霞不知語晴葫蘆裡賣的什麼藥。

語晴從另一間起居室的床底下拉出了一個大臉盆，把裡面的髒衣服臭襪子都倒出來。

她對珮霞說：「妳沒跟陳霖在一起生活所以妳不知道他堂堂外表背後的私生活。」

她把那些髒衣服攤開。「這是陳霖每天換下的髒衣服。他自己從來不洗。在我們婚後的生活中我每天都在沙發周圍撿起他脫下的臭襪子，妳看。」

語晴把一隻襪子翻了個面，一股臭腳氣味道直撲珮霞的鼻子，珮霞忍不住挪動了一下身體。

「陳霖的襪子與別的男人不同，他右腳的第二個趾頭缺了半個，我要把他的襪子中的一隻，用紗和棉線縫出一個凸包，墊住他那個缺了半個腳趾頭的部位。劉小姐，這世間沒一本百科全書可以教導妳如何和一位這樣的男人生活。幾年來他給我的家用我都一一拿去填補他那些應酬的欠帳，還有給老家親人們的紅包，買酒買菸的帳，以及晚間去交際付小姐費用的帳。」

語晴從書櫃下翻出了一大疊家庭相測，抽出了一冊給珮霞看。

「劉小姐，這是陳霖的老家以及親人，可能他沒向妳提起過，尤其是他的父親。」

語晴用手指給她看。「哦！這個，這是陳霖的父親。」相片上是一張面容浮腫，下身癱瘓的老者。

「陳霖家只有陳霖一個兒子，公公患的是糖尿病、風溼性關節炎，已多年不能行走，每年由陳霖的母親還有姐姐帶到這裡來看病，一住就是半年一年。照現在的情形看，不出一年，他們就得長期由妳和陳霖來照顧。陳霖還有兩個妹妹從頭到腳都由他負擔。用不了兩年，這兩個妹妹就畢業，她們也會投靠陳霖，住在妳們婚後的家中，因為她們早就說過要到臺北來找工作。還有必要提的就是陳霖的姐夫，他這人是酒鬼，因為欠了一屁股債，時常找上門來要我們接濟他。」

坐在沙發上的珮霞都聽呆了，她緊咬牙關，擠出幾個字：「妳對我說這些是什麼意思？」

語晴從沙發的左邊移向右邊，臉色蒼白的看著珮霞說：「我想告訴妳，妳要跟陳霖一起生活妳就得接受他身上所有的一切。妳必須真正的愛他，而不是只愛一部分。但是，誰都有短處，妳要與之生活一輩子的人的短處妳是不是真的忍受得了？劉小姐，我想讓妳知道的是，妳若忍受不了與妳共同生活的男人的短處，妳就留不住他，而且也暴露了妳的短處，不要幻想嫁給一個完美無缺的人。」

珮霞又一次翻開相冊，注目良久，最後她起身，沒再看語晴一眼，走了出去。

語晴採取了正確的態度，非常冷靜的處理了這次婚變。如果像有些人那樣，找第三者打鬧一場，那麼，她就澈底的失敗了。

與第三者見面最忌諱的就是大吵大鬧，那樣只會把妳和丈夫的關係推向更危險的邊緣。

三、做個善解人意的好妻子

兩個人能於千萬人之中碰到，又能幸福的一起走完一生，這是一種緣分。而緣分的百年相攜，需要用兩個人的力量來支撐，用相互理解來扶持。享受被愛的時候，妳也要學會如何去愛人，而不是站在一旁袖手旁觀的抱怨。女人從女孩到妻子，要習慣角色的轉換，女人的善解人意更能吸引丈夫。

那個和志彬結婚三年的女人向他提出了分手，因為她想出國，所以她愛上了一個老外，這讓志彬很是氣憤。從此他一心放在了事業上，不到兩年就有了自己的公司。但是在感情上他再也不輕易相信別人，他認為女人真是善變的動物，一點也不可靠。

志彬把女人分為四種：第一種，是外貌漂亮，但這樣的女人大部分是花瓶。第二種，是性格潑辣，她們做事雷厲風行，從不拖泥帶水，適合做工作上的朋友。第三種，是功利主義很強，為了錢或者前途可以捨棄一切，他以前的妻子就屬於這類。第四種，是溫柔，善解人意，她們聰明卻會裝傻，裝傻是為了照顧男人的面子和自尊，裝傻是一種寬容，寬容男人犯的一些小錯誤，由此男人會對她們充滿了感激。他最喜歡最後一種，但是他覺得生活裡這類女孩太少了，幾乎不存在了。

後來透過一些好心的朋友介紹，他認識了菲菲，在接觸中他驚奇的發現，菲菲就屬於他喜歡的那一類女孩。比如，在朋友的聚會上，他喜歡海闊天空的閒聊，菲菲總是用讚許的眼神看著他。但聚會過後，他會收到菲菲給他開的「處方」，那些紙條有時藏在他的口袋裡，有時夾在書裡，上面的字句，婉轉的糾正了他的一些說法。志彬對她的溫柔做法和良苦用心自然是很領情的，同時也心存感激。

最讓他感動的是，她竟然用裝傻的方式，原諒了他的一次感情錯誤。

在志彬和菲菲結婚一個星期後，那個曾和他結婚三年的妻子回來了，打電話給他說要見他。這讓志彬猶豫起來，他原以為自己沐浴在菲菲的愛的陽光下，已經忘記了那個為了出國拋棄自己的女人了。可是他無法騙自己，他的心裡還有她的位置，他開始動搖，他告訴自己，自己只是和她見面，只要不讓菲菲知道，是不會傷害到她的。

於是，他為了和她見面，多次編謊言說要加班，後來竟然以出差為藉口，和前妻一起去了花蓮。在那裡，她的這位前妻告訴他，那個曾經要帶她出國的男人，去了美國之後就杳無音訊了。現在，她又把志彬當做了救命稻草，一定要他幫她辦加拿大移民，還規劃著他們倆的未來。志彬忽然發現，眼前這個女人是那麼的任性和自私，與善解人意的菲菲是沒法比的，想到這裡，心裡非常後悔。

他不敢給菲菲打電話，就打給媽媽，媽媽說：「菲菲這媳婦真好，今天我不舒服，她來照顧我呢。兒子啊，菲菲這媳婦不錯，你也老大不小了，要知道珍惜。」志彬嘴裡答應著，心裡更加不是滋味，他的媽媽又問：「對了，你這孩子是不是欺負她了，我見她眼睛紅腫，問她怎麼回事，她說和一個同事鬧彆扭。我看不像，她那麼好的一個姑娘怎麼會和同事鬧彆扭呢？」志彬忽然害怕起來，這些事公司裡的同事都知道了，菲菲怎麼會不知道呢？想到這裡他第一次感到自己是如此的害怕失去她。

一夜未眠，第二天一早他就飛回了北京。在飛機上，他堅決果斷的對前妻提出的種種要求說「不」，這好像是他第一次拒絕她，他忍受了她那麼多次的無理要求，這次他終於有勇氣去拒絕了。

重逢的那一刻，他看到了菲菲紅腫著的雙眼，卻依然裝出很快樂的樣子迎接他，這讓他感到一陣心痛。明白她的意思，他什麼都沒說，只是緊緊的把菲菲擁到了懷裡。他想：這一輩子，他都不要菲菲再為他擔驚受怕，他要好好的愛她，給她幸福。

善解人意，不應僅從文字上做善於揣摩人的心意去理解。其「善解」的「善」，也不能僅作「善於」解釋。它還應包含善心、善良的願望這層意思。善解人意，首先要與人為善，善待他人，而後才能理解人、諒解人、體貼人，體現出人格的魅力。

俗話說，「善心即天堂」。只有懷抱善心的人，才能愛人、欣賞人、寬容人。本來，人字的結構就是互相支撐，懂得互相接納、相互合作、融洽相處。尊重丈夫的優勢和才華，也寬容丈夫的脾氣和個性。無論是對丈夫還是對家人，都完全是欣賞對方美好的地方，而不去計較他的缺點，或者與自己不合拍的地方。不能理解的時候，就試著去諒解；若不能諒解，就平靜的去接受。有人說：「人生最可貴的當下便在那一放手。」而善解人意者就很具有這種「放人一馬」的涵養。

有人說：「用妳喜歡丈夫對待妳的方式去對待丈夫。」每個男人，都是需要別人理解、同情和尊敬的。推己及人，與丈夫相處應該豁達一些，凡事「禮讓三分」。做到如此，那麼我們沐浴的必將是陣陣和煦的春風和一片燦爛的陽光。

善解人意，善於體察丈夫的心境，給他以及時雨一般的幫助，讓溫馨、祥和、慰藉來溝通心靈。比如，為窘迫的丈夫講一句解圍的話，對頹喪的丈夫說一句鼓勵的話，對迷途的丈夫講一句提點的話，對自卑的丈夫講一句激勵的話，對痛苦的丈夫說一句安慰的話……這些非物質化的精神興奮劑，既不需要花什麼金錢，也不用耗多少精力，但對需要幫助的丈夫來說，又何嘗不是久旱的甘霖，雪中的炭火呢？

善解人意的女人知道男人既剛強又脆弱，而且有的男人把榮譽和面子看得比生命還重，因此善解人意的女人知道在男人的精神世界裡有哪些禁區，她總是很小心的不去碰這些禁區，她總是想著不要使男人的尊嚴受到傷害才好。

當男人被某種事情糾纏住，自己不願或不便去解決，想求助於自己的女人時，善解人意的女人會在男人還沒開口時就去把那件事辦妥，過後就當沒發生過這件事一樣。

善解人意的女人絕不會和自己的男人鬥氣，絕不會像潑婦一樣把男人打得像隻鬥敗的公雞。善解人意的女人知道男人發火百分之九十以上不是因為眼前這個原因，導火線潛藏於男人的情感世界的另一處。

善解人意的女人深知平平淡淡才是真，精心別緻的晚餐，生日時的一份禮物，讀書寫作時送上的一杯香茗，點點滴滴都是情。

男人們多數都是極具理性的，他們不會因為善解人意的女人的謙讓而得寸進尺，他們會對善解人意的女人心存感激。在生活的河流上，他們同乘一條船，用風雨同舟來形容顯然已經不夠了，因為在男人眼裡，善解人意的女人不僅僅是坐船的，也不僅僅是划船的，而是幫著男人撐船的。

作為女人，如果能把善解人意作為一生的功課來做，這樣的女人，一生都有好人緣。

四、精心做好家庭教育

孩子的健康成長離不開良好的家庭教育，尤其離不開母親對孩子的教育，在家庭中承擔母親角色的女人需要當好孩子的第一任老師，精心做好家庭教育工作。

良好的家庭教育，需要家長尤其是母親具有良好的素養和正確的教育思想，掌握適當的教育方法與技巧。

在教育孩子的過程中，衝突是不可能避免的。孩子的執拗常常會使得家長火冒三丈，卻不知怎樣去應付。

五歲的大衛因為感冒發高燒，兩天沒有去幼稚園了。今天他略好了一點，想去游泳，母親說：「你不可以去，你還沒完全好呢。」大衛十分不高興。過了一會母親聽到後門響了一聲，大衛已經穿好了游泳褲，正準備下水呢。

「不行，大衛，你今天還不能游泳。」

母親走過去把大衛拉了回來。大衛大哭大叫，又朝著門衝了過去。母親走過去，關上了門，什麼也沒有說，她也沒有阻止大衛哭泣。大衛哭了一陣，開始咳嗽。母親還是什麼也沒有說，繼續擋著門，不讓大衛出去。最後大衛喊道：「我恨妳，媽媽。」然後回到了自己的屋裡。母親繼續去做自己的事，並不理會大衛。

這件事看起來仿佛是母親在和大衛做權力鬥爭，大衛想去游泳，但母親擋著門不讓他去。

這裡的母親有一個迫不得已的原因。在一般情況下，母親可以考慮使用因果法，讓孩子從結果中吸取教訓和經驗。但在這個例子中的結果卻是母親和孩子都難以承擔的。

沒有哪個母親忍心讓自己的孩子以生病來獲取教訓，這樣是非常危險的。

在此種情況下，母親一定要利用一下自己的權威，這是她的責任，她要確保孩子不再生病。母親在這裡採取了非常冷靜的態度，並沒有激化和孩子的矛盾，更沒有為了維護自尊而採用過分激動的手段。

有些家長總是替自己辯解，仿佛自己所有的逼迫孩子的行為都是為了孩子們的利益才那樣做的。

可是，家長真是為了孩子們嗎？

要做一個好母親就要時常檢查一下自己的動機，這樣才能做得更加明智更加合理一些。

有智慧的母親請檢查一下自己的管教結果，或許會得到一些啟示：了解妳是否在和孩子進行權力鬥爭？重要不是方法，而是結果。妳「教育」孩子以後孩子仍然堅持原來的行為嗎？妳要求孩子做到的事，妳自己做到了嗎？孩子是不是在反抗？妳的語調是不是告訴孩子們妳很霸道？妳的語調是不是表現出對他們非常生氣？

堅持立場一般是用無聲和平靜來表達的，權力鬥爭則是用爭吵和生氣的形式來表達的。有智慧的母親應該知道只有了解孩子的心理，才能更好的教育孩子，正確的對待孩子，以達到妳所要求的目的。

大衛生氣，是因為他不能夠按照自己的意願去行事，而並不表示他真的是「恨」母親。母親如果知道這只是孩子一時的執拗，堅持住了立場，大衛就會放棄，重要的是要控制好自己的情緒，幫助大衛冷靜下來，避免對抗升級。

這裡最重要的控制因素是母親作為成人或家長的自尊心或權威感。如果妳火冒三丈不是因為孩子的行為本身，而是因為自己的權威受到了挑戰，這時妳應該強迫自己退出衝突。不然，就會誤入歧途致使矛盾更加激烈。

有一點妳應該明白，在今天的社會中，民主的意識已經滲透到社會的各個層面，不管是在工作中，還是在家庭裡，施行絕對的權威都是不受人歡迎的。

母親不應該也不能夠再像以前那樣要求孩子絕對的服從自己了。

在幸福的家庭中，母親一定要建立起和諧的合作氛圍，對孩子施行引導和鼓勵，用民主的態度來代替專制，只有這樣才能避免和孩子產生衝突。

幸福的女人在教育孩子時不會是權威人士，而是通情達理的引導者，對孩子不是施行壓力逼迫，而是引導、影響，妳的目標不應該是讓孩子服從自己，而是應該服從社會規範，妳不是用懲罰來制服孩子，而是用因果法來引導孩子自己做出決定。

當妳的孩子反抗妳時，妳的特權自然會受到最大的打擊。但如果妳關心的是對這件事的正確處理，而不是自己的權力的範圍，就會得到孩子的尊重。

幸福的女人應該明白理解孩子、鼓勵孩子，運用因果法相互尊重，尊重事實，這些做法都可以幫助妳贏得與孩子的合作，避免權力鬥爭。可是有一點要注意的是，當孩子已經開始發脾氣、使性子，局勢已經有些僵化的時候，臨時想出一個結果來使孩子就範的方式是不可取的。在此種情況下運用因果法其實是把因果法降低為懲罰的手段，自然也就不可能得到因果法應有的效果。

合作的過程就是一個相互了解、協調和改善的過程。在合作過程中，幸福的母親應該摸索出一些規律和技巧，鼓勵孩子和自己合作。當然合作一定要靠自願，而不是強迫。因為正確的行為是鼓勵的結果，強制不能帶來真正的認同和長期的合作。

五、撒嬌而不要撒野

看過《溜女郎》的女人，都會很羨慕劇中的那個會撒嬌的幸福女人萬人迷，都希望自己也能把嬌撒得像萬人迷那樣令人神魂顛倒，都希望自己的身材可以成為萬人迷那樣性感的前凸後翹，都希望自己擁有萬人迷那樣的性格和智慧。萬人迷就是個幸福的女人。

撒嬌是幸福女人最富有「殺傷力」的武器，下面這個例子就是最好的明證：

馬太太自從老伴去世後，含辛茹苦的拉拔著兩個兒子——馬念騰和馬宇飛。眼瞧著馬氏兄弟都長成了健壯的年輕人，馬太太打心眼裡高興。去年春天，大兒子馬念騰娶了媳婦，二兒子馬宇飛也談戀愛了，馬太太覺得苦日子終於熬到了頭，這下該安度晚年啦。誰知，兒子卻沒有讓老人家安享晚年。馬念騰結婚時間還不長，新房裡便時常發生一些「戰事」。馬念騰打小就性如烈火，誰知他的妻子也如此，本來只是一件小事，但丈夫不冷靜，妻子也不忍讓，針鋒相對，每次都是越吵越凶，到最後總釀成一場場惡戰。馬念騰夫婦的「戰事」不斷，感情漸傷，雙方都覺得再也難以過下去，只好辦了離婚，各奔前程了。

轉眼又是一年，馬宇飛也熱熱鬧鬧的把新媳婦娶回家了，馬太太卻又開始擔心。當媽的最了解兒子，馬宇飛的脾氣可不比他哥哥好多少，也是動不動就吹鬍子瞪眼的，弄不好就揮拳頭。馬太太密切注意著這對新婚燕爾的年輕夫妻，隨時準備著去排解「戰爭」。這一天終於來了。不知為什麼，馬宇飛扯著嗓子對妻子大喊大叫。馬太太聞聽「警報」，立即闖進了小倆口的房間。馬太太看到，馬宇飛黑著臉，拳頭已高高舉起。「渾小子，你」馬太太話還沒說完，卻見二兒媳一不躲二不閃，對著丈夫柔情蜜意的一笑，嬌滴滴的說：「要打你就打吧，打是情，罵是愛嘛。但可別打得太重了。」這下可好，馬宇飛不但收回了高舉的拳頭，連黑著的臉也被逗笑了。可能發生的一場風波頓時平息了，馬太太也被兒媳那股撒嬌模樣逗得差點笑岔了氣。日子一天天過去，馬太太發現二兒子發脾氣握拳頭的時候幾乎不見了。後來，二兒子對她說：「媽，我算服了她了，還是她『厲害』，有涵養。」馬太太也由衷佩服這個懂得「撒嬌藝術」的兒媳婦了。

「撒嬌藝術」，其實就是古之兵法上「以柔克剛」的藝術。老子認為「柔弱勝剛強」，他說：「天下莫柔弱於水，而攻堅強者莫之能勝，以其無以易之也。」這句話的意思是說，天下沒有比水更柔弱的東西了，但是任何堅強的東西也抵擋不住它，因為沒有什麼可以改變它柔弱的力量。恰當的運用「柔」，任何堅強的東西都會為之融化，巧妙的運用「撒嬌」，就等於為婚姻裝上了一個「安全氣囊」。

也許有的妻子聽了這個觀點很不服氣：「夫妻平等，誰都有自尊心的，難道讓我屈服在辱罵與拳頭之下，還要賠笑臉嗎？我可不能服這個軟！」要是這樣理解可就錯了。妻子給丈夫一個笑臉、一句幽默的話，絕不是軟弱的表現，而恰恰能顯示出一個為人妻者的智慧、修養、氣質和涵養。面對這樣的妻子，只要不是那種壓根兒沒有人性、理性或對你根本沒有感情的丈夫，相信誰都會在這大家風度面前敗下陣來而自慚形穢，並在這種潛移默化的薰陶中受到影響，自發的糾正自己的偏激性格和行為。

還有一種撒嬌，我們稱之為女人的策略性撒嬌，就是用怕黑、怕冷等傳統「表現柔弱」的方式，來獲得丈夫甜言蜜語的安慰、鼓勵或者肢體安撫，或者用以掏空丈夫腰包、左右他的決定，甚至留住丈夫的目光。古代很多昏君為了博美人一笑不惜發動戰爭或者殺人放火。可見枕邊風的威力是不可忽視的，所以聰明的女人，想要達到自己的目的的話，與其和男人歇斯底里的爭吵，還不如對他溫柔的撒個嬌，往往會達到意想不到的效果。

巧用「撒嬌」藝術，的確是夫妻交往中消除隔閡、增進了解、陶冶性情、加強涵養的具有實用價值的好辦法。做妻子的，當丈夫發脾氣時，不妨試試這招「撒嬌絕技」；當妳的丈夫心情鬱悶時，不妨丟出這支女人特有的「獨門暗器」，這對增進夫妻之間的感情，肯定會大有益處。為人妻者請牢記：「撒嬌」是對付老公的重要法寶。

其實，每一個女人雖說多少都會撒嬌，不過撒嬌也要講究一些方法才會讓男人心動。下面，我們就簡單介紹幾種撒嬌的方式。

（一）昵稱

在沒有人的情況下，妳可以喚他名字尾字的疊音，要喚得自然，而且堅持下去，妳將會收到意想不到的效果。

（二）眼淚

將自己不幸的事情或悲慘的遭遇講給他聽，讓他起憐惜之心，然後順勢趴在他的肩頭，傷心的哭泣，這時他怎麼也不好意思把妳的頭從他的肩上挪走。

（三）輕輕的一個吻

在距離很近的時候，迅速的在他臉頰上吻一下，然後逃開。這應該算投石問路，如果他下次不是有意要避開妳，妳就十拿九穩了。

(四)「沒什麼事，只是想妳了。」

這是最能讓對方感動的一句話，男女通用。妳可以在幾乎任何時間、任何地點，透過任何方式、任何手段，如電話、簡訊、電子郵件、小卡片等來告訴他這句話。相信任何一個真正愛你的人都會感受到被妳愛著的溫馨。

(五)「飯在鍋裡，我在床上。」

就這麼一句話，雖然俗氣而又簡單，不過，可別小瞧了它的威力。它既表達了家庭的溫馨，又展現了女性的誘惑。可以讓加班或正在娛樂場所流連的他收到這個資訊後，急於馬上打道回府與妳纏綿。

(六)用點親密的小動作

在他頭髮上黏有東西的時候細心的幫他拿下來，在他衣領不整齊的時候順手幫他整理領子，這些只有夫妻之間才有的親密小動作，會令他覺得溫馨卻不多餘，只有濃濃的暖意撫摸著他的心。

(七)適當的用一些甜蜜言語

當妳的丈夫在氣頭上時，妳適當的用一些甜言蜜語，就可以化解他心頭的怒氣，使妳們之間的緊張關係又和好如初。

(八)用哄小孩的方式安慰一下

男人其實也就像一個大孩子，如果他脾氣上來了，或者妳們之間發生了矛盾，也需要妳像哄小孩一樣哄一下他，這樣可以使他的情緒好起來。

當然，撒嬌的方式有許多種，只要我們在現實中細心觀察就可以學到很多。學到後，還要善加揣摩，運用到自己的實際生活之中。

當然，撒嬌也要有個限度：每一個女人都曾經被男人當成寶貝寵著，只是有的女人不懂得男人的累，她們認為男人天生就要包容女人。如果說男人一個不小心忽略了自己，她就會開始無事生非，而且還會在撒嬌鬧小脾氣之餘撒野。這樣的女人變得越來越不可愛，也不會有男人永遠有耐心來哄這樣的女人。其實，當兩個人從戀愛走進婚姻，男人都希望女人能夠變得懂事起來。當女人撒野的時候，男人不知道那是因為女人想讓他去哄她，只會認為女人不夠溫柔，不夠體貼。而面對一個整天只會發脾氣的女人，男人只會有一個想法，那就是逃離。

同時，撒嬌也要分場合：不是隨時隨地都可以對自己的男人撒嬌，如果想讓自己的生活更加幸福，就一定要認清情況，看準場合。

另外，撒嬌也要看對象：男人若不愛女人，在男人眼裡，女人的撒嬌只會是滑稽可笑的，甚至還會覺得是裝模作樣的表演。這時，女人的撒嬌非但不會增進彼此之間的感情，反而會讓男人覺得厭惡乃至噁心。所以，女人千萬要記住：撒嬌是要看對象的。不是所有的男人都喜歡看妳撒嬌，在不愛妳的男人面前撒嬌，實際上是在讓自己出醜。

那麼，聰明的妳就做一個能撒嬌且會撒嬌的女人吧，這樣妳就會更有女人味，也會是個幸福的女人，最重要的是會撒嬌的女人有人疼。

六、走出性觀念的盲點

性生活和諧美滿，需要對對方的性生理和性心理發揮好的作用，這就是需要我們要樹立正確的性觀念。愛情是異性間情感的昇華；婚姻則是男女雙方共同生活的契約。想要愛情和婚姻美滿，從樹立正確的性觀念入手。

妻子性觀念的盲點特徵：

首先，由於表面上看來妻子在性生活中只是被動的接受者，因此盲點往往既被丈夫忽視，也被自己所忽視，甚至許多人覺得妻子根本就沒有什麼性觀念。結果，盲點往往深藏著未被察覺，但實際上卻悄悄的侵蝕著夫妻性生活。

其次，由於女性的性反應和性行為模式更加豐富多樣，個體之間的差異更大，因此性觀念的盲點常常被掩蓋了，似乎一句「女人跟女人天生不一樣」就可以做為所有夫妻性生活不和諧的原因。

再者，由於女性一般更傾向於把性生活、愛情和婚姻品質緊緊結合在一起，因此妻子在評價性生活時，容易更多的考慮愛情和婚姻的因素，卻忽視或否定性觀念的作用。根據對大城市一千多人的調查分析，目前女性中常見的性觀念盲點有三種：

(一)把性生活看做單純的「獻身」

這首先表現為對自己的生理構造、功能和反應缺乏足夠的認識和理解。近年來，妻子對於避孕、懷孕和婦科疾病的知識較過去增加了很多，但是由於傳統和習俗的限制，仍有約一半的妻子不知道女性最敏感的性部位是什麼？超過百分之三十的妻子不知道或說不清女性的性高潮有什麼表現？

這是由於性知識難以獲得嗎？恐怕不是。市面上公開出版的性學書籍幾乎每一本都或多或少的談到過這些常識。但是女性讀者很少，女性購買者更少，女性傳播這方面知識者則更是少之又少。一方面，許多人仍然認為「女子無性（知識）便是德」，生怕女性有了性知識就會變成「禍水」。曾經有位女性買了一本這樣的書，竟遭到丈夫、父母和公司上司的聯手打擊，甚至在專家學者予以肯定後，仍受到離婚的威脅，背著「蕩婦」的名聲。另一方面，雖然已婚的中年婦女也不時的會私下議論性生活的事，但絕大多數是評論丈夫如何，極少有人談到主動學習性知識，能用科學的知識來分辨私下所流傳的資訊（大多謬誤）的女性就更為罕見了。為什麼感到需要卻又不學？主要原因之一就是，非常多的妻子們覺得，既然丈夫主宰著性生活，那就應該由他來學習性知識，由他負責性生活的和諧，甚至僅僅由他來努力滿足自己。有的妻子乾脆就說：「這種事，全靠碰到一個好丈夫。」這種單純「獻身」的性觀念，至少可能帶來幾種不良結果：

一、遇到丈夫粗暴甚至性虐待時，妻子既缺乏進行抵制的內心動力，又缺乏促其改變的知識與方法。

二、出現常見的性生活不協調時，妻子容易過多、過分的責怪丈夫，反而加劇了矛盾。在懷疑自己陽痿、早洩的丈夫中，相當多的人實際上是由於妻子的責怪而引發或加重的。

三、即使性生活順利，單純「獻身」的妻子也難於體驗到其樂趣與價值，反會產生冷漠與疏遠，這自然又加劇了感受缺乏，最終形成惡性循環。

四、即使性生活比較協調，妻子也可能缺乏不斷改進提高的內動力，長此以往容易造成雙方的心理疲勞。

（二）過分注意自己在性生活中的「形象」

最常見的是妻子不自覺的力圖表現出「正經」的樣子。傳統道德強調女性要「端莊」，一個「騷」字會毀掉女人的一生。在封建性禁錮主義影響下，許多人錯誤的把它擴大到夫妻性生活中來，似乎在具體的行為、表現性反應時，妻子也不應該「騷」或「浪」，否則也是「淫蕩」。許多妻子很愛丈夫，但在性生活中卻生怕自己「丟臉」，怕丈夫因此看不起或懷疑自己，又想像不出一個好妻子此時「應該」是什麼樣?只好盲目的壓抑自己。結果，丈夫和她自己都誤以為性生活「就是那回事，沒什麼意思」。時間一長，雙方就真的無動於衷了。

還有許多妻子對自己自發產生的性需求感到恥辱或羞怯，總覺得自己主動提出要求是「賤」或「騷」，甚至覺得這樣「像妓女」。在新婚初期，由於丈夫的性需求一般比妻子強，因此這似乎不成問題。但隨著性生活步入常態，許多夫妻都會遇到雙方性需求在時間上和次數上「不能滿足」的情況。這時，如果妻子過分注意「形象」，不僅無法獲得應有的滿足，而且無法溝通夫妻在這方面的想法，無法適時的矯正雙方都可能出現的「性失誤」。結果都在心裡抱怨對方，問題反而越鬧越大。

（三）對性生活的作用抱有過高期望

上面談的兩種盲點，主要常見於對性生活持有某種壓抑或否定態度的妻子。隨著時代的進步和女性地位的提高，這樣的妻子日益減少。但是，在對性生活積極的妻子當中，卻正有出現另一種盲點的趨勢，那就是過多的、過分的把性生活是否和諧，當成愛情是否真摯、婚姻是否幸福的大問題。雖然幾乎沒有一個妻子願意公然承認自己這樣想，但在生活中，這種盲點卻很鮮明的表現在以下幾個方面：

第一，一些妻子不理解男性的性生理和性心理特徵，誤以為男人在任何時候、任何情況下都必然主動迫切。因此，在對方身心疲倦時，自己沒有發出足夠的視覺與心理刺激時，覺得丈夫不想過性生活是不體貼自己，是愛情淡化，甚至是「有外心」。在人近中年的夫妻中，在丈夫工作繁忙的家庭中，這種情況更是多見。

第二，一些妻子對性生活中的情感交流有著極高的需求，但又不屑於或不善於表達和交流，結果自己產生說不出的煩惱，而丈夫又摸不著頭腦，反過來，妻子還覺得丈夫不溫柔體貼，不理解自己的心。這也很容易被當成「不是真心的愛」，甚至「男人不懂愛」。

第三，一些妻子不善於把性生活與婚姻中的日常生活區別開來，沒有領會到兩者之間的差異；丈夫在性生活中表現良好時，妻子誤以為他必然會在日常生活的一切方面都是模範丈夫。稍有差別，妻子就會抱怨：「你在床上的柔情蜜意跑到哪裡去了？」甚至會懷疑「原來你的愛只是為了那件事呀！」有的還上升為理論：「性是欺騙女人。」

第四，少數妻子會用不過性生活來懲罰丈夫的過失。還有些妻子過分迷戀浪漫的純情的戀愛，總覺得婚後性生活有損於浪漫純情。

以上種種，看起來都是事出有因，但實際上還是因為女性在性觀念上存在盲點。

七、做一個站在丈夫「背後」的女人

女人應該明白，男人的事業是婚姻幸福的保障，而一個男人的成功，絕對離不開妻子的支持。一個偉大的妻子，是丈夫前進路上的一盞明燈，是丈夫衝鋒陷陣的戰友，更是丈夫寧靜休航的港灣。

有人說：一個成功的男人總是背後站著一個偉大的女性。唐太宗的皇后——長孫皇后就是這樣一個女人。

長孫皇后是隋朝將軍長孫晟的女兒，母親高氏之父高敬德曾任揚州刺史；長孫皇后生長在官宦世家，自幼接受了一整套正統的教育，形成了知書達禮、賢淑溫柔、正直善良的品性。在她年幼時，一位卜卦先生為她測生辰八字時就說她「坤厚載物，德合無疆，履中居順，貴不可言」。

長孫氏十三歲時便嫁給了當時太原留守李淵的次子、年方十七歲的李世民為妻，她年齡雖小，但已能盡行婦道，悉心侍奉公婆，相夫教子，是一個非常稱職的小媳婦，深得丈夫和公婆的歡心。

李世民年少有為，文武雙全，數年之內，戰功卓著。後因李淵年事已高，禪位於李世民，因此成了唐太宗，長孫王妃由於賢良淑德也被冊封為母儀天下的長孫皇后。

雖然長孫皇后出身顯貴之家，如今又富擁天下，但她卻一直遵奉著節儉簡樸的生活方式，衣服用品都不講求豪奢華美，飲食宴慶也從不鋪張，因而也帶動了後宮之中的樸實之風，恰好為唐太宗勵精圖治的治國政策的施行做出了榜樣。

因為長孫皇后的所作所為端直有道，唐太宗也就對她十分器重，回到後宮，常與她談起一些軍國大事及賞罰細節；長孫皇后雖然是一個很有見地的女人，但她不願以自己特殊的身分干預國家大事，她有自己的一套處事原則，認為男女有別，應各司其職，因而她說：「母雞司晨，終非正道，婦人預聞政事，亦為不祥。」唐太宗卻堅持要聽她的看法，長孫皇后拗不過丈夫，說出了自己經過深思熟慮而得出的見解：「居安思危，任賢納諫而已，其他的臣妾就不了解了。」她提出的是原則，而不願用細枝末節的建議來束縛皇夫，她十分相信李世民手下那批謀臣賢士的能力。李世民亦牢牢的記住了賢妻的「居安思危」與「任賢納諫」這兩句話。當時天下已基本太平，很多武將漸漸開始疏於練武，唐太宗就時常在公務之暇，召集武官們演習射技，名為消遣，實際上就是督促武官勤練武藝，並以演習成績作為他們升遷及獎賞的重要參考。按照歷朝朝規，一般是除了皇宮守衛及個別功臣外其他人員不許帶兵器上朝，以保證皇帝的安全，因此有人提醒唐太宗：「眾人張弓挾箭在陛下座側，萬一有誰圖謀不軌，傷害陛下，豈不是社稷之大難！」李世民卻說：「朕以赤心待人，何必懷疑自己左右的人。」他任人唯賢，用人不疑的作風，深得手下文武諸臣的擁護，由此屬下人人自勵，不敢疏怠，就是在太平安定的時期也不放鬆警惕，國家長期兵精馬壯，絲毫不怕有外來的侵犯。關於任賢納諫一事，唐太宗深受其益，因而也執行得尤為到位，他常對左右說：「人要看到自己的容貌，必須借助於明鏡；君王要知道自己的過失，必須依靠直言的諫臣。」他手下的諫議大夫魏徵就是一個敢於犯顏直諫的耿介之士。魏徵常對唐太宗的一些不當的行為和政策，直接了當的當面指出，並力勸他改正，唐太宗對他頗為敬畏，常稱他是「忠諫之臣」。但有時在一些小事上魏徵也不放過指正他，讓唐太宗常覺得面子上過不去。

一次，唐大宗興致突發，帶了一大群護衛近臣，要去郊外狩獵。正待出宮門時，迎面遇上了魏徵，魏徵問明了情況，當即對唐太宗進言道：「眼下時值仲春，萬物萌生，禽獸哺幼，不宜狩獵，還請陛下返宮。」唐太宗當時興趣正盛，心想：「我一個坐擁天下的堂堂天子，好不容易抽出時間出去消遣一次，就是獵一些哺幼的禽獸又怎麼樣呢？」於是請魏徵讓路，自己仍堅持這一次出遊。魏徵卻不肯妥協，站在路中央堅決的攔住唐太宗的去路，唐太宗怒不可遏，下了馬氣沖沖的返回宮中，左右的人見了都替魏徵捏一把汗。唐太宗回宮見到了長孫皇后，義憤填膺的說：「一定要殺掉魏徵這個老頑固，才能一泄我的心頭之恨！」長孫皇后柔聲問明了原因，也不說什麼，只是悄悄的回到內室穿戴上禮服，然後面色莊重的來到唐太宗面前，叩首即拜，口中直稱：「恭祝陛下！」她這一舉動弄得唐太宗滿頭霧水，不知她葫蘆裡賣的是什麼藥，因而吃驚的問：「何事如此慎重？」長孫皇后一本正經的回答：「妾聞主明才有臣直，今魏徵直，由此可見陛下明，妾故恭祝陛下。」唐太宗聽了心中一怔，覺得皇后說的甚是有理，於是氣憤之情隨之而消，魏徵也就得以保住了他的地位和性命。由此可見，長孫皇后不但氣度寬宏，而且還有過人的機智。

貞觀八年，長孫皇后隨唐太宗巡幸九成宮，回來的路上受了風寒，又引發了舊日痼疾，病情日漸加重。太子承乾請求以大赦囚徒並將他們送入道觀，為母后祈福，群臣感念皇后盛德都隨聲附和，就連耿直的魏徵也沒有提出異議；但長孫皇后自己堅決反對，她說：「死生有命，富貴在天，非人力所能左右。若修福可以延壽，吾向來不做惡事；若行善無效，那麼求福何用？赦免囚徒是國家大事，道觀也是清靜之地，不必因為我而攪擾，何必因我一婦人，而亂天下之法度！」她深明大義，終生不為自己而影響國事，眾人聽了都感動得落下了眼淚。唐太宗也只好依照她的意思而作罷。

長孫皇后的病拖了兩年時間，終於在貞觀十年盛暑中崩逝於立政殿，享年僅三十六歲。她在彌留之際尚殷殷囑咐唐太宗善待賢臣，不要讓外戚位居顯要；並請求死後薄葬，一切從簡。

唐太宗並沒有完全遵照長孫皇后的意思辦理後事，他下令建築了昭陵，氣勢十分雄偉宏大，並在墓園中特意修了一座樓臺，以便皇后的英魂隨時憑高遠眺。這位聖明的皇帝想以這種方式來表達自己對賢妻的敬慕和懷念。

長孫皇后以她賢淑的品性和無私的行為，不僅贏得了唐太宗及宮內外知情人士的敬仰，而且為後世樹立了賢妻良后的典範，到了高宗時，尊號她為「文心順聖皇后」。

一個成功的男人，老婆的支持很重要。如果妳是一位善解人意的妻子，妳應該了解關心丈夫的事業和生活。丈夫成功了，妳的婚姻、生活無疑也上了一個臺階。但究竟如何去幫助丈夫呢？以下這些提點或許會對妳有所幫助。

（一）好妻子不亂猜疑

雖然妳認為自己的丈夫很有吸引力，值得追求，但這並不代表，他的女祕書就會把他當成目標。女祕書對老闆的欣賞，通常是不會動真情的。

（二）支持丈夫不斷進取

每個男人都希望在工作一段時間後能夠升職，但是很少有人在剛剛步入社會的時候，就已經具有擔任高職位的能力。他們必須一邊工作一邊學習，妳的丈夫做好升職的準備了嗎？如果還沒有，他目前正在為升職做些什麼努力？而作為妻子的妳，又為丈夫做過多少努力呢？

（三）維護丈夫的人緣

伴侶是友善與和氣的女人，是丈夫的無價資產。工作繁忙的男人，常常因為太專心於工作，而沒有辦法建立起增進生活情趣的、溫暖的人際關係。如果他的妻子無論走到哪裡都能夠製造出一種溫暖的氣氛，那麼他將是多麼的幸運。像這樣的一個女人，在丈夫事業向前邁進的時候，也永遠也不會被遺落在背後的。她是丈夫選派到世界各地的親善大使。

（四）不要對丈夫提出超負荷的要求

作為一個男人除了來自職場的憂慮和老闆的壓力外，老婆的關也不一定好過！一位男士這樣無奈的抱怨：「我太太對我的要求太嚴格了，我的收入在老婆大人那裡是完全透明的，每月上繳薪水後，太太再按日分發款項。但在知識投資上，太太絕不手軟。忙完了工作，還要忙考試。年底一到，來自老婆大人和公司的雙方面壓力都讓我開始憂慮，要過這關不容易啊！」雖然說有適當的壓力是必要的，沒有壓力就沒有動力。但過於嚴格的壓力就成了壓迫了，記住：男人不是妳的奴隸。

(五) 迎合丈夫的嗜好

與伴侶共同分享一件東西，不管是一杯飲料或是一個奇思妙想，都可以使雙方倍感親密，而能共同分享所愛之人的特殊嗜好，更是獲得甜蜜愛情的一種很重要的舉動！

(六) 給丈夫一個舒服的家

妳有沒有考慮過，妳的丈夫在外面忙碌了一天後，最希望回到家裡能感受到怎樣的氣氛呢？怎樣的家庭才能使妳和妳的丈夫在每個早晨都能提高工作興趣、恢復精神去努力工作呢？這些問題的答案緊密的關係著妳丈夫的事業成功與否。

(七) 好男人離不開妻子的誇獎

丈夫總是渴望妻子的鼓勵的。比如說丈夫在工作中遇到困難時，回家對妻子訴說。妻子關懷的對丈夫說：「我相信你的能力，你肯定會做好的。」簡單的一句平常的鼓勵就會使丈夫信心倍增。機智的女人是不會忽視讚美的力量的。讚美可以使一個男人從平庸到卓越，從平凡到偉大！

(八) 注意丈夫的飲食健康

俗話說得好：要抓住男人的心，就要善待他的胃。此外，作為職業男性每天都承受著極大的壓力，擁有健康的身體是成功的基石。機智而又聰明的妻子，能夠掌控好健康飲食的細節，讓丈夫在身體上無後顧之憂。這是妻子對丈夫事業的間接支持。

(九) 在丈夫需要的時候陪伴他

當丈夫工作不順心的時候，會像妻子傾訴工作中的不滿，這時妻子就應該把妳同情和理解的感覺傳遞給他，告訴他妳理解他，願意幫助他、陪伴他。為他做些事情——像一位母親會無條件的為自己的孩子做很多事情，不求回報，只為他能開心。

八、幸福女人治家有術

中國人有句諺語：「十對婆媳九對不和」。婆媳關係是一種特殊的家庭關係。它既不像夫妻那樣有親密的姻緣關係，又不像母子那樣有穩定的血緣紐帶。它實際上是一種透過兒子、丈夫這個特定的雙重角色，而發生的間接「血緣——親緣」關係。婆媳關係與其他直接的家庭關係比較的話，天然的「內聚力」——「愛」明顯的降低，在客觀上導致了婆媳關係的特殊性。但家庭生活中，婆媳關係卻直接影響到整個家庭的氣氛。

在一個夏天的晚上，秀藍給不到一歲的兒子洗完澡後，就把換下來的髒衣服扔到洗衣機裡洗，可是粗心的她在陽臺上晾好衣服後竟忘記了關上紗窗！晚上，成群的蚊子飛進屋裡，這可害苦了開著房門睡覺的公公婆婆。

第二天，秀藍像往常一樣去上班，這時在家中的婆婆早就鬧了起來。她對秀藍的公公和丈夫說：「秀藍不是對我有意見是什麼?昨晚她故意不關紗窗放蚊子進來咬我，害得我一整夜都沒睡好。」秀藍的丈夫馬上打了個電話給秀藍，讓她立刻回來給婆婆道歉。秀藍聽後覺得婆婆簡直是小題大作，又不是什麼大事，何必這樣呢，於是等到下班了才回家。

一回家就看到婆婆沉著一張臉，秀藍沒有多說什麼。過了一會兒，婆婆忽然將紗窗重重的一關，秀藍知道這聲音是關給自己聽的！秀藍是個直腸子，直截了當的說：「又不是什麼大不了的事，有必要這樣嗎？再說昨晚我真的是忘記關紗窗了。」

「妳有什麼忘不忘的，妳哪次忘記關窗子不是對我有意見！」婆婆情緒有些激動。秀藍也毫不示弱的辯解道：「我為什麼要對妳有意見？妳幫我帶孩子，每天喂他吃飯，哄他睡覺，我為什麼要對妳有意見？我看妳真是老糊塗了！」一旁的丈夫忍不住了，呵斥道：「秀藍，說話過分了啊！有妳這樣對長輩說話的嗎？」「本來就是啊！我說的是事實。」於是，她和婆婆兩人大吵起來。

事後，沒有一個人安慰秀藍，連丈夫都站在婆婆那邊，說秀藍不懂事，不要跟她一般見識什麼的。秀藍委屈極了，明明是婆婆自己心裡多想了，大家反而都怪起自己來，她真是想不明白。

可見，婆婆和媳婦之間難免會有衝突發生。不過，身為媳婦的妳，一定要竭盡全力避免這種情況的發生，畢竟家和萬事興。

殷樂在處理婆媳關係上就很有一套。對待婆婆，殷樂在幾個兒媳婦裡出力不是最多的，卻是名聲最好的。過年過節，如果殷樂不到，婆婆絕對不開席。婆婆家這邊有什麼事，都會問問殷樂的意見，這點讓婆婆的幾個女兒都很是嫉妒。

殷樂很會做人，逢年過節時禮數絕對做全，老人家的生日更是重視，平時也常常買些小禮物什麼的。老人愛吃點心，殷樂時不時會買些送給婆婆，把老人家哄得開心極了。有時即使有的事情上吃虧了，殷樂也絕對不鬧，下次記得吸取教訓就是了。

殷樂說道：「不能要求婆婆像親媽那麼疼妳，但是妳要以對待親媽的心態來對待婆婆，處處要做到尊敬和禮貌，再大的委屈，也不能當場發作，畢竟她是需要妳深愛的人的母親。」

婆婆和媳婦，如果想要很好的生活在一起，就要依賴於雙方的責任感和義務感，同時還要互相信任，並在此基礎上培養互愛之心。這就需要婆媳在家中能做到以下幾點：

(一) 卸載「婆」與「媳」的沉重包袱

兩個女人能放下對立意識，卸載「婆」與「媳」的沉重包袱，重新把對方還原至一個「人」的位置。設想那是今生有緣相遇的一位朋友，從這樣的基點出發，也許婆媳故事才有重新改寫，並邁向「另一個母親與女兒」境界的可能。

(二) 與對方成為朋友

不論是婆婆還是媳婦，當其中一個人想要和對方有著平等關係的時候，朋友的意義便產生了。婆媳之間若像朋友一樣，互相信任，互相照顧，彼此都願意聽對方說話，並善於發現對方的優良品質。這樣婆媳關係便會好起來。

要做到婆媳如朋友，最難的就是婆婆，她首先要做到禮賢下士，不要以婆婆的高位自居，這樣才有可能使媳婦放下內心的戒備。所以，那些在生活中經常指責和嘲笑媳婦的婆婆，一定要知道這是導致婆媳不和的致命因素。

(三) 雙方都把注意力放在生活中的要事上

在生活中，很多婆媳吵架，都是為了一些雞毛蒜皮的芝麻小事，也有的是為了一些無關緊要的蠅頭小利。因為她們當中誰也都不願意接受對方對自己的一些瑣事的責難。

婆媳之間不應該挑剔這些無足輕重的事，而是應該把注意力集中在具有善意和責任感的事物上。婆婆不要總盯著媳婦飯桌上的吃相，媳婦也不要總覺得婆婆嘮叨。

一位很成功的媳婦說：看電視時，我很喜歡看經典電影和電視劇，但婆婆卻並不喜歡看。她總在電視節目開始的時候，早早的就坐在電視前看起國內一些不負責的人拍的連續劇與綜藝，而且看得津津有味。每當我被這些噪音弄得快發狂的時候，我就想起婆婆在很多方面是多麼的通情達理，對我有多麼的好。既然她想看這些片子，就讓她看吧。這樣一想，我的心情就平靜下來了。

(四) 勸說要溫和

婆媳關係相處得好，是一點一滴得來的；相處得糟糕，也是一點一滴形成的。所以，婆婆和媳婦在處理一些問題時，說話要盡量做到溫和，並考慮到對方的接受能力。

(五) 樹立一個好的榜樣

婆媳無論哪一方，都要相信將心比心的說法。當妳要求別人對妳好時，妳自己要先對人家好。「妳不打人，人家也不打妳。」正是這個道理。身為婆婆，若想要培養媳婦的善心和勤儉，自己就要首先證明自己具有善心和勤儉。

(六) 不要害怕和拒絕改變自己

社會在不斷的變化，人與人之間的關係也在不斷的改變。所以不論婆婆或媳婦，都不要害怕自己為對方做的某些改變，不要認為這些改變是做出了犧牲，其實這只不過是妳對生活做出的一些相應的調整，也證明妳自己是能適應生活的。

總之，女人的心理實在太微妙太複雜，不能指望男人把兩邊都拿捏得好好的。婆婆和媳婦，像敵人又不是敵人，像母女又不是母女，所以女人別嫌累，要不厭其煩的學習與婆婆相處的技巧。很少聽說自由自在、無憂無慮、沒心沒肺的人能生活得很好很快樂不出狀況的。套用一首流行歌曲的名字來做個有點搞笑的結語，那就是：女人何苦為難女人嘛。

第九章　保持健康，掌控好自己的最大財富

女人總是想著要如何照顧好家人的健康，卻很少為自己做一個健康計畫。當女人的生日一個個的從生命的年輪上滾過，在不知不覺中變老，疾病一步步的向她們逼近、損害她們的健康時，她們才會意識到健康的重要性。所有人都渴望甜蜜的愛情、幸福的家庭等，但只有健康的身體才能讓這些變得永恆。一旦失去了健康，無論妳擁有了什麼，妳所擁有的都將變得沒有意義。自身的生命是美麗的，但又是脆弱的，女人只有不斷的關愛、珍惜健康，才能持久的煥發出迷人的光彩。

一、睡眠令女人美麗又健康

人一生中有三分之一的時間是在睡眠中度過的，據說連續五天不睡覺人就會死去，可見睡眠是每個人生命中的重要組成部分。睡眠作為生命所必需的過程，是身體復原、整合和鞏固記憶的重要環節，是保持身體健康不可缺少的環節。而最重要的是，倘若睡眠不足，精神不夠，那麼，一個本來再有氣質的女人也容易給人萎靡不振的印象。一個萎靡不振的女子，又何來氣質可言呢？

根據世界衛生組織調查，全球百分之二十七的人有睡眠問題。其中女性比男性多，但只有百分之四的人會去看醫生。三十到六十歲的女性平均睡眠時間只有六小時四十一分鐘。另外有調查顯示：四十五到六十五歲的女性中，每夜平均睡眠五個小時的女性比平均睡眠八個小時的女性，心臟疾病罹患率高百分之三十九；失眠還有可能增加飢餓感，從而影響身體的新陳代謝，導致保持或減少體重變得困難；同時，失眠會對她們白天的認知能力有影響。究其原因，女性獨特的生理特性和不健康的生活習慣、過重的精神壓力都是導致失眠的重要原因。

必須注意的是，失眠對女性健康有著多重危害。研究結果顯示，那些失眠或是睡眠過多的女性，患心臟病的風險比每晚有規律的睡好八小時的女性高。

研究人員在長達十年的時間裡對七萬一千名婦女進行的調查中發現，那些每晚只睡五小時或更少的人，冠狀動脈變狹窄的風險比每晚充足睡飽八小時的人要高出百分之四十五。

排除抽菸和體重等因素，與睡飽八小時的女性相比，平均每晚能睡好六小時的婦女得心臟病的風險高出百分之十八，睡好七小時的婦女患這種病的風險高出百分之九。然而，美國波士頓的婦產醫院研究人員發表在《內科學文獻》上的文章也談到，令研究人員感到意外的是，每晚平均睡九到十一小時的婦女患病的風險也要比睡飽八小時的人高百分之三十八。

為此，為了能更好的發揮睡眠對健康的作用，培養良好的睡眠習慣顯得尤其重要。

（一）按時按點

養成按時入睡和按時起床的睡眠習慣，睡前不能看激烈的影視劇和球賽或談論懷舊傷感的事情，以免刺激自己的大腦，使其處在興奮狀態。不要在睡覺前吃東西，避免加重胃腸的負擔；不要在睡前喝濃茶與咖啡，更不要長期服用安眠藥，這是危害健康的另一個隱患。

（二）年齡與睡眠時間

人人都會有這樣的感覺，當他睡得很好的時候，就會感到很舒服，工作起來效率也會很高。但是，人究竟需要多少睡眠時間才比較合適呢？研究發現，睡眠時間是不固定的，它隨著年齡的增長而變化。一般情況下，人的睡眠時間會隨著年齡的增長而持續減少。

對於尚處於嬰兒階段的，一歲內的嬰兒，需要睡眠的時間最多，因為嬰兒在睡眠的過程中要做許多夢，學習動作和處理腦海中留下的印象。正因為這樣，嬰兒每天需要睡十六個小時左右。

對於十到二十歲的青少年，這個年齡段的孩子通常每天睡八小時就夠了。若想要讓他們睡得更好一些，只需讓他們在週末再多睡一會兒。

二十一歲到三十歲的年輕人，處在這個時期的話每天八小時的睡眠比較合理，如果下午能夠小睡一會兒則對身體更有益。晚上睡前一小時內不要吃東西，若是下午睡過，可晚點再睡，如果可以的話，做幾十分鐘的體操則有助於入睡。

對於三十一歲到六十歲的成年人，由於更年期，連續睡覺的規律會有所改變；成年男子需要六到七個小時的睡眠時間，婦女則需要七個半小時的睡眠時間。為了提高睡眠品質，要盡可能的遵守固定的睡眠時間。

對於六十歲以上的老年人，睡眠的時間不僅變得越來越短，而且覺睡得比較淺，深睡時間不多。這時候就需要經常用午睡來補充睡眠。但如果能夠縮短午覺來加長夜間的睡眠，則是最好的了。

(三) 選擇正確睡姿

從身體的結構來看，由於人體的心臟偏左側，因此睡眠時向右側臥，才不會壓到心臟，呼吸起來也會很順暢。同時，人體的胃、十二指腸、胰腺及小腸通向大腸的管口，都朝右側開口，所以右側臥睡覺有利於胃中待消化的食物流入十二指腸，更方便胰腺分泌胰蛋白酶以及膽囊分泌膽汁進入十二指腸，從而促進消化吸收。

(四) 調整睡眠時間

在正常的情況下，一個人每天的睡眠時間如果能達到六到七小時，身體狀況基本上就能恢復到與前一天同樣的狀態。一般來說，青年人尤其是男性由於運動中損耗了大量的糖原，肌纖維也會受到一定的破壞，這時，身體補充糖原和修復損傷更多需要在睡眠時完成。所以，需要的睡眠時間會更多一些。

睡眠並不需要豪華的別墅，但需要充足的時間、安靜的環境和輕鬆的心情。室內要清潔衛生，無雜訊和干擾，保持一定的室溫和清新的空氣。另外，要有向陽的窗，充足的陽光，如果臥室朝向是東南或南是比較好的。

專家提出，睡眠要先睡心，後睡眼。講的就是在睡前必須保持心平氣和、愉快的心情，這樣才能保證安靜入眠。但是，當自己的心情不好或者惱怒的時候入睡就達不到好的睡眠狀態。由此可知，失眠最大的敵人就是焦慮感。排除對失眠的焦慮感，放下對失眠影響健康的擔心。如果上床半個小時還無法入睡，就不要強迫自己入睡，最好起來做點讓自己感到輕鬆的事情。

我們還可以依據個人需要，在睡覺前先洗個溫水澡，或者做個按摩，聽聽輕音樂，這些都有助於保持穩定的情緒。另外，也可以讀一些容易理解的文章，盡力保持安靜的內心世界。

好的休息才會有好的精力，好的精力才會有好的工作動力，才有可能使事業獲益。

總之，與其治標不治本的服用安神類藥物，遠不及健康睡眠來得重要。因為只有健康的睡眠才能在帶來強健體魄的同時令女人容光煥發，這就是為什麼人們把充足的睡眠叫做「美容覺」的原因。

二、更年期的女性可以更年輕

更年期是指婦女由中年至老年期的一個過渡時期，是婦女由生育期過渡到老年期的一個必經生命階段。

女人到了四十到五十五歲時，身體就會出現一些異常的反應：一會兒心慌胸悶，一會兒頭暈眼花，一會兒臉紅出汗；血壓忽高忽低，心情就跟蕩秋千似的——忽起忽落、激動易怒、焦躁不安。而且疑心重、失眠多夢、食慾不振、記憶力減退、思想不集中、心理想的和嘴上說的會不一致、腹脹腹瀉、便祕、浮腫。性格也變得不讓家裡人喜歡，孩子嫌妳囉嗦，丈夫嫌妳嘮叨，給人的印象是妳總是疑神疑鬼、嘮嘮叨叨的。這些就是更年期綜合症的表現。

更年期的到來，在影響女性生理的同時，對其心理的影響更大。最常見的有以下幾個方面的心理變化。

(一) 焦慮

焦慮是更年期女性常見的心理反應，由於腦中的雌激素水準下降，血清中某些神經遞質增加，又要面臨工作上的晉升、退休、子女升學與就業等壓力，加上身體的生理變化，因而容易產生焦慮或煩躁情緒，甚至亂發脾氣。

(二) 悲觀抑鬱

更年期女性隨著生理的變化，易產生悲觀抑鬱的心理。悲觀抑鬱嚴重者可發展為精神憂鬱症，表現為情緒沮喪，傷心易哭，對工作及社會活動失去興趣，對生活失去勇氣，甚至想自殺。這種悲觀抑鬱患者常與夫妻關係不和、本人性格脆弱、缺少社會交際或無法承受失去親人的痛苦等有關。當事業發展不順利的時候，會開始懷疑自己的能力，導致自信心受到打擊，工作成績受到影響。

(三) 寂寞

儘管生活和工作繁忙緊張，可是一旦停止忙碌，尤其在夜深人靜的時候，會從內心產生一種渴望，即想將生活中的煩惱、幻想和情感向人傾訴。

(四) 年齡恐慌症

家庭主婦，經常感覺做什麼都打不起精神，坐在家裡，想著自己已經變成「黃臉婆」了，人老珠黃，沒有了魅力，擔心老公會做出對不起自己的事。而職業女性，在工作上可能要面臨隨時被老闆解僱的危機，又因為年過三十五歲而被眾多徵才單位排斥。

以上這些變化並不是在每個更年期的婦女身上都會表現出來，而是有輕有重、或多或少、或有或無。有的情況比較嚴重，那就是更年期偏執性精神障礙。由於一些有類似病症患者的家人對這種病症沒有充分的理解和重視，最後造成一些患者自殺或自殘。因此，對更年期婦女的心理障礙，絕不可以掉以輕心。

不論症狀反應輕重，我們都要認識到這一個人生的自然規律，保持心理平衡，採取必要的措施，調節好心態，及早預防，順利的度過更年期，迎接人生的第二個春天。那麼女性們應當做好哪些準備呢？

（一）提前做好心理準備，正確認識本病的發病原因。更年期是人生道路上必經的階段，每位女性都要面對這一個現實，從知識上、思想上、精神上做好準備，平和的迎接這一自然生理變化的到來，學會心理平衡，自尋快樂。

（二）處理好各種關係。不理解的地方要多與他人交流看法，不要悶在心裡自尋煩惱。同時，家人也要相互體諒，遇事要鎮靜，不要為一點小事、一句不順耳的話而大動肝火。

（三）豐富生活。更年期婦女大多臨近退休或離職在家，精神壓力較大，總存在著一種失落感。這時要把生活安排得有節奏，適當增加業餘愛好。如養魚、養花、繪畫、下棋、聽音樂等，這樣不僅可以增加生活情趣，還能保持良好的大腦功能。

（四）合理安排體育訓練。體育活動可以促進新陳代謝，增強各器官的生理功能，也可提高心態和對突發事件的應變能力。更年期女性在運動中可以獲得快樂，忘掉煩惱和不幸，對更年期心理健康有很好的幫助。

（五）合理膳食。更年期婦女生理和代謝等方面發生變化，胃腸功能吸收減退，應限制糖、熱量、動物性脂肪、膽固醇和鹽的攝入，補充優質蛋白質（奶類、魚類、豆類、瘦肉、香菇、海產、黑木耳等）、維生素、微量元素、鈣和纖維素，以維持人體的正常代謝。可以在中醫辯證的基礎上食用藥膳，腎陰虛者應多吃山藥、枸杞、茯苓、黑芝麻等食物，腎陽虛者多吃鹿茸、杜仲、胡桃、冬蟲夏草。

女人如花，花有盛開和凋謝，花需要澆水和呵護。人也是如此，如果自身素養好，心態平和，慈愛寬容加上相愛之人的細心關愛，精心呵護，那麼女人的生命之花就能盛開百年不衰，歷經第一春、第二春而不敗，「更年期」也就不再是人生的障礙，而成了「更年輕」了。

三、做緩解精神壓力的高手

現代的都市生活，節奏一天比一天快，競爭一天比一天激烈，隨之，壓力一天比一天大。生存壓力和生活壓力像兩座大山一樣壓在人的背上，尤其是女人會是一種什麼樣的感覺是可想而知的。時間久了，造成注意力狹窄、思維僵化、產生恐懼與逃避的心理、引起情緒與行為失控、壓力過度，人體過於緊張，則會導致腎上腺素分泌過量，從而破壞身體的機能，影響健康。影響女性健康的三種「緊張」症狀，一是「身體症狀」，如便祕、頸椎病、頭痛、腰酸等；二是「行動症狀」，如購物依存症、酒精依存症等；三是「精神症狀」，如急躁易怒的情緒。緊張，會使交感神經的作用過強，導致血管收縮，血壓上升，同時也會使血流不暢，引起身體發冷等疾病。因此，個體需要調適自己，正確面對生活中出現的各種壓力，找到一個平衡點。

人活在世上原本就是要好好欣賞世間美景的，不是要讓妳痛苦的活著，因此，應該學一學減壓方法讓自己的生活輕鬆起來。讓妳在生活和工作上盡量減少壓力的產生。當妳有了壓力的時候，可以讓壓力減少，做一個健康的人。

壓力的存在，是個人能力無法改變的，但為了保持身體和心理的健康，更好的加入到競爭之中，可以進行自我調節，找到一種放鬆的方式。用什麼樣的方法來放鬆，來減壓，是要根據自己的實際情況和需要來決定的。

因此，對於已經習慣於長期處於緊張狀態的職業女性而言，妳現在需要的是鬆弛，學習適合自己的放鬆方式，以此改變應付壓力而形成的生活方式，澈底消除健康隱患。

生活的壓力來自方方面面，減壓的方法也應不拘一格，採取內外兼修的方法最有效。

(一) 加強體育訓練

體育訓練是減輕壓力的有效途徑。體育運動不僅能夠讓血液循環系統運作得更有效率，還能夠強化我們的心臟與肺功能，直接的增強腎上腺素的分泌，讓整個身體的免疫系統強大起來，從而有更強的「體質」去應付生活中隨時可能出現的各種壓力。我們可以持之以恆的從事各項運動，特別是做「有氧運動」，例如游泳、跳繩、騎腳踏車、慢跑、快步行走與爬山等。在運動中，我們將體會輕鬆和忘我的境界，享受大自然的美妙，心靈也會在天地相融中被淨化。

許多世界級大富翁都酷愛運動。事實上，活動身體的肌肉，能夠讓全身心得到鬆弛，並讓我們的大腦有一個適當的休息機會。只有強健的身體，才是十足的成功的能源。此外，還可以利用其他有效的自助法來排除壓力，如循序式肌肉放鬆法、靜坐、自我催眠和呼吸練習等。

(二) 消除緊張感

緊張，是一個人的心理因素造成的。世上許多道德家、宗教家等，一味的大力鼓吹「嚴以律己」的思想，使人們將在壓力下生活視為正常，這往往造成身心的緊張。想要踏上成功的道路，首先要消除這種緊張感，以達到身心的放鬆。即使天生容易緊張的人，也要靠人為的努力舒緩緊張。緊張感不消除，人就難以輕鬆。

生氣、後悔、怨恨、恐懼等，這些情緒很容易產生，但想消除由此而產生的緊張，藉由放鬆而將自己及周圍的人導入平和的境界，卻是很困難的。

為了消除上述原因造成的緊張，我們可以採取以下辦法。

——當我們因什麼事煩惱的時候，應該說出來，不要放在心裡。事實證明：傾訴，是排除心中積鬱的有效辦法。可以把煩惱向值得我們信賴的、頭腦冷靜的人傾訴，例如自己的父親或母親、丈夫或妻子、摯友、老師……等。

——當事情不順利時，如果強迫自己忍受下去，無異於自我懲罰。我們可以暫時避開一下，把工作拋在一邊，然後去看一場電影或者讀一本書，或者上網聊聊天、玩遊戲，或去隨便走走，轉換心境，看看大自然，這些都能使我們得到鬆弛。當我們的情緒趨於平靜，而且當我們和其他相關的人均處於良好的狀態，可以解決問題時，我們再回來，著手解決存在的問題。

——如果我們被某人激怒了，非常想發洩一番，這時應該盡量克制一會兒，然後把它拖到明天，同時去做一些有意義的事情。例如做一些諸如園藝、清潔、木工等工作，或者是打一場球或散步，以平息自己的怒氣。

——如果我們經常與人爭吵，就要考慮自己是否太主觀或固執。要知道，這類爭吵將對周圍的親人，甚至對孩子的行為帶來不良的影響。即使我們是絕對正確的，也可以按照自己的方式稍做謙讓。當我們這樣做了以後，通常會發現別人也會這樣做的。

——先做最迫切的工作。在緊張狀態下的人，連正常的工作量有時都承擔不了。工作顯得是如此繁重，去做其中的任何一部分都是痛苦的，先做最迫切的事，把全部精力投入其中，一次只做一件，把其餘的事暫時擱到一邊。一旦做好了，就會發現事情根本沒有那麼「可怕」。做了最迫切的事後，其餘的做起來就容易得多。

有些人對自己的期望太高，經常處在擔心和憂鬱的狀態下，因為他們害怕達不到目標。他們對任何事物都要求盡善盡美，這種想法雖然極好，可是也容易走向失敗的歧途。沒有一個人能把所有的事都做得完美無缺。首先要判斷哪些事能做得成，然後把主要精力投入其中，盡我們最大的能力去做。若做不成功，則不要勉強。

(三) 保持寧靜

保持寧靜，是舒緩心中壓力的另一條途徑。馬可・奧理略認為：「第一個原則是保持精神不要混亂。第二個原則是要正面看待事物，直到澈底認識清楚。」不要因為事情演變而擾亂了我們的精神，對生活中發生的事始終保持一份沉靜很重要。

寧靜，既是身外的安靜，也是內心的鎮靜。保持寧靜，可以調節身體氣血運行的全面平衡，以達到養心健身的良好功效，而且還能仔細全面的考慮問題，有助於處理好周圍發生的一切。所以，寧靜不僅可以修身養性，也可以調節人的精神。

寧靜，可以力戒虛妄，力戒焦慮，力戒急躁，力戒一切煩惱的事，做到心清意靜，可以感覺到一般人感覺不到的東西。

寧靜是一種調節，一種超脫，一種昇華。

當我們遇到煩心的事時，不要馬上惱火，將事情放一放，慢慢的分析，慎重的思考，然後再採取措施。反應太快，常常會使人做出考慮欠周的行動。慎重可以有時間讓情緒平穩下來，讓理智的洞察力來主宰一切。

(四) 恬淡寡慾

恬淡寡慾，不追求名利，也有助於減壓。清末的張之洞說：「無求便是安心之法」，著名作家冰心也認為，「人到無求品位自高」。這些都說明了淡泊是一種崇高的境界和心態，是對人生追求在深層次上的定位。

物慾是無法滿足的，人們爭先恐後的追逐物質利益的結果往往令人心酸，此時比勞碌的身體還要疲憊的是那顆不斷索取的心。淡泊則不同，它是一種疏於名利、超脫於物質生活的高尚情趣。淡泊的意思不是說要放棄理想和追求，而是要每個人在自己有限的時間裡，做一個認真、踏實的平凡者。

(五) 合理膳食

要少吃油膩及不易消化的食品，多吃新鮮蔬菜和水果，如綠豆芽、菠菜、油菜、橘子、蘋果等，及時補充維生素、無機鹽及微量元素。

人生就像一次旅行，在短短的人生之旅中，誰都希望能抓住每分每秒、掌握成功的契機，但是忙碌的生活經常讓人感到壓力沉重，長期下來，導致心情鬱悶、煩惱叢生。生活其實不用過得那麼累，放開胸懷，不追求物質享受，簡樸、沒有包袱的生活一定能使心情更舒暢。

四、解除女人痛經的困擾

女孩生理發育到特定階段後（十三歲左右），年輕的子宮內膜在卵巢分泌的性激素直接作用下，週期性的發生剝落出血現象的過程，就是月經。這個規律的身體運動，一方面表示了女孩子的性成熟期開始，一方面表示女孩與這個「好朋友」的相處開始了。

有相當多的女性，每次來月經前往往有下腹陣陣疼痛、乳房脹痛、易疲勞、憂鬱、全身倦怠乏力等不適感，這就是令人特別苦惱的痛經。經期為何出現這類症狀？主要是青春期女性的子宮頸比較細長，或未發育完好，經血流經處刺激子宮肌收縮而造成的。女性在月經週期中，隨著內分泌的變化，生理和心理上也會發生較大的變化。

在經期前後，可透過膳食來調節，以助減輕疼痛：

在月經前、中、後三時期，若攝取適合當時身體狀態之飲食，可調節女性生理心理上的種種不適，也是使皮膚細嫩柔滑的美容良機。

（一）月經前煩躁不安、便祕、腰痛者，宜大量攝食促進腸蠕動及代謝之物，如生青菜、豆腐等，以調節身體的不適狀態。女性月經來潮的前一週應吃些清淡、易消化、富含營養的食物，忌食鹹食。鹹食會使體內的鹽分與水分增多，出現水腫、頭痛的現象。可以多吃豆類、魚類等高蛋白食物，多食用綠葉蔬菜、水果，全穀類、全麥麵包、糙米、燕麥等食物含有較多纖維，可促進雌激素排出，增加血液中鎂的含量，有調整月經及鎮靜神經的作用。此外，要多飲水，防止便祕，減少骨盆充血。

(二)月經初期，為減輕腰痛、沒有胃口的症狀，不妨多吃一些開胃、易消化的食物，如棗子、麵條、薏仁粥等。要少喝碳酸飲料，這類飲料中大多含有磷酸鹽，它會與體內鐵質產生化學反應，使鐵質難以吸收。此外，多飲汽水還會影響食慾。

(三)月經期為促進子宮收縮，可攝食動物肝臟等，以維持體內熱量。要吃營養豐富、容易消化的食物，不要吃刺激性食物和辣椒之類，還要少吃肥肉、動物油脂和甜食。吃飯前要按摩耳朵消除疲勞，內心不要有不安和緊張。

(四)月經期會損失一部分血液。因此，月經後期需要多補充含蛋白質及鐵鉀鈉鈣鎂的食物，如肉、動物肝、蛋、奶等。月經後容易眩暈、貧血者，在經前可攝取薑、蔥、辛香料等；在經後宜多吃小魚以及多筋的肉類、豬牛肚等，以增強食慾，恢復體力。菸酒等刺激性物質對月經也會有一定影響，如果不注意避免這些不良刺激，長此以往，會發生痛經或月經紊亂。

(五)香蕉、牛奶加蜂蜜能對付痛經。牛奶中富含鉀，它對於神經衝動的傳導、血液的凝固過程以及人體所有細胞的機能都極為重要，能緩和情緒、抑制疼痛、防止感染，並減少經期失血量。蜂蜜是產鎂的東西，能幫助大腦中神經衝動傳導、使具有神經激素作用的活性物質維持在正常水準。在月經後期，鎂元素還能起到心理調節作用，有助於身體放鬆，消除緊張心理與減輕壓力。

（六）借助維生素來對付痛經。B群維生素對減緩經前緊張症具有顯著療效，B群維生素中又以B6最為重要。此種維生素能夠穩定情緒，幫助睡眠，使人精力充沛，並能減輕腹部疼痛，在香蕉中含量較多，痛經女性不妨多吃一些。

（七）咖啡、茶等飲料會增加焦慮、不安的情緒，可改喝大麥茶、薄荷茶。避免吃太熱、太涼、溫度變化太大的食物。有大失血情形的女性，應多攝取菠菜、蜜棗、紅鳳菜（湯汁是紅色的菜）、葡萄乾等高纖質食物來補血。即將面臨更年期的婦女，應多攝取牛奶、小魚乾等鈣質豐富的食品。

當女性月經來潮時，會造成鐵的流失增多。一般來說每次月經要額外損失十八到二十一毫克的鐵，所以女性要比男性多補充鐵，以免造成鐵缺乏與貧血。處在這一個特殊時期，不但要注意營養攝取的全面與均衡，而且要給身體補充富含鐵、蛋白質和維生素C的食物尤為重要。因為，維生素C能促進非血紅素鐵的吸收。女性在經期要做到飲食均衡，注重補鐵。那麼，如何才能有效補鐵呢？

（一）選用紅棗十顆，枸杞二十克，血糯米四十克，紅糖二十克。洗淨後將其置於鐵鍋中加清水，先用旺火煮沸，改用文火熬粥，粥成之時加入紅糖調勻。每日早晚分食一劑。原理是：食用此粥有養肝益血、補腎固精、豐肌澤膚的功效，適於營養不良，缺鐵性貧血，臉色蒼白，皮膚較乾燥及身體瘦弱者食用。體胖者忌食此粥。

（二）選用新鮮的連根菠菜一百五十到二百五十克，豬肝一百四十克。先將菠菜洗淨，然後切成小段，再把豬肝切成片。當鍋內水燒開後，加入生薑絲和少量鹽，再放入豬肝和菠菜，水沸後豬肝熟了即可。原理是菠菜、豬肝兩物同用能補血，用於缺鐵性貧血的補養和治療。

（三）選用阿膠八克，黃芪十六克，大棗九枚。先把黃芪、大棗用水煎煮，水沸一小時後取湯，將阿膠放入湯中溶化。一天早晚各一劑。原理是：阿膠補血，黃芪、大棗補氣生血，三味同用能補氣益血，用於貧血的補養和治療。

無論是均衡飲食還是食用藥膳只是起到了防範與調節的作用，緩解了一些疼痛，如果有下列狀況發生，就一定要去醫院治療。

（一）二十五歲以上或已婚，特別是已分娩者，痛經若是很劇烈，或者是一段時期痛經有所減輕，但最近又加劇，還有患子宮後傾或其他疾患者。

（二）經期體溫升高，甚至發高燒者。

（三）經期過長或過短（正常為三到七天），或出血量過多者。經血中出現肝臟樣塊狀物，且大於小指大小者。

五、堅持散步走向快樂

俗話說得好，「飯後百步走，活到九十九」、「沒事常走路，不用進藥鋪」。散步是傳統的健身方法之一，歷代養生家們都認為「百練不如一走」。早在《黃帝內經》中就指出「夜臥早起，廣步於庭」，這裡的「廣步」就是散步的意思，所提倡的就是人們早晨起床後應到庭院裡走一走，散一散心。此外，唐代大醫學家孫思邈在《千金翼方》中指出：「四時氣候和暢之日，量其時寒溫，出門行三里二里及三百二百步為佳。」還強調「食畢當行步……令人能飲食，無百病。」還有，在《紫岩隱書》中也曾提到「每夜入睡時，繞室行千步，始就枕」。

散步可以使人的身心充分的享受到來自大自然的精華。借助散步，可以把自己的歡樂與自然水乳交融。散步，也可以與健康的生活方式、藝術化的生活方式畫上等號。

首先，散步可以使大腦皮質的興奮、抑制和調節過程得到改善，從而起到消除疲勞、放鬆、鎮靜、清醒頭腦的作用，所以很多人都喜歡用散步來調節精神。

其次，散步時由於腹部肌肉收縮，呼吸略有加深，橫隔肌上下運動加強，加上腹壁肌肉運動對胃腸的「按摩作用」，消化系統的血液循環會加強，胃腸蠕動增加，消化能力提高。

最後，散步時肺的通氣量比平時增加了一倍以上，從而有利於呼吸系統功能的改善。而且散步作為一種全身性的運動，可將全身大部分的肌肉和骨骼動員起來，從而使人體的代謝活動增強、肌肉發達、血流通暢，進而減少罹患動脈硬化的可能性。

散步是一種有益的運動方式，它可以降低過高的血壓、燃燒過多的卡路里、釋放壓力、訓練肌肉。散步的時候，我們可快、可慢；可在微風中走，也可在細雨中慢行；可在霧中穿梭，也可在飄雪的日子享受一份浪漫……讓種種姿態與心境達到一種極致的和諧，有利於身心健康！

如果妳幾經決定後把散步列入自己的健身方案，那麼這裡還有些關於散步的注意事項供妳參考：

（一）散步的要領

散步前，全身應自然放鬆，調勻呼吸，然後再從容散步。若身體拘束緊張，動作必僵滯而不協調，影響肌肉和關節的活動，達不到運動的目的。所以，在散步時，步履宜輕鬆，狀如閒庭信步，周身氣血方可調達平和、百脈流通。散步時宜從容和緩，不要匆匆忙忙，要百事不思。這樣一來，悠閒的情緒、愉快的心情，不僅能提高散步的樂趣，也是散步養生的一個重要方面。

散步須注意循序漸進，量力而為，做到形勞而不倦，否則過勞耗氣傷形，達不到散步的目的。

（二）散步的速度

快步，每分鐘約走一百二十步。既能興奮大腦，振奮精神，又能使下肢矯健有力。要注意的是快步並不等於疾走，只是比緩步的步速稍快點。

緩步，每分鐘約走七十步。可使人穩定情緒，消除疲勞，亦有健脾胃、助消化的作用。這種方式的散步對於年老體弱者尤為適用。

閒庭信步，是一種走走停停、快慢相間的散步，因其自由隨便，故稱之為閒庭信步。對於病後康復者非常有益。

(三) 散步的時間

食後散步，《老老恆言》裡說：「飯後食物停胃，必緩行數百步，散其氣以輸於脾，則磨胃而易腐化。」說明飯後散步能健脾消食，延年益壽。

清晨散步，早晨起床後，或在庭院之中，或在林蔭大道等空氣清新、四周寧靜之地散步。但要注意氣候變化，適當增減衣服。

春季散步，春季的清晨進行散步是適應時令的最好養生法，因為春天是萬物爭榮的季節，人亦應隨春生之勢而動。

(四) 散步後的保養

白領女性可能因為工作原因，不得不終日與高跟鞋為伍，但要注意鞋底一定不可以太硬，鞋不能擠腳。散步後回到家，最好赤腳踩地，澈底放鬆。洗澡時注意用熱水泡泡腳，可以緩解足部疲勞。

六、健康藏在廚房裡

俗話說：民以食為天，吃飯關係著健康，也關係著家中的一個重要地方——廚房。廚房可以說是大多數女人的舞臺，但就在這個舞臺上時刻潛藏著危害。

在家庭廚房裡，危害人體健康的汙染源除了來自於各種燃料如液化石油氣、煤氣、煤和柴火的燃燒外，還有來自菜餚烹調時所產生的油煙，給家庭主婦們的健康帶來了隱患。不幸的是，這種油煙的汙染卻往往被主婦們所忽視。

據統計，在非抽菸女性的肺癌危險因素中，超過百分之六十的女性長期接觸廚房油煙，做飯時經常有眼和咽喉的煙霧刺激感；有百分之三十二的女性煮菜喜歡用高溫油煎炸食物，同時廚房門窗關閉，致使廚房這個小環境油煙汙染嚴重；還有百分之二十五的女性家中廚房連著臥室，冬天很少打開窗戶煮菜，因此高溫油煙久久不散，甚至睡覺時也在吸入，這些有毒煙霧嚴重損傷了呼吸系統的細胞組織。

研究表明，當食用油加熱到攝氏一百五十度時，其中的甘油就會生成油煙的主要成分——丙烯醛，它具有強烈的辛辣味，對鼻、眼、咽喉黏膜有較強的刺激，可引起鼻炎、咽喉炎、氣管炎等呼吸道疾病。我們日常食用的大多是植物油。一般民眾家中都是採用高溫煎炒，在鍋中油燒熱到攝氏二百七十度到二百八十度時炒菜。有人收集油煙凝聚物於纖維濾膜上進行分析，結果表明，油煙凝聚物具有致突變能力。儘管一些植物油本身並無突變性，但在加熱過程中會產生新的化學物質。如油中含有較多的不飽和脂肪酸，當油溫升高到六十度時就會開始氧化，升到一百三十度時氧化物開始分解，形成多種化合物，這些化合物中有一種被稱為苯并芘的致癌物，苯并芘可導致人體細胞染色體的損傷，長期吸入可誘發肺臟組織癌變。美國一家癌症研究中心指出，在對肺癌發病情況的調查中發現，長期從事烹調的家庭主婦和長期在廚房油煙濃度高的環境下工作的廚師，肺癌的發病率較高。

此外，油煙對皮膚特別是臉部皮膚也有一定的傷害，婦女在油煙中烹調菜餚，不知不覺之中就變成了「黃臉婆」，使用再多再好的化妝品也挽回不了油煙對青春容顏的嚴重損害。

因此，女性朋友為了自己的健康，一定要注意廚房油煙的危害。雖然目前要從根本上消除廚房裡的油煙汙染還相當困難，但只要採取一些恰當的措施，可以使汙染大為減輕。

(一) 正確的使用抽油煙機

敞開門窗，雖然可以去除相當一部分油煙，但不夠澈底。最好的方法是使用抽油煙機，以便隨時清除油煙。但是，必須用優質的抽油煙機。品質不好的抽油煙機，接油盒裡收集不到什麼油，或是根本沒有接油盒，而機器上方和周圍卻油膩至極，抽油煙機的吸風口經常漏油、滴油，而且有的還會產生很大的噪音，這樣的抽油煙機實際上就只是個沒作用的擺設。在使用抽油煙機時不要等到廚房油煙四起才想到要開抽油煙機，一定要在開火時就把抽油煙機打開；不要剛炒完菜就關閉抽油煙機，應該讓抽油煙機再工作三到五分鐘，把油煙中可能尚存的有害物質做到完全吸淨。

(二) 熱鍋冷油法

烹調菜餚時不要把油溫燒得過高，盡可能減少受油煙刺激和室內油霧。在烹飪過程中採用「熱鍋冷油」的方法也能減少廚房油煙。

(三) 圍裙要勤洗

一般家庭會選用棉質的圍裙，這類材質特別容易沉積有害油煙，要記得多清洗，免得肺部受害。想偷懶還可以用化學纖維布料、防布布料的圍裙，比棉布吸附功能差，因此油膩之物黏上後用乾布輕抹即可清除。

(四) 飲食調養

在飲食上應注意多攝入維生素A、胡蘿蔔素、蔬菜和水果等，可起到清理肺部的作用。

七、好習慣讓你遠離婦科病

身心健康需要平時一點一滴的累積，它來源於健康的生活習慣。現代科技發達，使許多人滋長了不文明的生活習慣，這是健康的隱形殺手。

對於成年女性而言，最常見的疾病不是感冒，而是生殖道感染；最常見的不適症狀不是發燒、咳嗽、頭痛等，而是私密處的瘙癢、異味、疼痛、排尿異常，包括尿頻、尿急……

娜恩今年二十三歲，是某公司的職員。這幾天，總是感覺到私密處有點癢，白帶也不太正常了，剛開始還不太嚴重時，她沒有在意。可是後來，越來越嚴重了，奇癢難忍，在辦公室裡坐立難安，抓又抓不得，撓又撓不得，不停的起身假裝去倒水，不停的去廁所，旁邊一位男同事開玩笑說她是不是患了「多動症」，搞得她面紅耳赤，又不好還口，更沒心思工作了，只好請假去了醫院。沒想到醫院裡的婦科檢查同樣讓她尷尬和恐懼，好不容易等到檢查結果出來了，醫生說她患的是黴菌性陰道炎。

娜恩心中很恐懼，醫生看出了她的擔心，就告訴她陰道炎是女性的一種常見病，不用擔心，用了藥，要不了多久就會好的。她這才放下心來，回家調養去……

據有關資料顯示，現在每三分鐘就有一位年輕女性遭受到婦科病的威脅。這和女人們承受的壓力越來越大有關，也和她們自己的一些不良習慣有關。生活習慣是影響人們健康的重要因素。世界衛生組織曾公布一份研究報告表明，工業化國家將有百分之七十五的人死於與生活方式有關的疾病，如癌症、心血管病、呼吸系統疾病等。在開發中國家，導致死亡的原因不僅僅是傳染病和遺傳病，而且還有與生活不良習慣有關的疾病，如抽菸、過於肥胖、缺乏運動、精神緊張和吃到不衛生的食品。不良生活習慣導致疾病已經成為影響世界人民健康的第一大問題。

可見，養成一個好的生活習慣是健康的前提之一。這也說明了健康掌握在自己手中，雖然人的健康是由先天遺傳因素與後天生活方式共同決定的。但某種長期的行為方式，會使遺傳因素變質。這就需要人用堅強的意志和毅力，去掉陋習，培養起符合個人衛生和自身情況的生活習慣。

那麼從今天開始，就按照專家們給出的建議行動吧，因為許多婦科疾病無需付出太多，只要持之以恆，一些簡單的做法也能收到很好的效果。

（一）保持陰部清潔

專家建議年輕女性們：預防陰道炎最重要的一點是保持陰部的清潔乾燥，保持良好的個人衛生習慣，每天堅持清洗陰部，但避免使用鹼性肥皂。在任何場所都不要與人共用浴巾，浴巾和內褲應勤洗，用手洗後在陽光下晾晒殺菌。

(二)採用正確的清潔陰部方法

最好採用淋浴，用溫水沖洗，如果沒有淋浴條件，可以用盆代替，但要個人有自己專用的盆。清洗前先洗淨雙手，然後從前向後清洗外陰，再洗大、小陰唇，最後洗肛門周圍及肛門。關於清潔液可使用能夠去汙滅菌的保健性清潔陰部的產品，但正常情況下用清水就可以，不要私自濫用藥物。專家提醒，正常情況下不要進行陰道內清洗，有必要的一定在醫生的指導下進行。另外，每天清洗一次即可，過於頻繁的沖洗反而會起反作用。

(三)裸睡

妳需要新鮮的空氣，妳的身體當然也需要了。嚴嚴實實的捂了一天，在晚上總要妳的身體一個回歸自然、完全放鬆的機會。況且，敏感的陰部如果總是不能夠透透氣，細菌就更容易滋生，一不小心，陰部感染和過敏就要來煩妳了。

(四)定期陰部自檢

每月一次陰部自檢，可以幫助妳及早發現可能出現的陰道疾病，並及早治療。

腫塊——可能是毛囊炎、皮脂腺堵塞、良性腫瘤，極少情況下會是外陰癌。如果二週之後腫塊仍不消失，就要及時就診。

黑斑——可能是外陰癌的徵兆。外陰癌是一種少見的皮膚癌，不及早治療就可能致命。但只要及早就醫，百分之九十都可治癒。

小白點、皮膚乾枯如紙——可能是外陰皮癬。這種皮癬是由內分泌失衡所引起，如果不及時治療，就會引起陰唇萎縮。

異味、瘙癢——可能是真菌性陰道炎或陰道滴蟲病。如果在懷孕期間患上了真菌性陰道炎而不及時診斷治療，就可能引起早產，或是影響胎兒健康。

(五) 警惕異常白帶

正常的白帶應該是乳白色或無色透明，略帶腥味或無味。一般月經期後白帶量少，排卵時期增多，質稀，色清，外觀如雞蛋清樣，能拉成長絲狀。

排卵期後的白帶質地稠厚，色乳白，延展性變差，拉絲易斷。另外，也有些生理現象如妊娠、口服避孕藥時，會出現白帶增多，其原因也與體內雌、孕激素水準的變化有關。

如果平時白帶無原因的增多，或伴有顏色、質地、氣味的改變，就應該提高警惕。異常白帶有以下幾種：

(一) 凝乳狀白帶

為念珠菌陰道炎的特徵，常伴有嚴重外陰瘙癢或灼痛。

(二) 白色或灰黃色泡沫狀白帶

多為滴蟲性陰道炎的特徵，可伴有外陰瘙癢。

(三) 膿樣白帶

多為滴蟲或淋菌等所致的急性陰道炎、子宮頸炎、頸管炎引起。宮腔積膿、宮頸癌、陰道癌或陰道內異物亦可導致膿樣白帶，常伴有異味。

(四)魚腥味灰色稀薄白帶

常見於細菌性陰道疾病。

(五)帶血白帶

白帶中混有血，應警惕有子宮頸癌、子宮內膜癌等惡性腫瘤的可能性。但子宮頸息肉、子宮頸糜爛、黏膜下肌瘤、功能失調性子宮出血病、尿道肉阜、老年性陰道炎等良性病變也可導致帶血白帶，子宮內節育器也能引起少量的出血。

(六)勤上廁所

膀胱炎是一種常見的尿路感染性疾病。由於女性的尿道比男性的尿道短，又接近肛門，大腸桿菌易侵入，所以女性患膀胱炎的機率很高。患過膀胱炎的人都知道那種難言的痛苦：尿頻、尿急、尿痛、急迫性尿失禁，甚至出現血尿和膿尿。

趕走患膀胱炎的危險其實也很簡單，妳只需做到勤上廁所即可。增加排尿的次數，可以減少尿道中的細菌含量，細菌減少了，膀胱炎自然也不容易患上了。此外，性生活之後也要馬上排尿，避免細菌透過尿道傳入膀胱中。

(七)佩戴無鋼圈的胸衣

一項調查表明，在二百一十位患有經期乳房腫痛的婦女中，有百分之八十五的人在佩戴無鋼圈的胸罩十二週之後，乳房疼痛的症狀完全消失。鋼圈胸罩雖然能托起雙乳、塑造完美胸型，但是卻會嚴重影響乳房的自由活動，在經期乳房膨脹的時候，自然就會引起疼痛。

（八）服用維生素C和維生素E

卵巢癌是死亡率最高的一種疾病，所以其危險度不可小視。而維生素C和E可以幫助女性抵抗卵巢癌的侵襲，但是，單純的依靠從食物中獲取是不夠的，還要服用一定量的維生素C和維生素E藥片或滴劑。研究表明，如果每天服用九十毫克的維生素C和三十毫克的維生素E，患卵巢癌的機率就會減少一半。

（九）戒菸

抽菸有害健康是人人皆知的道理，然而很少有人知道，抽菸會增加流產的機率。不僅如此，有研究表明，不孕、早產、胎兒畸形都與長期的抽菸習慣有著密切的聯繫。為了寶寶的健康，快快戒掉抽菸的壞習慣吧。

（十）肌肉鍛鍊操

三十多歲的女性中，有百分之二十的人在搬重物、大笑、跳躍等劇烈活動時，都會有不同程度的漏尿，而其中最主要的原因就是分娩所引起的肌肉功能的衰退。在分娩的時候，尿道周圍的肌肉會受到強力的拉扯，一旦恢復不好，就容易失去彈性。

產前做一種幫助生產的陰道肌肉鍛鍊操，可以幫助產後肌肉功能的恢復。吸氣——收縮陰道肌肉——持續收緊——放鬆，十分鐘一次，一天二次，如此堅持四到六週，就可以讓肌肉得到鍛鍊和恢復。

（十一）保持一定的活動量

乳腺癌是發生在乳房腺上皮組織的惡性腫瘤，是一種嚴重影響女性身心健康甚至危及生命的最常見的惡性腫瘤之一。

保持一定的活動量，可以有效的降低人體內引起乳腺癌細胞增長的激素水準。每天若有五個小時以上的時間來活動筋骨，妳患上乳腺癌的機率就會降低百分之三十一到百分之四十一。

（十二）晒太陽

多接受一些陽光的沐浴，還可以減少罹患乳腺癌的機率。當暴露在陽光下的時候，體內維生素D的含量會激增，而維生素D被認為是抑制癌細胞生長的有效物質。在春夏兩季，每天十五分鐘的日光浴就可以讓妳體內產生足夠的維生素D，而在日照較短的秋冬，可以直接服用維生素D，與日光浴的效果是相同的。

同時，充分的日光浴還可以提高女性的生育能力，增加懷孕的機率。有研究表明，在日照充裕的季節，女性受孕的機率明顯高於其他季節。

（十三）服用避孕藥

服用避孕藥可以減少子宮內膜癌的患病機率。雌性激素會加速子宮內膜癌細胞的分裂，而避孕藥中的黃體酮恰恰能對雌性激素起到抑制作用。

此外，避孕藥還可以預防許多疾病，如卵巢癌、骨質疏鬆、痛經、月經失調、卵巢腫瘤、青春痘等等。但如果有高血壓或其他心血管疾病，就盡量不要服用避孕藥，因為在這些情況下，避孕藥可能會引起血管堵塞。

世間沒有一把萬能的健康鑰匙，也沒有一張放之四海皆準的長壽祕方。人生要求我們．熱愛生命，積極生活，養成良好的生活習慣，走出自己的健康之路。

八、動一動，美麗又健康

「女人不運動就過時」這是現代都市女性的一句時尚宣言，而運動的目的也不再是「減肥」一詞就能概括的。緊張的生活節奏、匆忙的都市生活，預示著她們每當旭日東昇之時，要有灑脫的個性、自信的微笑、敏銳的能力迎接每一天。因此，越來越多的女人加入到運動行列。

運動起來的女人最美。美麗與漂亮是有區別的，一個女人是否美麗，也許不能全看臉蛋長得美與醜。真正的美麗，是一種光彩，是自然而然的流露，是一種撲面而來的感覺。運動的女人時時散發著美的氣息。

運動起來的女人最快樂。職場女性成天裹在死板的職業套裝裡，拿開會、加班、應酬當一日三餐，睡眠時間少到幾乎在透支生命，飛快的生活節奏、巨大的工作壓力，以及激烈的社會競爭，都快把白領麗人變成一顆不停旋轉的陀螺了。都說有事業的女人真幸福，但誰知道衝刺事業的女人有多辛苦，但忙歸忙，可不能因此虧待自己，不妨忙中偷閒用運動寵愛一下自己。穿著緊身的衣服在寬大的房間裡使勁的蹦來蹦去，看著鏡子裡的自己一副青春的模樣，也就暫時不去計較辦公室裡的煩心事了。因為流汗的時候感覺很酣暢，好像一週的壓力和辛苦也一起從身體裡衝出來了。再細心的注視著身上的優美線條，這份開心，就不用人細說了。

運動的女人最時尚。現代女人的口味挑剔，她們需要激情和新鮮感，就像遊戲需不停的升級一樣。當她們厭倦在跑步機上單調的慢跑和「一、二、一、二」的健美操口令聲時，她們的健身方式也需要不斷升級。三年前，時髦的女孩都去跳踏板操了；兩年前，她們在健身房當貴賓；如今，她們又愛上了新的運動：騎自行車、瑜伽……也許它們僅僅是變換形式的健身操，但由此帶來的新奇和趣味，以及沉浸其中的身心愉悅，卻讓喜新厭舊的女人們樂此不疲。

有運動習慣的女人體型棒。看一個人生活品質的高低，就先看看他（她）的肚子。因為如果他（她）有一副勻稱的體形，就說明此人必定有高品質的生活水準和良好的生活習慣。

據說，美體塑身最早出現在日本，一九八十年代日本經濟高速發展，高品質、快節奏的生活使很多日本的中產階級患上了由於營養過剩和缺乏運動而引起的一系列諸如肥胖、高血壓、神經衰弱等現代病。同時，由於社會競爭激烈，更多的年輕人意識到良好的體態和幹練的氣質，能使自己給對方留下一個很好的第一印象，從而獲得更多機會。於是很多都市的忙碌一族開始關注自己的體型。

運動，已經成為現代都市女子的自覺追求。那麼應該如何去選擇一項適合自己的運動呢？有專家為人們提供了一些方法，不妨作為參考：

（一）散步

這是日常生活中最簡單又易行的運動法，運動量不大，但健身效果卻很明顯，而且不受年齡、體質、性別、場地等條件限制。一些長壽老人，他們都把散步作為延年益壽的手段。當然，散步的關鍵不在於形式，而在於能否持之以恆，只有長期堅持才能獲得收益、養成習慣。

（二）冬泳

這雖然不是一項任何人都能參與的運動，但是確實是一項成效良好的健身方式。冬泳可以降低體溫，延年益壽。透過對冬泳者體質與健康狀態的研究，可以肯定的說冬泳運動對健康確實有益。

（三）太極拳

二〇〇八年的奧運會開幕式上千人打太極的表演，讓世界認識了這一項東方運動。打太極拳也是健身的好方法。太極拳巧妙的融合了氣功與拳術的長處，動靜結合，在全身運動的基礎上，尤側重腰脊及下肢的鍛鍊。它的運動量適中，老少皆宜。研究報告表明，長期堅持練太極拳，不僅對骨關節、肌肉、神經、血管等運動系統有益，而且是對內臟、心血管系統都有良好的影響。

以上介紹的各種運動，雖然方式各異，但它們有一個共同特點，都需要具備持之以恆的精神，這也符合習慣的定律。要養成一個好習慣，必須有堅定不移的毅力，這樣，才能保持身體健康。因為每個人的實際情況不同，只能在自身條件允許的情況下，選擇一種適合自己的運動項目。

運動不是宣洩，是需要合乎醫學規律的。按照醫學規律去運動，才能達到健身的目的。否則，盲目的做一些不適合自己身心健康的運動，不僅得不到健身的效果，反而會損害健康，助長惡習滋生，這樣就違背了運動的初衷。就像卡內基說的那樣：「我發現煩惱的最佳『解毒劑』就是運動。當妳心煩意亂的時候，多用肌肉少用腦筋，其結果將會令妳驚訝不已。這種方法對我極為有效——當我開始運動時，煩惱也就消失了。」

對一般女人來講，運動就是為了強身健體，而不是為了奪冠。所以，選擇一項適合於自己的運動不是多麼困難的事，也可以根據自己的實際情況自行設計適合自己的運動項目。

選擇了一項體育運動項目後，就要持之以恆的去完成，相信堅持下去就會見到效果。開始時，許多女人或許會把運動當成負擔，但長期堅持下來後，運動便成了一種習慣，成了生活中不可缺少的一部分。這樣不僅能維持體態，而且也培養了意志和毅力，可謂一舉兩得。

持之以恆的運動是延年益壽、增強體質的最佳方法，也是事業長遠發展的基本保障。

第十章　打造自己，修練女人味

靳羽西女士曾經說過：「氣質與修養不是名人的專利，它是屬於每一個人的。氣質和修養也不是和金錢、權勢聯繫在一起的，無論妳從事何種職業、任何年齡，哪怕妳是這個社會中最普通的一員，妳都可以擁有獨特的氣質和修養。」因此，作為現代女性，應該懂得自修，把女人獨有的、外在的、內在的東西展露出來，把自己修練成更有韻味的女人，讓這種無形的力量傳遞出女人的氣息。

一、做一個溫情淑女

女人如藥，幸福的家庭是避風的港灣，好女人則是港灣的優秀管理者；破裂的家庭是漏雨的天窗，差勁女人則是天窗的打開者。這話是不是過於偏激了呢？

其實，更準確的說法應該是，好女人如「強心針」，男人氣餒時，好女人敢於一針見血的指出男人失敗的癥結，激發出男人重新振作起來的勇氣；好女人如「維生素」，男人倦怠時，好女人能使男人迅速消除疲勞，產生出新的拚搏力量。而在男人老毛病一犯再犯時，好女人還會在不傷害男人自尊心的前提下，循序漸進的加大藥量，逐步治癒男人的病痛；好女人如「定心丸」，男人成功時，好女人輕輕的告誡男人「山外有山」，要一切從零開始，方可立於不敗之地；好女人如「感冒藥」，男人發牢騷時，好女人不聲不響的溶入水中，待男人降溫後再慢慢開導，而不是「火上加油」。而好女人都有一個共同的特點：那就是溫情十足，淑女味十足。

淑女一詞，最早當出現在《詩經》的開篇第一首《關雎》中，曰：「關關雎鳩，在河之洲。窈窕淑女，君子好逑。」但這裡的「淑女」只是一位採水草的迷人小村姑，與現代所說的「淑女」沒有多大關係，頂多只是「工作創造美」的最早證據之一。而另一首《碩人》中的那位衛夫人，「手如柔荑，膚如凝脂……巧笑倩兮，美目盼兮」，才算得上是真正的淑女，簡直就是蒙娜麗莎的東方古典版。

那麼，何謂淑女？

淑女要讀書，要有書卷氣。但淑女讀書不為做官，不為賺錢，只為去掉身上的小女孩稚氣和塵世俗氣，長知識，增見識，陶冶情操，修養情趣，不貪學富五車滿腹經綸，只求知書達禮賢淑文雅。

淑女都有才氣，都是名副其實的才女。憑藉特有的靈氣與悟性，她們在某些方面或許還有很高的造詣，李清照的詞，張愛玲的文，都是膾炙人口的精品。

淑女都有絕佳的高雅氣質，「清水出芙蓉，天然去雕飾。」妳只要看她的服飾穿戴妳就知道，她絕不隨波逐流，也不嘩眾取寵，簡潔而別緻，樸素而典雅。她的品位很高。

淑女興趣廣泛，博才多藝。琴棋書畫，詩曲詞文，樣樣知曉，且能精其一二。

淑女恬淡寧靜，隨遇而安。她不會被虛榮的洪水淹沒，也不會讓名利的急火灼傷；她願做一些有興趣又有把握做好的事，她也常常出人意料的悄然抽身，急流勇退。

淑女是丈夫的好妻子，是孩子的好母親；淑女是姐妹的閨密，是異性的紅粉知己。淑女深諳做女人的本分，也最能享受做女人的天賜之樂。

因此，女人一定要做一個真正有魅力的淑女，從而用自己的青春和生命營造溫馨甜蜜的家園；用纏綿的情懷除去男人們工作一天的疲勞；用柔弱的雙肩義無反顧的挑起婚姻、家庭責任的擔子；用賢妻良母的心態裝點自己的人生之旅。

柳德米拉作為俄國的前第一夫人，初入克里姆林宮，沒有一點官場上的陳腐之氣。她深居簡出，很少接受記者採訪，不是因為缺少表現自我的能力，而是不喜歡張揚自己。她溫柔賢慧，但又不唯命是從。在昔日同學的聚會沙龍上，她興奮開懷的暢聊，而不是矜持的做第一夫人狀。普京表示，他從不對妻子發號施令。俄羅斯親昵的將她稱為「白雪公主」。

這位白雪公主一點兒也不缺乏堅強和果斷。幾年前的一場車禍，她的顱骨、脊椎都受了傷，連續做了幾次手術，她硬是憑著一股骨氣挺了過來。在對孩子的教育上，她和普京亦嚴亦寬，合演了一場默契的對手戲。

可能有人會說淑女加上又是總統夫人，那是命運的恩寵，非尋常女子可以想像，這樣的淑女形象是不是太特殊了，沒有什麼普遍性？

其實，對於柳德米拉來說成為第一夫人，只是一個近期的角色，而淑女姿態是她慣常的生活方式。也許現代社會淑女難遇，但也並非珍稀到鳳毛麟角的程度，只不過無緣相識而已。

那麼怎樣才能成為一個有魅力的淑女呢？妳不妨從以下幾個方面入手：

(一) 淑女的聲音要有磁性

溫柔的聲音是人類最美妙的聲音、最動聽的聲音。有教養的淑女，聲音一般不會很高，這也正是很多明星們喜歡做聲帶手術的原因。

有感情、帶柔情的聲音是美的，越是富有感情，聲調越低，對女人而言就越是輕柔，女人低而柔的聲音有無限的魅力，因為聽聲音而喜歡對方的人大有人在。低而柔是女生美的重要因素。

(二) 淑女要有優雅的談吐

優雅的談吐會讓周圍人感到妳非常有禮貌、有教養。倘若一個女人只知道化妝打扮，而不懂得如何讓自己的談吐得體優雅，就難免顯得徒有其表、令人乏味。有些人雖然衣著光鮮亮麗，長相也很動人，可說起話來卻乏味、粗俗，甚至還夾雜著髒話，這樣的女人永遠都會與淑女無緣。優雅的談吐像味道醇厚的酒，芳香四溢，沁人心脾。優雅的談吐需要女人和男人說話時語氣親切，言辭得體，態度落落大方。

(三) 淑女既懂得感情交流又懂得思想交流

任何貧乏、枯燥無味、粗俗淺薄的語言都會讓人感到厭惡，如果女人的談吐既有知識、有趣味，又不失幽默，並能用豐富的表情和磁性的聲音表達，那將會令人聽後回味無窮。同時，淑女優雅動人的談吐，還可以令眾人頓生仰慕之情。談吐是女性風度、氣質和美的重要組成部分，談吐不僅指語言的內容，也包括言談的方式、姿態、表情、語速及聲調等。淑女優雅的談吐是學問、修養、才智、聰明、魅力的體現。

詩經中說「窈窕淑女，君子好逑」，這是膾炙人口的名句，同時說明了在傳統文化中淑女在人們心目中擁有極高的地位。因此，女人要做一個完美淑女來提升自己的氣質，增進自己的素養，增添自己的魅力。

二、練就美好的音色

女人的可愛有三個方面：聲音、形象和個性。人們把女人的聲音比做「銀鈴」。它既包含著溫情、柔美、親切的音質，也包含著清脆、洪亮、悅耳的韻律。女人憑聲音也可以俘獲男人的心，這就足以說明聲音含情。聲音對一個女人至關重要，因為人最常用的交流方式是說話。

有一對夫婦，當初他們一直沒見過面，只是電話聯繫便結了婚，只因丈夫十分迷戀妻子的聲音，後來男的事業成功了，有不少女孩追他，可他就是只愛那電話中的女人。他最喜歡做的事就是聽妻子講電話，他們在電話中跟現實一樣，不僅充滿柔情蜜意，而且還會吃醋生氣。他們都喜歡電話裡的感覺，這感覺令他們無比自由和愜意。

生活中，女人的聲音往往比思想更重要。一個聲音好聽的女人，很容易被周圍的人接受，即使她思想簡單，別人會說她單純。相反，如果女人聲音難聽，儘管很有頭腦，別人也難有好感。當然，聲音難聽且又沒有頭腦的女人，別人就更不願和她交往。

女人的聲音可以訓練，這跟女人的身材一樣，現在滿街都有健身美體的機構，但就是沒人去開一間訓練女人聲音的店。這應該很有市場，因為身材再好，聲音不好也會有點遺憾。有些女人外表十分漂亮，但一出聲，男人就想跑。很多女人認為聲音是天生的，由不得自己，這其實是錯誤的。聲音可以變美或變醜，關鍵是怎樣把握和駕馭。女人的聲音像音階，具有無限的組合能力。人能在不同環境變換不同語氣，為什麼不能在音調、音色和音量中尋找最佳效果呢？既然播音員並不都是天生的好嗓子，那麼所有女人就都能訓練出自己最好的聲音。

女人若不重視聲音的培訓，就會使鳳凰變成烏鴉，失去聲音的魅力，就猶如失去女人的特徵。應該呼籲所有女人像雕塑身材一樣去訓練聲音，聲音能增強女人的自信，並能在關鍵時刻幫助女人改變自己的命運。

懂得如何美化聲音是寶貴的資產，因為難聽的聲音可能阻礙事業發展，也必然影響人際關係。既然改造聲音是自我改進中較容易的一種，而且到處都有幫手和輔助器材，何不馬上採取行動呢？下面我們介紹一下訓練使聲音變美的基本方法、原則，女性朋友在平常生活中應該留意一下。

(一)表達方式。首先要訓練一下表達方式，找一篇短小的散文或朗朗上口的詩，以各種戲劇化的腔調把它念出來：激動的、無精打采的、哀傷的、滑稽的、不可壓抑的，這樣妳就能更有效的掌握聲音的魅力。

(二)說話的音量。若想使自己過於輕柔的聲音變得簡潔有力，可以坐直(或站直)身子，頭抬高，面向室內最遠處高聲說話，注意鏡子裡的身體語言；若想壓抑過高的聲調，應先放鬆心情，想一些熟悉的音樂旋律，並且練習使用輕聲細語——即在說話中，故意將某句話說得很輕，這同樣可引起聽話者的注意。

(三)說話的速度。仔細回憶一下，平時說話的速度是否過慢或過快，過慢會使聽者失去耐心；相反，如果說話太快，就要先了解原因；是因為妳很性急？還是擔心別人對妳的話題不感興趣，所以趕快把意思交代了事？弄清楚原因之後，再採取相應的措施來加以改善。

(四)說話的發音。說話的每個字不但要咬字清晰，尾音更要念清楚，很多人說話開頭音量很大，最後幾個字卻含混不清起來。

（五）音調的變化。寫一個完整的句子，反覆念出來，每一次強調一個字的讀音，看看一句話會有多少不同的含義。

（六）詞彙的豐富。如果妳發現自己有口頭禪的話，那就要設法改掉。平時交談固然可大量使用，但要看對象為何人。尤其正式談話或演說時應避免使用為宜。

（七）聲音的美化。在具備說話技巧之前，請先練習發出有魅力的「聲音」，每一個女人的聲音，都擁有與生俱來的特色，也就是每個女人都有最適合自己的一套「聲音」，這套「聲音」由妳說來悅耳動聽，比妳的其他「聲音」要好聽得多，若能加強訓練，則效果更為明顯。

（八）發音的練習。沉穩的聲音是用腹式呼吸來發音的，腹式呼吸為呼吸中的一種，另一種為「胸式呼吸」，但只有腹式呼吸對以聲音為職業的人特別重要。因為它具有好多優點，如可多吸些氣，發出更宏亮的聲音。因吐氣可由腹肌控制，故可適度的使用。腹式呼吸不需要用到胸部，故不必為了特別發音，而使喉嚨部位變得緊張壓迫。

掌握上述八個練習方法後，經過一段時間的練習，妳就會擁有一個優美動聽的聲音，在與人交談時，則會讓人聽起來悅耳，讓人感受到妳那溫馨的女人味。

三、長髮風情盡顯女人味

記得劉德華曾出演一個廣告，他帥氣的說了一句經典的話：「我的夢中情人要有一頭烏黑亮麗的長髮。」時代飛速發展，各種流行髮型爭奇鬥豔，但是女人一頭飄逸的長髮仍然在男人心中占有不可動搖的地位。擁有柔順、光澤、飄逸的秀髮，儼然成為女人們用心想大成的成就，以及男人們酒酣耳熱後的遐想。

柔順、光澤、飄逸的秀髮是判斷一個女性是否美麗的標準。在現代，頭髮用以區分男女差別的功用早已被淘汰，但是女人的三千青絲依然吸引著男性的目光，使他們如醉如痴。可以說：「女人的頭髮是一面飄揚著形象和品質的旗幟。」的確，頭髮給予女人的不僅是美麗，更是一種生命的象徵，一個生活品質的標誌。

一頭飄柔滑順的秀髮令女人神采飛揚，能牢牢抓住多少傾慕的眼神！保養頭髮，應從以下做起：

（一）保證充足的睡眠。高溫季節會造成睡眠少或品質差，由此會影響毛髮生長。所以要防止過度疲勞，注意勞逸結合。

（二）增加相應的營養。毛髮是由角蛋白組成的，內含多種胺基酸，營養不良會造成毛髮生長障礙，影響毛髮品質。因此，要多食用魚、肉、奶等蛋白質含量高的食物。

（三）清除汗漬和油垢。夏季出汗多，油脂分泌旺盛，也會影響毛髮生理代謝。因此，要經常清洗頭髮，及時清除汗漬和油垢，以利毛髮生長。

（四）做好精神保養。脫髮症與精神因素有著不可分割的關係，用腦過度、急躁、煩心多慮、憂鬱悲哀等不穩定的情緒均會加重脫髮者的病情。因此，一定要有寬鬆、愉快的心理狀態。

（五）接受正規治療。毛髮脫落是種綜合病症，它包含生理、病理、心理等原因。治療脫髮症，一定要找出致病因素，應該因人因症擬定治療方案。

（六）在抹上洗髮精前，應先把頭髮全部弄溼，這樣頭髮才不容易纏在一起。

（七）如果妳的頭髮屬於油性，不妨使用為油性頭髮專用的洗髮精，但最好隔次使用，因為如果次次都使用會洗去太多的油脂，反而令頭髮自動分泌更多的油脂來補充。

（八）如果妳的頭皮有敏感跡象，選用洗髮精的成分越簡單越好，因為這意味著有可能引起過敏症的機率越小。

（九）要使用有治療頭皮屑作用的洗髮精來對付頭皮屑；但一旦情形受到控制後，這類洗髮精應減為每月只使用一次。

（十）如果妳的頭髮本來就屬於油性，但在燙髮或染髮後，髮質變得乾燥，那就要根據髮根的狀況選擇洗髮精，護髮用品則應根據髮尾的情況來做挑選。

（十一）每次洗頭時順便用指腹為頭皮做一次按摩，但手指只應上下移動，如果打圈的話會令頭髮打結。

（十二）並不是每次洗頭後都需要護髮素的，只有在真正需要時使用才更好。乾性、粗糙或經過化學處理的頭髮洗後需要護髮素，但油性頭髮每月用一至兩次已經足夠。

（十三）毛巾也會傷害頭髮。在洗頭後用毛巾太用力的擦乾頭髮，可能會令頭髮角質層變得粗糙，甚至折斷髮絲，只可用毛巾輕壓吸乾頭髮，切勿大力擦拭。

（十四）在洗頭前，當頭髮尚乾時，用梳子梳一下頭皮，可除去頭髮上的汙垢，但切記不要大力梳頭皮。

（十五）在使用美髮用品時，要記住一點，就是所有含酒精的產品都會令頭髮變乾，還是少用為佳。

（十六）如果妳一定要用吹風機吹乾頭髮，就不要吹到完全乾透。一般來說，只要穿乾頭皮，髮絲吹到八九成乾即可，否則便會令頭髮變得又乾又硬，而且容易折斷。

雖然上天雕琢了女人的五官，但也留下大把的青絲供女人們自由發揮。或是長髮垂腰，奔瀉而下；或是編束成辮，搖曳多姿；或選擇挽成髮髻，風格獨特；或是燙成捲髮，嫵媚動人；或是俏麗短髮，開放灑脫；或是帶點自然的凌亂，輕鬆隨意。可以說女人魅力的一半在頭髮上，好的髮型對女人的形象來說，比化妝和服飾更為重要。

如果髮型與體形調整好了，就能夠起到揚長避短的作用，從而突出整體的美感，讓妳的魅力大增。

高瘦型。身材高瘦的女性容易給人細長、單薄、頭部小的感覺。這種身材的女性應盡量避免將頭髮梳得緊貼頭皮，或將頭髮高盤於頭頂，以免造成頭重腳輕的感覺。留長髮或有層次的短髮會是較為理想的選擇。

矮小型。身材矮小的女性給人一種小巧玲瓏的感覺，在髮型選擇上應以秀氣、精緻為主，避免粗獷、蓬鬆，否則會使頭部與整個體型的比例失調，給人一種大頭小身體的感覺。不宜留長髮，因為長髮會使頭顯得大。若要燙髮應將捲度做得小巧、精緻一些，而盤髮會在視覺上讓妳增高。

高大型。身材高大的女性給人一種力量美，但缺少苗條、纖細的美感。為適當減弱這種高大感，髮式上應以大方、簡潔、明快、線條流暢為宜。一般以直髮較好，或者不太蓬鬆的大波浪捲髮為最佳選擇。

矮胖型。身材矮胖的女性給人一種富有生氣的健康美，利用這一點可選擇運動式髮型。但因矮胖者一般脖子較短，因此不宜留披肩長髮，盡可能的顯露脖子以增加身體高度感。

想要用頭髮更好的展現妳的魅力，女性們還應做到讓髮型彌補臉型的缺陷和不足，而臉型也是決定髮型的重要因素。選擇髮型時，首先要強調個人的臉部個性，突出臉部的輪廓，強化美的感覺。

長臉型。這種臉型的女性應該用優雅可愛的髮型緩解由於臉長而形成的嚴肅感。在髮型的輪廓上，應盡量使臉部變得圓一些，同時還要使兩側的髮容量增加，以彌補臉頰欠豐滿的不足。對於臉型狹長的女性來說，將頭髮做成捲曲波浪式可增加優雅的感覺，應選擇蓬鬆而飄逸、整齊中帶點微亂的髮型。

圓臉型。這種臉型的女性可以透過增加髮頂的高度使臉型稍稍拉長，給人以協調、自然的美感。在梳妝時要避免臉頰兩側的頭髮隆起，否則會使顴骨部位顯得更寬。而側分髮線，梳理成垂直向下的髮型，直髮的縱向線條可以在視覺上削減圓臉的寬度。

方臉型。這種臉型的女性在梳妝時可以以圓破方，以柔克剛，使臉型的不足得到彌補。可將頭髮編成髮辮盤在腦後，使人們的視覺由於線條的圓潤而減弱對臉部方正線條的注意。前額不宜留整齊的瀏海，也不宜全部暴露額部，可以用不對稱的瀏海模糊寬直的前額邊緣線，同時又可增加縱長感。兩耳邊的頭髮不要有太大的變化，避免留齊至腮幫的直短髮。

菱形臉型。這種臉型的女性可將額上部的頭髮拉寬，額下部的頭髮逐步緊縮，靠近顴骨處再設計一種大彎形的捲曲或波浪式的髮束，以遮蓋其凸出的缺點。

三角形臉型。根據髮型與臉型的比例關係，梳理時要將耳朵以上部分的髮絲蓬鬆起來，噴髮膠或定型劑可以達到這種效果，這樣能增加額部的寬度，從而使兩腮的寬度相應的減弱。

倒三角形臉型。這種臉型的女性在梳理時可選擇側分髮線的不對稱髮型，露出飽滿的前額，髮梢處可略微零亂一些，這樣能將年輕女性純情、甜美、可愛等特點直率的表現出來，達到整潔、美觀、大方的效果。

不管妳是何種類型的女人，只要妳願意都可以擁有魅力，或者比別人更有魅力。當然，妳首先要做的是，站在鏡子前好好的研究一下妳的臉型和體型，然後找一些雜誌或者上網看看別人的髮型，從中找到適合自己的。做到這些以後，妳就要找一個比較好的髮型師，把妳的想法告訴他，再聽聽他的意見。這時，我想妳已經找到適合妳的髮型了吧。

想成為有魅力的女人嗎？那麼，開始行動吧，讓髮型提升妳的女性魅力，跟以前的自己說拜拜！

四、行為舉止散發妳的魅力

我們觀察一個人，常常習慣於觀察這個人的言談舉止，言談舉止得體的人常常會給我們留下好印象，對於女性朋友來說，言談舉止更為重要。因為氣質是透過你平時的舉動體現出來的。

念雪在一家西餐廳做兼職。這是一家乾淨舒適且環境優雅的西餐廳，許多來這裡的顧客不僅有品位和格調，而且都十分彬彬有禮，念雪在這裡雖然只是一個服務生，仍然受到了尊敬。她熱情而小心的為每一個到來的顧客服務，而顧客大都會側著身體微笑著客氣的向她點頭，說一句「謝謝」。

一次，餐廳進來了一位年輕漂亮的女顧客，旁邊還挽著她的男友。兩人都穿得很體面，女顧客走路也十分婀娜。見到顧客坐下後，念雪熱情的迎上去，遞菜單，倒水。然而這位女顧客對此卻不屑一顧，一臉漠然的表情不說，開口點菜時口氣也高傲得僵硬而刺耳。

但她只要扭頭和男友說話時，就馬上露出燦爛的笑容，語調也溫柔許多。在為她們服務的過程中，念雪似乎因為緊張而顯得有些笨拙，而那位女顧客，只是自顧自的說笑，完全看不到念雪倒水的不方便。

忽然，念雪一不小心灑出了一點水，女顧客的表情立刻變得十分難看，還用方言說些念雪聽不懂的字句。看到女顧客那樣的表情和語氣，念雪感到十分厭惡，雖然她衣著體面，容姿優雅，但她卻顯得和周圍的環境那樣的格格不入。

一個女人不只是需要良好的打扮，更需要良好的行為舉止。無論在任何公共場合，都請女性朋友們小心看護和保管好我們個人的格調與品位，要知道妳的一言一行都代表著妳自己，請別讓它出賣妳。

所以，女性朋友們在日常生活中一定要注意以下幾點：

(一)優美的站姿

女人的標準站姿應該是：抬頭，挺胸，收腹，肩膀盡量往後舒展，將身體重心放在腳後跟上，站的時候看上去有點像字母T，很舒服、很自然，顯得鎮定、冷靜、大方。

(二)得體的坐姿

但是如果要蹺腿的話，兩腿一定要併攏，當裙子很短的時候，一定要保證裙子不曝光。

(三)風韻萬千的步姿

正確的步姿應該是：抬頭，挺胸，收腹，肩膀往後垂，手要輕輕的放在兩邊，輕輕的擺動，步伐要輕輕的，但是絕不能拖泥帶水。

(四)必要時的蹲姿

正確的方法應該是：先把膝蓋併攏慢慢蹲下來，臀部向下，上身保持直線，這樣一來姿態就會優美多了。

另外，女性在舉止方面必須特別注意不要犯以下幾個大忌：

(一)不要滔滔不絕

在宴會中若有人向妳攀談，要保持落落大方，簡單回答幾句足矣。切忌向人彙報自己的身世，或向對方詳加打探，這樣很容易把人家嚇跑，或被視作長舌婦。

(二)不要失聲大笑

無論聽到什麼「驚天動地」的趣事，在社交宴會也得要保持良好的儀態，最多報以燦爛笑容。

(三)不要低頭含胸

行走時低頭含胸，顯得無精打采，要昂首闊步，收腹挺胸，才可顯示妳的自信。

(四)不要木訥肅然

面對初相識的陌生人，可以從交談幾句無關緊要的話開始，切忌坐著閉口不語，一臉肅穆的表情。

(五)不要說長道短

在社交場合說長道短，揭人隱私，必定會惹人反感，讓人「敬而遠之」。

(六)不要在眾目睽睽之下塗脂抹粉

如果需要補妝，必須到洗手間或附近的化妝間去。

（七）不要在辦公室脫鞋

如果穿著暴露腳趾的鞋，就要小心注意腳趾間的整潔；坐下來不要蹺二郎腿；更不要抖腳。

（八）不要煞風景

參加社交宴會，別人期望見到的是一張可愛的笑臉，即使是情緒低落，表面上也要笑容可掬的應對於當時的人物環境。

（九）不要忸怩忐忑

假如發現有人在注視妳——特別是男士，要表現得從容鎮靜。若對方曾與妳有過一面之緣，可以自然的打個招呼。若對方與妳素未謀面，也不必忸怩忐忑或怒視對方，可以巧妙的離開他的視線範圍。

（十）切忌打電話的姿勢過分隨意

很多的女孩子打電話很「瀟灑」，完全一副旁若無人的樣子，或撒嬌賣嗲，或嘰嘰喳喳，或粗聲大氣，一點也不淑女！打電話最好養成左手拿手機的習慣，右手空出來後隨時都可將對方所講的話或重要事項記下來。另外盡量站著聽電話，即使採取坐姿，也要坐直上身。如果遇到不禮貌者也應該穩定情緒，稍安勿躁，以禮相待。

五、性感的女人才有女人味

性感之所以是性感，在於它能引發一種性的吸引力。性感這回事，放諸於不同的女性身上，自會散發出不同的味道或產生異樣的效果，要看其散發的形式是否高明以及是否有意境。如朱茵式的性感跟周海媚式性感跟邱淑貞式性感便給人截然不同的觀感。

如今婀娜的身段和嫵媚的秋波把時尚的舞臺照耀得光彩眩目，也讓男人看得如痴如醉。這標誌著「性文化」又活躍在時尚和文化的前端，引領時尚潮流的設計師和攝影師捕捉到了時下走紅的模特兒都是曲線玲瓏的女孩子，她們所表現出來的美與凱特・摩絲的「骨感」完全不同。當年，凱特・摩絲憑藉骨感的平坦曲線勇闖時裝界，並博得了滿堂喝彩。但現在的設計師們竭力表現的是曲線美，他們設計衣服時在腹部、胸部、臀部等性感部位巧用心思，以突出其性別特徵。從好萊塢最耀眼的新星們身上看到了一九五十年代豐腴美的回歸。女明星們那充滿女人味的身體在多家時尚雜誌的封面上頻頻亮相。

三圍是三十四英寸、二十四英寸、三十四英寸的女人以前沒人理會，因為沒有人知道該設計什麼樣的衣服來滿足如此豐滿的體型，可如今她們一走上星光大道立刻走紅。過去星探的眼光都集中在平胸小臀的骨感美人身上，現在卻是豐乳翹臀。

看過以上的種種性感新主張，妳自然會更懂得從內至外、從頭到腳去發掘、釋放及表達妳潛藏著的性感魅力。以下我們將探討一下，哪些方面能增加妳的性感度。

(一) 提神小動作

新的性感定義已超越視覺、身材或是暴露多少的範疇，它是一種「全感官」的表達與享受。如花般燦爛的笑臉，天真或帶媚態的眼波，凝神思考或想像時或憂鬱或出神的神態，乃至半騷半軟的語調都是較內斂的性感。

國際上，法國人就是深悟性感的民族。一是因為法語被公認為世上最性感的語言，二是法國人擅用身體語言。如拋媚眼、無奈時或驚嘆時的揚眉嘟嘴。在各式身體語言中，不經意的自我觸摸是最叫人銷魂的。如不經意的咬手指、托腮、把頭髮瀟灑的向後撥，雙手輕輕的捧著臉龐、無奈時聳聳肩膀。交叉雙手輕撫著肩頭或後頸，以及把手伸到毛衣內等都是些嫵媚的小動作，均能在有意無意之間，使人更加性感迷人。

(二) 異國情調

異國情調中那份遙遠、野性及神祕等學得好的話，更能對異性產生新奇的吸引。

(三) 身體語言與性感

一個身體語言豐富的女人，無論思考、語調，一舉手一投足都更細膩和更具感染力。

(四) 醉意

微微的醺醉不但使兩片桃花飛上臉頰，為眼神添上幾分朦朧美及柔和美，亦能釋放在辦公室時鎖著的性感和讓美自然流露。

（五）性感區配戴飾物

女人的性感區很多，如腳踝、耳垂、玉臂皓腕、修長頸項、鎖骨等，在腳踝部位帶條小銀鏈，在耳朵配戴個大耳環或小碎鑽，在鎖骨處配條精巧的項鍊，都能令女人的性感指數明顯的飆升。

（六）高跟涼鞋

女性的腳踝及腳部早已被性學專家認為最重要的性感區。而涼鞋及高跟鞋向來就是女性用以張顯腿部性感的武器。男性喜歡凝視女性穿著涼鞋時裸露的腳踝、穿高跟鞋時姿態會更更婀娜。性學研究人員認為，經常穿高跟鞋（當然是合乎足部健康的高跟鞋），會令腿部內側的肌肉更結實。

（七）貼身牛仔褲

十之八九的牛仔褲廣告都是以突出性感為亮點的，可見牛仔褲對經營性感的作用。除了賣牛仔褲的模特兒本身，牛仔褲廣告經常投射不羈與我行我素的形象，其實某種程度跟性感都有著微妙的關係。有數不清的女明星都是穿了剪裁完美的牛仔褲而令性感指數飆升的。

（八）涵養野性的心

若妳的外表不具野性魅力，涵養一份內心的野性其實一樣讓人覺得妳充滿刺激乃至有份神祕感。

（九）彈奏或跳舞

懂樂器及跳舞的人總會流露出一份夾雜著性感的氛圍，而這份朦朧其實比性感更誘人。其中尤以男人彈琴、吹薩克斯風、女性拉小提琴或大提琴，女性跳西班牙舞、探戈時流露的勾引或冷豔的眼神，更能攝人心魄。

（十）盼顧生姿

翦水秋瞳與微瞇細眼其實都是性感的眼神。無論是憂鬱的、迷惘的、縹緲的、懶洋洋的，還是天真帶笑的或眼中藏著火焰的，只要有神有韻及充滿顧盼，那眼波便是性感的發源地。

（十一）軟語呢喃

法國人之所以被譽為最性感的民族，正是因為法國人表述時充滿感性及跌宕有致，而法語又像一種呢喃軟語，抑揚頓挫極有節奏感，並借韻律之美帶領聆聽者漫遊於妳的思緒裡，這種像叫人與妳的思緒一起舞蹈的說話風格，充滿了性感的誘惑力。

（十二）沉思

很多人雖其貌不揚，但一旦沉浸在無邊「思海」中，臉上自會不期然的多了一份神韻。那些把眼神投向遠方，嘟著嘴或微微側著臉、托著腮的定格表情更惹人注目。

（十三）陽光膚色

凝脂勝雪的膚色固然如新熟的桃子，叫人垂涎，但一身陽光的膚色配上穠纖合度的身材，何嘗不能散發野性的性感？

（十四）意態

西方曾經流行冷酷性感，但還有一種性感卻是先讓內心有著如孩子般的好奇、天真與熱情，妳才能在眼神裡流露純真及孩子氣的另類性感。事實上，碧姬・芭杜、瑪麗蓮夢露、莉芙泰勒等等巨星本身都很孩子氣及有張孩子般的臉，再配合其魔鬼般的身材，性感便另有了一番風味。

（十五）性感小痣

若妳的臉上有顆小痣，大可不必為此煩惱。在適當的位置，如耳廓、唇邊（尤其是上唇的右邊）與眼角附近的小痣都是「美人痣」呢！例如名模辛蒂・克勞馥、名作家林燕妮等人都在這些部位有顆小痣，使其看來更具風姿。

（十六）翹臀之美

進入二十一世紀，性感從豐乳細腰等轉移到不被女人注重的臀部上來，豐滿渾圓的臀部，更能引起男人無邊的遐想。追求性感的女性在大忙「面子工程」的同時，千萬不要忘記這個被「遺忘」的地區。

六、露一點風情，透一點嫵媚

「透」與「露」，是服裝選擇中比較常見的話題，拋棄了一切繁文縟節後，如今的女人們在時尚引導下，用衣服遮起一切可以遮起的地方是太老土太老土的做法，新潮女性的做法是想盡一切辦法露出可以露的一切地方。從露腿、露肚、露臍、露背，一點點升級到露肩、露胸、露……，「透」與「露」是服裝與人體結合時用服裝襯托人體美的一種方式。

「透」與「露」如果拿捏得恰到好處，不僅可以展出濃郁的女人味，也能表達出良好的服飾情趣與衣品。高明的透、露不在於面積的大小，關鍵要看身材條件，更要揚長避短。所以說「露」只有具備好身材的「本錢」和良好審美的女性，方能展現輕盈優雅、風姿綽約的體態美。

透視裝是夏天年輕女性的裝飾，是美麗少女的翅膀。透視的衣裝已成為當今城市夏天一個美麗的時尚重點。薄如蟬翼、輕若晨霧的各類透明材質，把可貴的浪漫精神引領至灰色都市，透過對人體線條的詩意寫真和令人眼前一亮的印花裝飾，從視覺上凸顯人體的原本魅力，為充滿數位化與機械的現實生活平添幾許浪漫輕盈的格調。

以往的透視裝是屬於舞臺和潮女的。如今，透視裝已經由伸展臺、時尚傳媒的寵兒，成為都市巷弄處處可見的亮點。女性們常以層層疊疊的輕紗、蕾絲、雪紡柔柔的包裹肢體，一任衣袂飄飄的流瀉著朦朧的柔情，清涼就寫在身邊，令暑氣大消。

透視服裝有很多種穿法，可以是內襯絲麻、仿麻紗、輕緞等有遮蔽性布料，外罩雪紡紗、網紗等透視布料的內實外虛型穿法，也可以是內穿網紗外罩外衣或開衩裙等的內虛外實型，以及內外皆以透明或半透明布料進行層疊遮掩的內外層疊型穿法。即使是直接將薄透紗披於身上，只要穿著者氣質清純飄逸，一樣能給人露而不邪、媚而不妖的清新感覺。

透視裝的流行預示著現代的女性比以往更渴望自然、純情、清靈、浪漫，也更願意回到大自然的溫柔中，但穿衣的審慎性依然是必須存在的。

一般來說，透視裝對穿著者的身材要求極高，幾乎到了苛刻的地步。不過，對於身材欠佳的女性而言，如果實在喜歡那份清幽亮麗、媚惑動人的透視效果，也不必壓抑自己，可以嘗試內實外虛型的著衣法，精心選擇襯在裡面的衣衫，然後外罩素色或碎花透視衣裙。也可嘗試局部「透明」，比如內穿蕾絲襯衣外穿低領外套，讓胸口、袖端露出一點點晶瑩而俏皮的蕾絲下的雪膚，既優雅含蓄又充滿甜美的復古風味。

鏤空

針織衫最能展現出鏤空的效果。掩藏在針織衫下的身體被鏤空的圖案隱約展現出來。最能體現優雅含蓄但又性感的味道。適合比較成熟一些的不愛張揚的都市女性。

露腿

對短裙的露要懂得「克制」，不要給人一種肉慾俗麗的性感。搭配上時髦的高跟涼鞋或是尖頭綁帶鞋是不錯的選擇。

露肩

露出雙肩，還有細膩的鎖骨——這才是露肩裝的真諦，也是露肩裝的經典樣式——前提是衣服的質地足夠好，足夠貼身。在這樣的款式下露出雙肩的風情，展現出美人的骨感。

露背

深V露背的款式呈現出前所未有的嫵媚，腰部輕束的細腰帶與肩帶和涼鞋精心搭配，都能體現出溫柔而細膩的性感。百搭的露背裙，更能體現美背的優美曲線，不容錯過。

「露」與「透」交相輝映，露背成為新時尚，女人的背影，似一道風景，足以展現女人的風情萬種。然而，生活中許多女人往往只注重自己的正面形象，對著鏡子化妝，審視身前的每一個細節，甚至臨出門的前一秒還不放心的照一下鏡子，再細細檢查；而對於自己的背後，往往因為看不到而忽視了。這差不多是所有女人的通病。

傳統印象中，露背若不是與沙灘海浪有緣，便是出現於晚宴酒會中。而今時尚的潮流既然將露背裝推向浪尖，自然會有與此相襯的著裝對象。

不同的身材也可選擇不同款式的露背裝，如果背形比較好的，可以嘗試不同的款式。但是擁有完美體型的人士畢竟還是少數，對於骨感身材，為了掩飾過分的消瘦，可以選擇後背有繩帶交織綁帶的款式，因為繩帶多一點可以轉移人的視線；如果妳的肩胛骨太突出，應選穿後背開口為一字形和圓弧形的，同時花卉圖案也能掩飾過分單薄的身材。如果妳的身材略顯豐腴，為免無情的被勒出贅肉的痕跡，後背最好選用無繩帶的款式；後背的開口不應太低，應至少高於腰線十五公分，因為腰部脂肪最容易堆積，後背簡潔的V字型剪裁能讓妳顯得更修長；同時衣服不能選擇太緊身的，應有一些寬鬆份，不應該誤以為時髦就是露得越多越好，露與不露應與自身的條件和氣質而定，否則只會是南轅北轍，越走越遠。

穿著上敢於「透」與「露」，是一種勇氣，而如何在「透」與「露」中展現美麗優雅、得體大方的風韻，則是一門微妙的藝術，弄巧成拙的人並不少。

露背裝風行之時，多少女性急著的把贅肉橫生、坑坑巴巴的後背公開示人。不懂得揚長避短的人無論「透」與「露」，都常常產生驚嚇的效果，原想追求美，不料卻糟蹋了美。

愛美的女性，如果在某個夏季，被街頭漂亮的「透」和「露」的服裝吸引，不妨先問問自己，這衣服要在什麼場合穿，穿在身上會不會出現預期的效果？了解自己是打扮自己的前提，別忘了流行並非是為每個人所量身定做的，如果不適合自己，最好還是別趕這個時髦了。

如果不懂得區分場合，穿了「透」、「露」服裝的情形就更為微妙，往往讓人好生尷尬。有的女性喜歡把「透」、「露」服裝穿到辦公室裡去，可見，這不僅與辦公室的氣氛格格不入，降低了辦公的效率，也不免有賣弄風騷之嫌。

此外，還要注意防止出現裸露的錯誤。正如鮮花盛開只在一定的時刻，裸裝的美也有一定的年齡段，應在性成熟青春期間。此期皮膚亮麗，皮下脂肪豐富，頸脖圓潤且有兩道被古希臘人稱之為維納斯項圈的橫褶；體型三圍分明，胸廓和乳房發育好，前胸聳立，後背脊柱凹陷成溝，臂、臀和下肢健美豐腴。裸露的服飾無疑更烘托了這種女性體態的優美動人。

七、這樣的女人更優雅

優雅，既是一種氣質也是一種智慧，既是一種修養也是一種品格，更是一種境界。優雅的風度就像有形而又無形的精靈，緊緊抓住人們的感官，悄悄潛入人們的心靈，從而給人留下難以磨滅的印象。

優雅也許是一個迷人的微笑，一句貼心的話語，一個輔助的動作，一個相知的眼神；優雅也許是一種對生活的自信，一種積極樂觀的滿足，一種從容鎮定的安詳，一種謙遜善良的美德……總之，它是一種心靈深處自然萌生的感覺，親切溫暖且讓人愉悅。它非常類似於美麗，只不過美麗是上天的恩賜，而優雅則是藝術的產物。優雅從文化的陶冶中產生，也在文化的陶冶中發展。這種優雅，可以成為女人成功的砝碼。

兩個女人一起來到了一家公司。她們畢業於同一所學校，能力也不相上下。區別只在於第一個女人非常漂亮，而第二個女人則長相一般。

漂亮的女人性格外向，語言表達能力強，很快就得到了主管的位置。

平凡的女人性格隨和，做事踏實穩健，是個非常別緻的女人。

漂亮的女人個性張揚，喜歡用最新潮的時裝打扮自己，頂著最時髦的髮型，說著最流行的網路語言，不過，工作能力還算可以。

平凡的女人則個性內斂，她用最簡單的職業套裝包裝自己，用平靜的語調修飾自己的語言。她不會過於出風頭，但懂得適時表現自己。她不追求時髦，但懂得表現自己的特色，有自己獨特的品位，工作業績也不錯。

兩年後，漂亮的女人做了經理夫人，過上了安穩的日子，有錢有車，珠光寶氣，依舊漂亮而迷人。而平凡的女人則去了更大的一家公司，擁有更高的職位和薪水。

十年後，不算漂亮的女人收購了一家公司，她還是那樣優雅別緻，自己做著董事長兼總經理，收益也不錯。而漂亮的女人，則因過度消耗精力於麻將、逛街等事情上，皺紋過早的爬上了眼角。當她們再相聚的時候，都很為對方的變化詫異，有人評論說：那個平凡的女人看起來更漂亮一點。

原來，歲月可以讓一些女人的美麗消失，也可以讓一些女人變得更美。優雅別緻的女人像一幅難以描摹的畫，那是一種獨特的氣質和風度。

優雅的女人，可以沒有驚豔的容貌，但不能沒有清新淡雅的妝容；可以沒有模特的體型，但不能沒有勻稱的身材；可以沒有優越家境的薰陶，但絕對不能沒有閒適恬淡的處世態度，也不能沒有忍耐、理解和寬容。

優雅的女人，懂得如何表現自己，成熟、優秀、文雅、嫻靜，各種氣質與品味都可以在舉手投足間得到最好的體現。優雅的女人是同類中的尤物，讓女人們欣賞，讓男人們心儀。

優雅的女人與年齡無關，我們可以看見，現已九十多歲高齡的楊絳女士就是個非常優雅的女人。楊絳學貫中西，看淡錢財，她與錢鍾書一起，輝映著二十世紀的知識界與文壇。在相繼失去兩位親人後，九十多歲的老人仍能心境平和的著書立說，由此可見支撐她的是什麼樣的精神。

世上最傾倒眾生的不是女人的青春美麗，而是如清風明月一樣的飄逸、如清水芙蓉一樣優雅的風度，這樣的女人最有吸引力。她們優雅的風度像無形的精靈，悄悄潛入人們的心靈，即使她在不起眼的地方悄無聲息的站立，人們也會感受到她的一個眼神、一句話語、一個動作、一抹微笑所散發出的優雅。

我們可以成為這樣一群女人：我們可以不再年輕漂亮，但不能沒有味道，我們可以俐落，但不能粗糙；我們可以擁有母性，但不能婆婆媽媽。我們雖人到中年，我們的身材可以不再苗條，但我們卻可以打扮得整潔得體，且別有成熟的風情。我們做內心充滿愛的好媽媽、好女兒、好妻子，用對別人更加的寬容與寬厚，來展現我們別樣的優雅姿態。

優雅，是在日常生活中走出來的。優雅，是用心來讀來品味的。如果我們都能這樣優雅的老去，世界將變得更加美好。當然，真正的優雅是自然，是一塊石頭落地之後的那種徹頭徹尾的放鬆，是將所有無法應對的一切拋於腦後。優雅是一種姿態，表現在舉手投足之間，更是一種心態，一種源於內心的對生活的滿足與感激。

人都會變老，但智慧、文雅、善良、寬容、感激……能使女人的心靈不老。懂得了這個道理的女人即使人老，心卻不會老；即使變老，卻不會變醜，而是從容的優雅的慢慢老去。

一些朝九晚五的白領女性，生活卻像是在行軍打仗，客廳廚房有著無數家務等著她們去做。有什麼辦法可以減輕這種無休止的壓力，打造一個優雅的妳呢？

（一）如果妳必須在公司吃午餐，最好在自己的抽屜裡放幾個漂亮的瓷盤瓷碗和一個精緻的不銹鋼湯匙，用它們將盒飯的飯菜盛裝出來，只要遠離那些一次性速食餐盒，那妳就會化庸俗為高雅，再普通的食物吃起來也會顯得情趣別緻。

（二）如果妳有空和朋友到咖啡廳這類充溢著文化氛圍的地方坐坐或談生意，當服務生來到桌前，朋友和妳各點了一份咖啡，就在服務生轉身要離開時，妳叫住他（她）補充一句：「我那一杯請不要加糖！謝謝。」妳這一句可謂後發制人，展現了自己優雅的魅力，不僅讓對方知道妳是個格調高雅的人，還會使朋友自慚形穢覺得自己似乎從未喝過咖啡。

（三）每週至少一次，關上電視，聽一曲優美的莫札特小夜曲或薩克斯風吹奏的柔情似水的輕音樂。

(四)不要偏愛廉價化妝品。妳應該擁有至少一種以上高品質香水。

(五)選用聲音悅耳的鬧鐘來叫醒妳。由一個既設計美觀又聲音柔和的鬧鐘每天早晨把妳從睡夢中喚醒，開始美好的一天。

(六)舉辦晚宴時，妳不必親自下廚，可事先從各餐廳預訂一桌精美的飯菜；或者是請哪位想露兩手的朋友代勞，這樣妳就可以遠離滿是油煙的廚房，保持著優雅的儀態來好好招待客人了。

(七)購買紙巾時，最好買那些帶有清新空氣味道的溼紙巾。其他女性隨身用品也應注意品味和色澤。

(八)堅持定時做健身運動，而不要在工作得筋疲力盡之後，徑直去洗澡。

(九)盡量經常微笑。沒有比快樂的、開朗的面容更令人喜愛的了。

另外，因為工作一天比一天忙，很多白領女性甚至快以辦公室為家。所以，在辦公室準備一些常用的「小道具」，以便妳需要時觸手可及，可以保證妳快樂而舒適的心情，來應付繁雜的公務。

八、在細節裡培養女人味

時尚的品位在於細節，細節可以讓真正有光彩的人，散發出更加迷人的魅力。一旦忽略了細節，無論妳的裝扮多麼高雅和華麗，其效果就像水墨畫上滴落的墨漬，讓所有的風景蕩然無存。在生活中，優雅的舉止、美好的風度、周到的禮節、得體的裝扮等一些微小的細節都會起到畫龍點睛的作用。

妳在生活中注重細節嗎？妳渴望自己看起來比別人更讓人心動嗎？那麼從此刻起，開始注意這些吧！

(一)臉上時不時的會露出幾個痘痘，我們可以用遮瑕膏把痘痘遮起來，讓它與妳的肌膚更加完美的融合。

(二)化妝的濃淡與顏色、髮型的長短、樣式，需配合服裝及場合、時間。如，職業女性白天是不需要濃妝豔抹的。

(三)與人交談時，千萬別讓口氣出賣妳。「吐氣如蘭」的妳絕對令人好感飆升，記得隨身攜帶一小瓶漱口水，在吃辛辣有異味的食品後使用，各種天然水果的味道能有效預防產生壞口氣，確保口氣清新。

(四)避免強調自己身體的缺點。比如過粗的手臂卻穿削肩上衣，又短又粗的脖子卻選擇了高領的上衣，過粗的大腿卻沒有拒絕時下流行的迷你裙。

(五)避免服裝與飾品分別傳達兩種語言，造成互相衝突。

(六)穿著貼身服裝時，特別要注意身體的線條。如胸罩的線條、內褲的線條，避免凹凸及不平滑的線條。

（七）在穿著任何薄紗的衣服時，盡量選擇接近膚色的內衣褲，如肉色、白色、棕色、古銅色等。

（八）襪子的顏色和質感也要與服裝配合。

（九）乾裂的雙足會讓妳看起來毫無女人味。

（十）握手是常見的禮儀，若選擇一款味道幽香的護手霜，然後擦到手上，讓妳在伸出手時味道飄然而出，會給人留下深刻的印象。

（十一）走路的姿勢，直接影響了整體的儀態與風采。一般人最常犯的毛病是駝背及凸出的小腹。

（十二）注意衣服的整潔，如油垢的汙漬、燙不平整的皺褶、掉了扣子的上衣、脫線的下擺等，聽起來微不足道，然而這些微不足道的小細節卻會度對觀感有極大的負面效果。

（十三）避免給自己製造不自在的心情。如穿了一件極迷人的低胸禮服，卻因不適應的內衣而擔心且不停的調整；或為了顯示身材而穿了過緊的衣服，甚至令自己無法呼吸自如，何苦呢！

（十四）為身上添一點紅。搭配得宜的黑色固然能添一點神祕的魅力，而適度塗上一點紅色，也令人覺得妳是一個愛冒險、喜挑戰並充滿熱情的女人。正如一位作家所說，美麗的女人當眾塗口紅，尤其是塗上溼潤的紅色口紅時，能在頓時畫出風情，叫男人看得如痴如醉。

（十五）輕輕噴點香水。若妳有體味，請不要除之而後快，很奇怪的是，某種程度的體味往往也是構成讓人覺得性感的男人味或女人味。若妳沒有香汗或女人味，那亦可挑選一些專為撩起別人幽思而調製的香水。

（十六）顯露羞態。害羞是女人吸引男人並增加情調的祕密武器，害羞的表情若出現得適時而又恰如其分，便成媚態，是一種女性美。如一臉天真的臉上突然泛起紅暈的少女，沒有哪個年輕人會不動心。但要注意此態不可「使用過度」，否則就走向反面了。

（十七）細微動作更易顯露魅力。那脈脈含情的目光，那不經意的撩撥的長髮，那嘴角的嫣然一笑，那風情萬種的姿態，那楚楚動人的容貌，這些都勝過了千言萬語。

（十八）表現「脆弱」是展現女人味的祕訣。為了滿足男性天生喜愛「保護」女性的欲望，女人適當表現一下「脆弱」也是非常必要的。這種「脆弱」既可表現在生理上一副弱不禁風的模樣，也可表現為精神方面的「脆弱」，看電影時容易被感動，害怕打雷，收養被人遺棄的小動物等等。

這個世界因為有了男人又有了女人才得以完美，女人的幸福可以說和男人息息相關。所以女人一定要懂得培養讓男人為之神魂顛倒的女人味，從而獲得更多的幸福感覺。

九、氣質是女人的經典品牌

不知從何時開始，在眾多人的口中常談論這樣一個詞「氣質」，男人在讚賞女人時常說：「這個女人很有氣質」；女人在買衣服的時候，賣衣服的店員會說：「您穿上這件衣服頓時凸顯出了您身上的那種高貴氣質」；當女性們在街上走路，突然從自己身邊走過一位個子高挑、身材苗條的女人時，一定會引起女性們的駐足觀看，而且口中聲聲讚嘆道：「這個女人真有氣質。」在當今的社會中，女人的氣質成為一個女人很重要的一部分，同時女人的這種氣質也是女性們征服一切的魅力。

張曼玉剛剛出道的時候，幾乎沒有什麼特色，她的相貌也算不上國色天香。後來張曼玉拍了很多片子，給別人的印象是她是好看的、有著燦爛笑容的女人。

後來，經歷過人生的風雨之後，張曼玉懂得了，當明星只是一時，而演員才是永遠的。有了這種意識後，張曼玉懂得珍惜更多樸素的東西，從而變得更加豁達、更加有深度。她已經不再是剛剛進入娛樂圈時的那個花瓶了，她完成了從美麗到魅力的昇華，逐漸散發出一種讓人難以抗拒的魅力。

正是這樣從內而外的昇華，使張曼玉成為炙手可熱的明星。一九九一年的《阮玲玉》將她送上了事業的巔峰。在後來的《三個女人的故事》中，張曼玉不溫不火的表現令她迅速脫穎而出，成為耀眼的明星，也為她贏得了人生中的第一個獎項——第二十七屆金馬獎「最佳女主角」獎。此後的她在戲裡戲外都成了吸引人的女人。她那惟妙惟肖、出神入化的表演讓她「渾身都是戲」，讓人們忘了這是在演戲，彷彿就是發生在我們身邊的故事。這正是張曼玉登峰造極的氣質所帶給人的心靈的震動。

當她從鎂光燈下走出之後，我們看到了一個真實的張曼玉，身上兼有東方的素靜神韻與西方的明豔光彩，從無虛飾與矯情，自然流露出她清澈而深沉的內在氣質。

二〇〇三年，隨著張藝謀的大片《英雄》在全國熱映，人們看到了一個在大漠風沙中明豔逼人的張曼玉。人們不由得感慨她風采依舊，年齡不但沒有成為她演藝事業的障礙，反而贈予她征服越來越多觀眾的內涵與氣質。

張曼玉的氣質來源於內心自我的清醒、獨立的自我認識，時光沉澱出來的苦澀與神韻讓她完成了氣質的昇華。銀幕下的張曼玉無論在任何場合都是恬靜、微笑的，淡妝素服，不見一絲濃豔。她從不在傳媒面前張揚，只是靜靜的微笑著。裙裾之間，女人的嫵媚盡在不言中；舉手投足間，巨星風采翩然而至。

這種氣質的女人就是花叢中的一抹嫣紅，最後終於變成最精粹的一滴金黃色的花蜜，讓妳在驚嘆中慢慢的回味。

那麼要如何做一個氣質女人呢？

（一）氣質女人要會裝扮自己

雖然一個女人是否有氣質並不是看她的臉蛋長得美醜，但女人的氣質，是離不開外表的，一個女人無論她的內涵多麼豐厚，知識多麼充足，首先這個女人展現在別人面前的依然是她的外表。所以，女人必須要懂得裝扮自己，要明白自己的外表類型，知道自己相貌方面的長處和不足，從而打造合適自己的妝容，穿得體的衣服，並且懂得在什麼場合下需搭配什麼樣的服飾。這都是一個氣質女人所必須具備的最基本的素養。

(二) 氣質女人要學會高貴

女人的高貴並非一定要出身豪門或者本身所處的地位如何顯赫，這裡的高貴是指心態上的高貴。小仲馬的《茶花女》中的貴族愛上了交際花，雖然交際花不是豪門出身，沒有顯赫的家世，但交際花身上具有一種高貴而又有女人味的氣質。她不媚俗、不盲從、不虛華，這種心態是很多名門女性身上所沒有的。因此，這種高貴的心態更能博得一個男人的欣賞，也更能使自己取得成功。

(三) 氣質女人要吸收和掌握社交基本禮節

社交活動最能體現現代女性的修養。坐姿站樣，說話的語氣和聲調，握手的方式，眼睛看人的神態，在參加重大會議時就餐落座、飲酒端杯，化妝服飾、使用香水、隨身物件……所有的小事都體現出女人的修養、品位與氣質。

(四) 氣質女人要有自己的優雅格調

優雅格調是一種無形的東西，它能融入人的心靈，讓人久久難忘。具有優雅格調的女人更會給人帶來一種風韻之感，使人舉止大方、坦誠率直、不扭捏、不做作。這樣的女性總是善於恰如其分的表達出自身的風韻，而絲毫沒有炫耀、美化自己的意思，同時她們也不嫉妒別人、貶低別人。對任何事情，都抱以一種泰然處之的態度。這樣的女人更有風度，也更有氣質。

(五) 氣質女人會享受生活

懂得享受的女人，會發現生活中的美好。一個行色匆匆、精神疲憊的女人不能稱之為美麗的女人，更不可能稱之為有氣質的女人。享受生活，享受工作，享受美食和睡眠，享受期盼的那個微笑和關切的眼神，這樣的女人才可稱得上是一個聰明的女人，這樣的女人生活才永遠是有滋味的。一個懂得享受的女人，才會更懂得生活，才會在生活中散發出一種氣質。

靳羽西女士曾經說過：「氣質與修養不是名人的專利，它是屬於每一個人的。氣質和修養也不是和金錢、權勢聯繫在一起的，無論妳從事何種職業、任何年齡，哪怕妳是這個社會中最普通的一員，妳也可以擁有獨特的氣質和修養。」所以說，氣質是任何女性都可擁有的，它並沒有貧賤貴富之分，只要妳身體力行，那麼妳就會成為氣質的寵兒，就會在眾人面前展示出妳的氣質魅力，成為女人中的「上品」。

十、這樣的女人最有魅力

魅力是一種難以說清楚且具有深刻內涵的「味道」。而說不清的，正是女人的嫻靜之味、淑然之氣。

想成為男人眼中最有魅力的女人嗎，不妨學會這幾招：

（一）經常回憶婚前的熱戀情景

熱戀是婚姻的鋪路石，熱戀中的男女，那種兩情相依、片刻難離的情景，實在是非常美妙的。結婚以後，經常回憶婚前的熱戀情景，就能喚起夫妻的感情共鳴，並在回憶中增加浪漫情感，更加嚮往未來，從而增進夫妻感情。

(二) 利用節假日再度「蜜月」

結婚時的蜜月，是夫妻倆感情最濃的時期，那時的兩人拋開一切紛擾，完全進入甜過蜜糖的愛情天地，享受「伊甸園」之樂。婚後，如果能利用節假日，每年安排時間不等的「蜜月」，如來個異地旅遊，再造兩人的愛情小天地，重溫昔日的美夢，定能不斷掀起愛河波瀾，使夫妻感情越來越濃。

(三) 小別勝新婚

「小別勝新婚」。在過了一段平靜的夫妻生活後，有意識的離開對方一段時間，故意培養雙方對愛人的思念，再歡快的相聚。這時，就能使夫妻倆思念的感情熱浪交織成愉悅的重逢狂歡，把平靜冷卻的夫妻感情推向一個新的高峰。

(四) 婚後依然要修邊幅

有些人在婚後便不再講究衣著、容顏等的修飾。男人這方面的問題更為嚴重。其實，無論夫妻哪一方，都不希望對方在別人的心目中留下不好的形象。因此，注意自身形象，不但可以取悅對方，而且也是在公眾場合下為對方爭取到面子。否則，就有可能影響雙方的感情。

(五) 既要愛子女，也要愛丈夫

不少夫婦，在有了子女後，往往把情感全用到了子女身上，每每忽視了伴侶的感情需要，這種做法有失偏頗。對子女施以愛是必要的，但這並不意味著就應放棄對伴侶持續的感情投入。那樣一來，不但會冷落另一半而影響夫妻關係，也會給家庭生活罩上一層陰影。

(六)享受性生活

性生活是維繫夫妻感情的重要途徑，良好的性生活是鞏固和發展夫妻感情的必要保障。不少夫婦婚後性生活單調老套，缺乏創新，並且導致感情鈍化。所以，要創造新鮮的性生活方式，透過改變性生活的時間、地點、體位等辦法，使夫妻雙方都從永遠新鮮的性生活中獲得新鮮的感受，並使夫妻的感情之花永保新鮮。

(七)保留個人隱私

肚量再大的人，對於另一半的緋聞也會生出醋意來，若是得知對方「紅杏出牆」的豔事，則更難容忍，由此導致家庭危機四伏的事並不鮮見。所以，將過去個人婚戀史上的隱私，對現在的伴侶「坦白交待」並非良策，那樣，非但對增進感情於事無補，反而會帶來本可避免的感情危機。因此，留些個人隱私，是鞏固和發展夫妻感情的明智選擇。

(八)交異性朋友要慎重

夫妻婚後有自己的社交活動，這是很正常的。但是，要注意慎交異性朋友，交往時要留有分寸，讓彼此關係只控制在朋友式的關係之內。明顯對自己有好感甚或對自己不懷好心的異性朋友，要主動疏遠，以理智來處理感情糾葛。特別在遇有「第三者」插足危險時，更應這樣做，以杜絕其非分之想。

(九)慶祝紀念日

戀愛紀念日、對方生日、定情紀念日等等，是夫妻雙方愛情史上的重要日子。屆時，採取適當形式予以紀念，使雙方都感到對方對自己懷有很深的愛意，這對於鞏固夫妻感情作用甚大。

（十）學會取悅愛人

有些夫妻，婚前與對方約會時，總會想方設法取悅對方，但結婚以後便不再在意對方對自己的感受。這種做法是會損傷夫妻感情的。所以，婚後，男人應細心體會妻子的內心感受，不但要處處體貼愛護妻子，而且還要學習一些取悅妻子的技藝，如做她購買服裝的參謀，幫她制定美容計畫，不時來點幽默等等。

（十一）製造浪漫

出乎意料的給對方驚喜，常會起到感情「興奮劑」的作用。因此，創造一點意外驚喜，對於增進夫妻雙方感情很有好處。如瞞著對方，將她在遠方的親人接來會面，為對方買一樣很想得到的物品，為夫妻倆創造一個對方沒有準備但卻非常喜歡的活動等等，都可使意外驚喜油然而生，從而在驚喜中迸發出強烈的感情之花，掀起歡騰的愛情熱浪。

電子書購買

爽讀 APP

國家圖書館出版品預行編目資料

女性力量，掌控人生的每一刻：智慧女性指南，情緒管理與經濟智慧 / 丁智茵 著 . -- 第一版 . -- 臺北市：財經錢線文化事業有限公司 , 2023.12

面；　公分

POD 版

ISBN 978-957-680-706-0(平裝)

1.CST: 自我實現 2.CST: 生活指導 3.CST: 女性

177.2　　112020592

女性力量，掌控人生的每一刻：智慧女性指南，情緒管理與經濟智慧

臉書

作　　者: 丁智茵

發 行 人: 黃振庭

出 版 者: 財經錢線文化事業有限公司

發 行 者: 財經錢線文化事業有限公司

E-mail: sonbookservice@gmail.com

粉 絲 頁: https://www.facebook.com/sonbookss/

網　　址: https://sonbook.net/

地　　址: 台北市中正區重慶南路一段六十一號八樓 815 室

Rm. 815, 8F., No.61, Sec. 1, Chongqing S. Rd., Zhongzheng Dist., Taipei City 100, Taiwan

電　　話: (02)2370-3310　**傳　　真**: (02) 2388-1990

印　　刷: 京峯數位服務有限公司

律師顧問: 廣華律師事務所 張珮琦律師

定　　價: 375 元

發行日期: 2023 年 12 月第一版

◎本書以 POD 印製